한국
고고학의
새로운
방향

한국고고학의 새로운 방향

지은이 _ 최성락
펴낸이 _ 최병식
펴낸날 _ 2013년 2월 19일
펴낸곳 _ 주류성출판사
서울시 서초구 강남대로 435(서초동 1305-5)
www.juluesung.co.kr
juluesung@yahoo.co.kr

전화 _ 02-3481-1024
전송 _ 02-3482-0656

값 20,000 원
ISBN 978-89-6246-101-5 93900

한국고고학의 새로운 방향

최성락 지음

서문

　필자가 목포대학교에서 고고학을 강의한지도 30년이 되었다. 또한 현장조사와 고고학 연구에 매달리다 보니 강산이 3번이나 바뀌는 것도 모를 정도로 시간이 빠르게 흘렀다. 세월이 흐르면서 나의 역할도 바뀌고, 나의 생각도 점차 변화됨을 느낄 수 있었다. 어쩌면 세상의 모든 것이 변화된다는 사실을 당연히 받아들여야 할 것이다. 하지만 변할 수 없는 것은 學問이란 의문을 공부하는 것이며, 그 의문을 풀어갈수록 더 많은 의문이 생길 수밖에 없다는 사실이다. 그래서 "학문은 길고, 인생은 짧다"라고 말할 수 있을 것이다.

　필자는 지난 10년간 가졌던 가장 큰 의문 중의 하나는 "한국고고학의 연구방향을 어떻게 설정할 것인가?"하는 것이다. 이 책은 『고고학여정』(2001, 주류성)의 속편에 해당하는 것으로 지난 몇 년간 발표된 논고나 학술대회의 발표문 중에서 '한국고고학의 새로운 방향'과 관련되는 글을 중심으로 모아 본 것이며 크게 5장으로 구성되었다.

　먼저 제1장은 한국고고학의 연구체계에 대하여 언급된 글이다. 고고학의 연구체계에 대한 관심은 2003년 1년간 미국 오리건대학에 방문교수로 있으면서 생각해 본 주제로 귀국 후 '한국고고학의 연구방향'이라는 제목으로 투고한 바가 있으며 본 장에서는 연구방향을 제외하고, 고고학의 학문 성격, 고고학연구의 기본적인 틀과 한국고고학의 연구체계 등을 다루고 있다.

　제2장에서는 시대구분과 관련하여 네 편의 글을 실었다. 필자는 일찍부터 한국고고학의 시대구분에 관심을 가졌다. 특히 박사논문을 준비하는 과정에서 한국고고학 시대구분의 문제점을 생각하였고, 이 문제를 풀기 위하여

톰센의 삼시대법과 각 나라에서 사용하는 시대구분의 양상도 공부하면서 바람직한 시대구분을 생각해 보았다. 즉 한국고고학에서 사용되는 초기철기시대-원삼국시대를 철기시대로 통합하는 방안을 제시한 바가 있었다. 제1절에서는 철기시대론의 비판에 대한 반론이다. 기존의 초기철기시대와 원삼국시대를 옹호하는 입장에서 철기시대를 비판하였기에 철기시대란 고고학적 시대구분임을 강조하면서 역사성이 내재된 원삼국시대를 고고학 자료에 근거하여 상한연대를 100년 올리는 것은 타당하지 않다고 반박하였다. 제2절은 제1절의 글을 보완하는 것으로 초기철기시대-원삼국시대로 할 것이 아니라 고고학뿐 아니라 역사학과 함께 사용할 수 있는 시대구분의 필요성을 강조하였다. 즉 필자는 혼란스러운 한국고고학에서의 시대구분 문제를 해결하기 위하여 고고학에서 사용된 시대구분은 철저하게 고고학 자료에 기초를 둔 시대구분을 따라야 하지만 국사교과서나 국립박물관 등에서 사용하는 시대구분은 고고학만을 위한 시대구분이 아닌 역사학과 함께 사용할 수 있는 시대구분이어야 한다고 주장하였다. 대부분의 다른 나라는 고고학과 역사학이 동일한 시대구분을 사용하고 있다. 따라서 두 분야가 서로 다른 시대구분을 사용함으로써 생기는 불편함은 하루 빨리 해소하여야 하며, 또 한국고고학이 일반인들에게 쉽게 다가가기 위해서라도 꼭 개선되어야 할 문제이다. 최근 국립중앙박물관의 연표가 수정되었고, 고조선실을 새로 설치한 것은 필자의 평소 주장과 같은 맥락이기도 하다.

그리고 제3절에서 필자는 최근 한국고고학에서 초기철기시대의 개념에 대한 혼란을 지적하였고, 초기철기시대의 개념을 철기가 유입되는 시기 이후로 설정하여야 한다는 견해에 동의하면서 초기철기시대가 이미 원삼국시대와 같이 처음부터 원사단계일 뿐만 아니라 역사단계로도 볼 수 있기에 제2절에서와 같이 역사학과 함께 쓸 수 있는 시대구분의 필요성을 재차 주장하였다. 제4절은 앞에서 주장한 한국고고학 시대구분의 개선방향을 정리한 글이다. 즉 필자의 견해를 공개적으로 피력한 것은 2012년 2월 21일 국립문화재연구소에서 주최한 "한국사 시대구분을 위한 전문가 워크숍"에서다. 여기에서 필자는 한국고고학의 시대구분이 변화되어야 한다는 점을 강조한 바가 있고, 여기에서 발표한 글을 간략하게 정리해 보았다.

　제3장에서는 한국고고학의 세부 분야와 관련된 글이다. 한국고고학에서는 좀 더 많은 세부 분야가 연구되어야 한다. 그 중에서 몇몇 분야를 새로이 정리해 보았다. 제1절은 해양고고학에 대한 글이다. 해양고고학은 과거 '수중고고학'으로도 불려진 것으로 단순히 수중의 고고학 자료만을 연구하는 것이 아니라 여기에 해양활동을 하던 당시 도서 및 연안지역 사람들의 문화와 바다를 통한 교류문제 등을 포함하는 고고학의 세부 분야이다. 제2절은 실험고고학에 대한 글이다. 최근 한국고고학에서 실험고고학 연구가 이루어지고 있지만 정확한 개념정의가 되지 않았다. 이에 필자는 한국고고학에서 실험고고학의 연구현황과 더불어 그 개념을 정의해 보았다. 즉 실험고고학은 '고고학적으로 제기된 문제를 과거와 동일한 조건에서 실험적인 방법을 통해 조사하고, 연구하는 분야'이다. 제3절에서는 영상고고학을 다루었다. 한국고고학에서는 영상고고학에 대한 인식이 거의 없는 실정이지만 고고학에 영상의 필요성을 강조하면서 영상고고학의 개념을 정의해 보았다.

즉 영상고고학은 '시청각 도구와 장치를 사용하여 고고학 자료를 수집·아카이브(기록관리)하고, 이를 바탕으로 하여 고고학 혹은 고고학적 현상에 대한 미디어적 연구'이다. 또 영상고고학은 고고학의 관점에서 영상이 만들어지고 연구되어야 한다.

　제4장에서는 학보에 기고하거나 학술대회에서 발표한 몇 편의 글을 실었다. 제1절은 일본 야요이시대 연대문제이다. 일본 야요이시대의 연대를 급격히 올려보고 있는 일본 고고학의 연구동향을 살펴보면서 그 방법에 문제점이 없는지를 검토해 보고 앞으로 한국고고학에 영향을 줄 것으로 보아 주의할 점을 살펴보았다. 제2절은 창원 다호리 유적의 성격이다. 다호리 유적을 영남지역의 연구자와 다른 시각에서 살펴보면서 형성과정과 성격을 정리해 보았다. 제3절은 탐진강유역의 연구성과이다. 탐진강의 상류지역은 장흥댐 수몰지구로 많은 유적이 조사되었지만 중하류지역은 조사된 유적이 적은 편이다. 이 지역에서 그 동안 이루어진 고고학 연구성과를 시대별로 정리해 보았다.

　제5장은 한국고고학의 새로운 방향을 모색한 글로 이 책의 결론 부분에 해당한다. 먼저 한국고고학의 현실을 살펴보았다. 2000년대 들어와 국토개발과 함께 활발해지던 발굴조사가 2010년대에 들어와 오히려 감소되면서 한국고고학이 전반적인 위기를 맞이하고 있다. 이러한 현실에서 한국고고학이 나아갈 방향을 즉 고고학의 위상 제고와 고고학 연구기관의 역할 분담이라는 차원에서 살펴보았다. 더불어 한국고고학은 두 가지 면에서 새롭게 변화되어야 한다는 점을 강조하였다. 하나는 발굴조사와 유적에 대한 인식

전환이다. 즉 고고학 연구자는 발굴조사의 의미를 알아야 하고, 고고학 유적을 아끼고 보존하고자 하는 노력이 필요하다. 다른 하나는 재미있는 고고학과 대중고고학이다. 즉 고고학연구자는 고고학 연구에 즐거움을 가져야 하고, 고고학연구의 성과를 일반 대중들에게 널리 알려야 한다.

부록에서는 그 동안 필자가 쓴 간략한 글들을 소개하였다. 필자가 고고학을 공부해 온 과정과 고고학에 대한 필자의 생각을 적어 본 것이다. 특히 목포대학교에서 고고학과의 설립 과정 등 학교생활에서 있었던 일과 현실에서 부딪친 고고학과 관련된 문제들을 다루어 보았다. 현실이 어려울수록 한국고고학의 새로운 방향을 모색하기 위한 노력에 힘을 모아야 할 것이다. 이를 위해서 고고학 연구자들은 고고학에 대한 애착과 고고학을 공부하는 자부심을 가져야 하고, 또 즐겁게 고고학을 공부할 수 있어야 할 것이다.

필자는 지금까지 고고학이라는 학문을 공부하면서 세 가지 점을 느꼈다. 먼저 연구자는 相對主義의 개념을 가져야 한다는 것이다. 내 견해만 정당한 것이 아니라 다른 연구자들의 견해도 어느 부분 타당하다는 것이다. 또 다른 연구자들은 내가 미처 보지 못한 부분도 볼 수 있기에 자신의 견해를 주장하기 전에 반드시 다른 사람들의 견해를 살펴보아야 한다는 것이다.

다음으로 연구자는 자신만의 관점을 가져야 한다. 고고학 자료를 해석하는 자신만의 관점은 역사를 보는 역사학자들의 사관과 같은 것이다. 하지만 자칫 자신의 고정관념에 갇히지 않아야 한다. 어느 정도 단계에 오르는 순간 자신의 고정관념을 버릴 수 있어야 한다는 것이다. 연구자가 고정관념에 사로잡히면 새로운 생각은 들어올 수 없다. 연구자가 새로운 시각을 가져야만 연구할 수 있는 생명력은 길어진다. 고고학이라는 학문도 마찬가지이다. 고고학은 시대에 따라 그 성격이 변화될 수 있으며 그 사회에 필요한 학문이 되어야 한다. 다시 말하면 고고학은 현대사회에 적합하게 변신하여야 하고, 고고학 연구의 영역도 확대하여야 한다. 그래야만 고고학의 생명력이 높아질 수 있다.

끝으로 연구자에게는 學問과 人生이 별개가 아니라는 것이다. 학문을 한다는 그 자체가 바로 인생을 살아가는 것이다. 학문에서 추구하는 목표는 현실적인 가치라기보다는 추상적인 가치이다. 또 추상적인 가치인 학문적 진리를 밝히는 일은 바르게 살아가는 가치관과 밀접한 관계가 있다. 즉 인생을 살아가는 가치관, 즉 인생관이 바르지 못한다면 학문을 제대로 할 수 없다는 것이다. 필자도 고고학을 제대로 연구하기 위해서는 무엇이 바르게 사는 것인지 새삼 생각하게 되었다. 孔子가 "五十而知天命"이라고 말씀하였지만 필자는 예순살에 이르러 가까스로 이것이 무엇을 의미하는지 생각해 보았고, 바로 자기의 분수를 알고 살아야 한다는 뜻으로 해석하였다. 어쩌면 이것이 30년간 왜 고고학을 하는가 하는 自問에 대한 하나의 답일지도 모르겠다.

끝으로 이 책을 기꺼이 출판해주신 주류성 최병식 사장님과 편집을 담당한 여러분께 감사드린다.

2013년 2월
최 성 락

차 례

제 **1** 장
한국고고학의 연구체계

1. 머리말

한국고고학은 1946년 경주 壺杅塚 발굴을 기점으로 잡는다면 그 역사가 60년이 넘는다. 1950년대에는 국립박물관을 중심으로 고고학 조사가 이루어졌고, 1959년 고려대학교 박물관이 처음으로 진해 웅천패총을 발굴하였으며, 1961년 서울대학교에 고고인류학과가 설치되었다. 이후 대학에 고고학 관련 학과가 본격적으로 설치된 것은 1980년대이다. 지금은 전국적으로 10개 이상의 대학에 학부과정과 대학원과정이 설치되어 있어 고고학 전공자를 교육시키고 있다. 또 1968년 국립중앙박물관을 중심으로 만들어졌던 한국고고학회와 1976년 한국고고학연구회(후에 한국고고학회로 변경함)가 창립된 이래로 고고학과 관련된 학회들도 10여 개를 넘어서고 있다.

그리고 국토개발이 본격화된 1990년대 이후에는 발굴의 수가 증가하기 시작하였다. 더욱이 1999년 7월에 개정되어 시행된 문화재보호법에 의해 일정 면적(30,000㎡) 이상의 모든 국토개발에는 사전 지표조사가 의무화되면서 발굴조사의 규모와 횟수가 크게 증가하였고, 발굴을 전담하는 기관도 각 도마다 10여개씩 만들어졌다. 하지만 2011년 '매장문화재 보호 및 조사에 관한 법률'이 새로이 시행되는 시점을 전후로 발굴조사의 여건이 악화되기 시작하였고, 고고학에 대한 인식이나 연구환경도 동시에 달라지고 있다.

이와 같이 한국고고학은 외형적으로 크게 성장한 반면에 고고학의 학문적 성격에 대한 관심은 매우 적었다고 볼 수 있다. 즉 한국고고학의 연구목적, 정체성, 방법과 이론 등에 대한 논의가 극히 드물어 방법론의 부재현상을 나타내기도 한다. 반면에 서양고고학에서는 이러한 고고학 명제에 대한 논의가 계속되어 왔다. 특히 1960년대 등장한 신고고학(과정고고학)과 1980년대 이를 비판하면서 등장한 후기과정고고학은 고고학 자료를 분석하고 해석하는데 필요한 방법과 이론뿐만 아니라 철학적 토대에 대한 논의도 상당히 진척되고 있다.

이러한 상황에서 한국고고학의 연구체계를 어떻게 설정하는가는 매우 중요한 문제일 것이다. 2000년에 "21세기 한국고고학의 방향"에 대한 학술대회(한국고고학회 2000)와 개별적 논고(강봉원 2001; 최몽룡 2000; 최성락 2000; Rhee and Choi 2001; 이선복 2010)가 있었지만 더 이상의 논의가 계속되지 못하고 있다. 이후 서양고고학의 연구동향이나 중요한 고고학 저서의 번역작업은 일부 이루어지고 있지만 한국고고학의 연구방향이나 연구체계에 대한 논의가 별로 진전이 없는 실정이다. 따라서 본고에서는 먼저 고고학이란 어떤 학문인가 하는 문제와 고고학 연구의 기본틀에 대하여 살펴본 연후에 한국고고학의 연구체계를 제시해 보고자 한다.

2. 고고학이란 어떠한 학문인가?

1) 정의와 연구목적

考古學이라는 용어는 영어인 Archaeology의 번역어이며 archaeos(과거, 古)와 logos(논리, 학문)라는 말의 합성어로 문자 그대로 옛 것을 생각하는 학문이다. 옥스퍼드 영어사전에 의하면 이것은 그리스어인 'arkaiologia'에서 온 것으로서 그 의미가 '고대 일에 대한 담론'이라고 한다. 한편 考古라는 단어는 중국에서 北宋代 이후에 사용되었으나 학문으로서 고고학은 서양에서부터 출발한 것이다. 즉 Archaeology가 考古學으로 처음 번역된 것은 일본에서 19세기말이고, 이후 한국에서도 사용되었다.

중세 유럽에서 르네상스가 시작되면서 好古主義(antiquarianism)가

싹텄고, 19세기 중반에 이르러 고고학이 하나의 학문으로 정착되었다. 하지만 당시의 고고학은 여전히 "과거 인류의 물질적 유물을 취급하는 과학"으로 정의되었다(Hogarth 1899; 江上波夫 1975에서 재인용). 이 와 같은 정의는 19세기 말 혹은 20세기 초까지 유럽에서 지속되었다. 또 일본에서 처음 발간된 개론서인 『考古學通論』에서도 "고고학은 과 거 인류의 물질적 유물을 연구하는 학문"으로 정의되고 있다(濱田耕作 1922).

오늘날의 고고학은 단순히 물질적 자료를 연구하는 학문에서 벗어나 다양하게 정의되고 있다. 즉 "고고학은 과거의 사건들을 배열하고, 기 술하며, 그 의미를 설명하기 위하여 물질적 자료를 통해 사회적인 그리 고 문화적인 과거를 연구하는 학문"(Sharer and Ashmore 1979:559)이 거나 "고고학이란 가장 이른 시기부터 현재까지 고대 인간사회에 대한 과학적인 연구"(Fagan 1999) 등으로 정의되고 있다.

좀 더 자세한 정의를 살펴보면 "고고학은 물질적 자료로부터 인류의 과거를 연구하고, 고고학의 연구목적, 즉 고고학 자료의 형태(form)와 시공간적인 분포를 고려하고, 과거의 기능(function)과 고대의 행위를 결정하며, 문화의 진행과정(process) 혹은 어떻게(how) 그리고 왜 (why) 문화가 변화되었는지를 밝히고, 문화적 의미(meaning)를 이해 하는 것이다"(Sharer and Ashmore 1993: 35). 여기에서 말하는 물질적 자료(material remains)란 과거 인간들의 행위에 의해 남겨진 것으로 이를 고고학에서는 考古學 資料(archaeological materials) 혹은 考古學 記錄(archaeological record)이라고 한다. 고고학 자료에는 遺物과 遺 構 이외에도 自然遺物 등이 있다. 자연유물이란 인간이 직접 만든 도구 가 아닌 짐승의 뼈, 식물의 씨앗 등 인간과 관계를 가진 일체의 자연물 을 말한다.

결국 고고학이란 과거 인류들이 남긴 물질적 자료를 통해 당시의 문화, 즉 행위, 사회적 조직, 이념 등을 복원하고, 그들의 문화가 어떻게 그리고 왜 변화되었는가와 그들 문화의 의미를 연구하는 학문으로 정의될 수 있다.

다음으로 고고학의 연구목적을 살펴보면 고고학의 研究思潮에 따라 각기 다르게 제시하고 있다. 傳統考古學(traditional archaeology) 혹은 文化歷史考古學(culture historical archaeology)에서는 文化를 人間集團의 規範으로 다루고, 선사시대의 유물이란 이러한 공유된 상상·가치·믿음의 부산물로 여겨진다. 따라서 전통고고학은 유물의 형식분류와 편년을 통해 과거 문화의 시간적인 순서를 정하고 고고학 자료에 나타나는 물질문화의 복원에 치중하였다. 즉 전통고고학은 과거 문화사의 복원과 생활상의 재구성을 연구목적으로 삼고 있다.

1960년대에 등장한 新考古學(new archaeology) 혹은 過程考古學(processual archaeology)은 당시까지의 전통고고학의 연구목적을 비판하면서 고고학 자료가 인간행위의 소산인 이상 거기에는 비물질적 행위도 반영되어 있으므로 고고학은 당연히 정신세계를 비롯하여 당시 사회의 총체를 밝히고, 인간행위와 문화 진화과정의 법칙, 즉 문화의 변천과정(cultural process)을 밝히는 것을 목표로 하여야 한다고 주장하였다. 또한 과정고고학자들은 과거 문화의 복원을 단순한 기술(description)이 아니라 설명(explanation)의 차원으로 변화시키려 하였다. 즉 그들은 과거 문화에 대해 무엇이(what), 언제(when), 어디서(where) 등의 의문보다는 과학적 방법을 통하여 어떻게(how), 왜(why) 등의 의문에 대하여 설명(explanation)하려고 하였다(Binford 1968).

이러한 시도는 1980년대 전반에 대두된 後期過程考古學(post-processual Archaeology)에 의해 계승되었는데 특히 호더(I. Hodder)는 물질 자료를 통해 당시 인간들의 상징적인 행위를 유추할 수 있다고 전제하면서 당시 문화의 의미(meaning)를 추구하고자 하였다. 즉 어떻게 문화가 만들어졌으며 그것이 상징(symbol)하는 것이 무엇인지를 연구하려고 한다(Hodder 1986). 또한 그는 과거 사회관계 속에서 수동적으로 관여되었을 기능을 설명해서 되는 것이 아니라, 그 사회관계 내에서 능동적인 매개체로서 역할을 하였을 물질문화의 의미를 해석(inter-pretation)해야 하며, 이러한 의미는 물질문화를 과거 사회적 그리고 역사적 맥락(context) 속에서 理解(understanding)하여야만 파악이 가능하다고 주장하였다. 그리고 물질문화는 하나의 텍스트(text)로 읽혀져야 한다는 것이다. 또한 이러한 물질문화를 문화적 의미와 문화전략 차원을 포함하고 있는 모든 통합 환경 속에서 맥락화시켜야만 그 물질문화가 가지는 상징적 의미 혹은 메시지가 해독될 수 있다고 주장하였다(Hodder 1982; 추연식 1997:90-91).

이들 연구사조의 차이를 다음과 같은 글에서 명확히 대비해 주고 있다.

"20세기 고고학은 다양하고 복잡한 접근이 이루어지고 있다. 이들 중에 가장 빠른 것은 문화역사적 접근인데 고고학 기록의 기술과 과거 사건들을 시공간적으로 배열하는 것을 기초로 과거의 사건이 무엇이, 언제, 그리고 어디에서 일어났는지 관심을 가지고 있다. 1960년대의 문화과정적 접근은 과거에 일어난 사건을 설명하고 문화변화의 일반적인 과정을 확인하면서 과거의 사건이 어떻게, 그리고 왜 이루어졌는지에 중점을 두었다. 세 번째는 1980년대에 나타난 후기과정고고학으로 과거의 의미를 이해하려고 시도하였다. 이들 고고학자도 역시 과거 사건에 대해 왜 라는 의문에 목적을 두려고 하는데, 다만 고대사람의 관점에서 외부자의 설명 대신에 내부자의 이해를 얻고자 한다."(Ashmore and Sharer 2000:35)

이와 같이 고고학의 연구목적은 고고학의 연구사조에 따라 중시하는 부분이 각기 다르지만 이를 종합하면 "과거 문화의 여러 측면을 복원하고, 이들 문화가 어떻게 그리고 왜 변화되었는지를 설명하고, 나아가서 당시 문화의 의미를 이해하는 것"으로 볼 수 있다.

2) 고고학의 정체성

고고학은 여러 분야와 관계를 맺고 형성되어 왔다. 즉 미술사학, 인류학, 역사학 등이 가장 인접한 분야이다. 그밖에도 자연과학분야가 고고학의 발전에 크게 기여하였고, 발굴과정에서의 정교함이나 유물의 복원과정 등은 과학이기보다는 예술에 가까운 부분도 없지 않다.

그런데 유럽에서는 호고주의에서 출발한 후 미술사와 분리되면서 고고학은 역사학의 한 분야로 인식되어 왔다(Childe 1956:9, Daniel 1981:13). 하지만 과정고고학자의 한사람인 클라크(D. Clarke)는 "고고학은 고고학이기에 고고학이다(Archaeology is Archaeology is Archaeology)(Clarke 1968:13)"라고 말했듯이 고고학은 독립된 학문으로 규정하고 있다. 또 그는 과거의 고고학과 다르게 유물을 통한 추정적 해석을 포기하고 한층 과학적인 고고학으로 변화되었다는 의미에서 순진함을 벗어났다(loss of innocence)고 선언하였다(Clarke 1973). 그의 제자인 호더(Ian Hodder)도 고고학이 결코 역사학이나 인류학의 한 분야가 아니라 방법과 이론을 갖춘 독립적인 학문임을 강조하고 있다(Hodder 1986).

한편 고고학의 연구배경이 다른 미국고고학의 경우 "고고학은 인류학이며, 그렇지 않으면 아무 것도 아니다(Archaeology is anthropology or it is nothing)(Willey and Philips 1958)"라고 하였고, 이를 인용한 빈포드(L. R. Binford 1962)도 고고학이 인류학적 학문임을 강조하였다. 또 디즈(Deetz 1967)는 "고고학은 어떤 인류학자의 특별한 관심분야이다(Archaeology is the special concern of a certain type of anthropology)"라고 한 것과 같이 고고학과 인류학의 관계를 분명하게 보여주고 있다. 미국고고학은 처음부터 인류학의 한 분야로 시작하였고, 지금도 그러한 상태를 유지하고 있다. 다만 빈포드에 앞서 새로운 고고학을 주장한 바가 있는 타일러(Taylor 1948)는 고고학이 인류학도 역사학도 아니라고 선언한 바가 있었고, 왓슨(Watson 1995)은 앞으로 미국에서 문화인류학과 고고학이 분리될 가능성이 있음을 예견하였다.

일본이나 중국에서의 고고학은 유럽에서와 같이 역사학과 밀접한 관계를 가지고 있다. 北宋 이래로 金石學을 기초로 하여 서양고고학이 소개되면서 근대고고학으로 발전한 중국고고학은 역사학의 중요부분으로 인식되고 있고(中國大百科全書出版社 1986:1), 일본에서도 고고학이 과거 역사를 연구하는 학문으로 역사학과 관계가 깊은 것으로 인식되고 있다(鈴木公雄 1988:2). 그러나 점차 서양고고학의 영향을 받게 됨으로써 중국이나 일본고고학도 역사학으로부터 분리되어 독자적인 학문으로 자리잡고 있는 경향을 보여주고 있다.

3. 고고학연구의 기본틀

여기에서는 고고학연구에 있어서 몇 가지 기본틀, 즉 고고학의 연구과정과 기본전제, 그리고 철학적 토대 등에 대하여 검토해 보고자 한다.

1) 연구과정

고고학연구의 기본과정은 자료의 蒐集, 자료의 分析 및 자료의 解釋 등 세 단계로 이루어지고 있다. 먼저 고고학 자료의 수집 과정에서는 연구대상으로 설정한 시기와 장소의 고고학 자료를 충분히 수집하여야 한다. 이들 자료의 수집 방법으로는 地表調査와 發掘調査가 있으며 특히 고고학에서는 발굴조사의 중요성을 강조하고 있다. 發掘은 단지 유물을 찾아내어 채집하기 위한 것이 아니라 유물과 유구의 상태, 공반관계, 층서관계 등을 밝혀 당시 사람들의 행위나 생활방식 등을 究明하고자 함이다. 발굴된 자료들은 연구실로 운반하여 각각 재질에 따라 다른 과정을 거치면서 정리된다. 이 과정에는 유물의 복원, 보존처리, 실측, 사진촬영, 보고서의 간행 등이 있다.

다음으로 고고학 자료의 분석에는 시간, 공간, 형태 등 3차원에 대한 연구가 이루어져야 한다. 이 과정에서 많은 考古學 方法이 요구된다. 즉 고고학에서의 시간적인 축을 編年이라고 부르는데 이는 역사의 年代紀와 같은 것으로 문화를 복원하기 위한 가장 중요한 틀이므로 철저한 연구가 필요하다. 고고학 자료의 공간적인 위치는 당시 주민들의 행위를 반영한 것으로 空間分析을 통해 연구되어야 한다. 공간 분석을 통해 그들의 활동과 교류를 밝힐 수 있는 것이다. 고고학 자료의 形態分析을 통해 고고학 자료가 갖고 있는 직접적인 정보를 추출해낼 수 있다. 그밖에 과거의 환경을 복원하기 위해서는 자연유물에 대한 분석도 중요한 작업이다.

마지막으로 고고학 자료의 해석은 분석의 결과를 종합하고, 類推를 통해 과거 문화를 복원하는 것이다. 문화 복원에는 다양한 考古學 理論을 필요로 한다. 고고학 이론에는 진화론과 전파론을 시작으로 다양한 고고학 이론들이 다른 학문분야로부터 유입되어 사용되고 있다.

그리고 고고학에서의 논증방법으로는 두 가지가 있다. 먼저 歸納法은 고고학 자료의 수집, 이를 분석하는 과정을 통해 과거 문화를 해석하는 방법으로 전통고고학자들이 주로 사용하였다. 반면 演繹法은 특정 문제와 관련되는 가설을 세우고 이를 고고학 자료를 통해 검증함으로써 자료의 의미를 해석하는 방법으로 신고고학자들이 처음 채용하였다.

　이러한 과정을 거쳐 이루어진 문화 복원이 합리적인 것인지 아니면 잘못된 것인지 검토되어야 한다. 아무리 훌륭한 방법이나 이론에 의해 문화가 복원되어도 그 결과가 合理性을 가지지 않으면 의미가 없다. 또한 귀납법이 아닌 연역법에 의해 문화복원이 이루어졌다고 하더라도 기존의 자료에서 이루어진 문화복원이 타당한지는 새로운 고고학 자료에 의해 재차 검토되어야 한다. 이것은 體系理論(system theory)에서 말하는 일종의 循環(feedback)으로 볼 수 있다. 특히 고고학에서 순환이 중요시되는 것은 고고학 자료가 끊임없이 증가하기 때문이다.

2) 기본전제

　고고학이 학문으로서 형성되고, 지속적으로 연구될 수 있는 데에는 몇 가지 기본적인 전제를 바탕으로 하고 있다.

　가장 기본적인 것으로는 과거의 인간행위가 물질적 자료(material remains)를 남기게 된다는 것이다. 예를 들면 사람들의 주거공간으로 움집이나 건축물이 남게 되고, 사냥의 흔적으로 사냥의 도구나 잡혀서 죽은 동물들의 뼈가 남을 것이다. 그러나 문자를 남기기 이전 사람들의 언어나 상징행위는 물질적 자료를 직접 남기지 못하였다. 이와 같이 인간 행위에 의해 남겨진 물질적 자료를 고고학에서는 고고학 자료(ar-chaeological materials)라고 부른다. 고고학자는 고고학 자료를 통하여 물질문화(material culture) 혹은 고고학 문화(archaeological culture)를 복원하려는 것이다.

　그런데 문화는 類型化된다는 인류학자들의 주장(Kroeber and Kluckhohn 1972)에 영향을 받은 신고고학자들은 유형화된 모든 인간 행위가 물질적 자료를 남긴다고 보고 있다(Binford 1968:21). 즉 물질적 자료에는 비물질적 행위까지도 남아있다고 보고 있어 여기에서 복원하는 문화가 물질문화에 한정한다고 보지 않았다. 다시 말하면 고고학자들이 연구하는 고고학 문화에는 물질문화뿐만 아니라 비물질(추상)문화까지 포함된다는 것이다. 그러나 이러한 전제는 계속적으로 논란의 대상이 되고 있다.

다음의 전제는 과거의 유물이 점진적으로 발전되었다는 것이다. 이는 進化論(evolutionism)에 바탕을 둔 것이다. 진화론은 다윈의 생물학적 진화론이 발표된 이후에 고고학 발전에 많은 영향을 주었다(Daniel 1981:96). 특히 몬텔리우스(Oscar Montelius: 1843-1921)의 형식학적 방법이나 페트리(W. Flinders Petrie: 1853-1942)의 계기연대법 등 초기의 고고학 방법에 크게 영향을 미쳤다.

또 다른 전제는 지질학에서 왔다. 즉 層의 형성원리와 동일과정의 가정(혹은 제일성의 가정)은 모두 지질학의 同一過程說(uniformitarianism)에서 출발된 개념들이다. 동일과정설은 지질학자 제임스 허턴(James Hutton: 1726-97)이 주장한 것으로, 지층의 변화가 균일한 힘이나 일정한 요소의 계속적인 작용의 지배를 받고 있는 데 이러한 자연적이고 점진적인 과정에 의해 지구가 형성되었다는 것이다. 이러한 동일과정설은 라이엘(Charles Lyell: 1797-1875)의『지질학의 원리(Principles of Geology)』에 의해 계승되었고, 이것은 고고학 발굴에서 층의 개념이 확립되는데 영향을 주었고, '下古上新'이라는 기본법칙(즉 누증의 법칙)을 이루게 하였다.

그리고 동일과정의 가정(uniformitarian assumption)이란 관찰되는 자료로부터 과거의 지식을 제공받을 수 있다는 가정이다. 이를 바탕으로 신고고학자들은 인간들의 문화 속에서 범문화적 법칙성을 추구하였다. 다만 후기과정고고학자들은 동일과정설에 대하여 의문을 제기하고, 대신 지역적·시대적·상황적·문화적으로 특수한 법칙이나 지역적 규범, 지역적 상황 맥락 등에 의해 고고학자료 해석의 필요성을 역설하였다(김권구 1994:290). 그러나 고고학 자료를 통해 당시 사람들의 입장으로 돌아갈 수가 없기 때문에 '동일과정의 가정'은 고고학에서 문화복원의 기본적인 전제로서 역할을 하고 있다.

결국 고고학연구의 기본전제에는 인간의 모든 행위가 물질적 자료를 남긴다는 것과 유물이 점진적으로 발전되었다는 진화론적 사고, 그리고 지질학에서 유입된 층의 개념과 동일과정의 가정 등이 있다. 이러한 기본전제를 근거하여 고고학자는 물질적 자료로부터 과거 문화를 복원함으로써 고고학연구를 수행할 수 있는 것이다.

3) 고고학연구의 철학적 토대

(1) 과정고고학의 철학적 토대

고고학에서 가장 기본적인 질문은 고고학 지식이 무엇인가? 경험적으로 인식하고, 기술하고, 설명할 수 있는 과거 인간 행위의 객관적이고, 실제의 세계가 있는 것인가? 인간과학(사회과학)은 자연과학과 논리적으로 다른 것인가? 인간행위의 법칙은 있는가? 있다면 어떻게 그것들이 발견되고, 수립될 것인가? 등이다.

이러한 질문은 고고학에서 이루어지는 철학적 논의의 바탕이 되는 것이다. 고고학에서 철학적 논의를 시작한 것은 바로 신고고학부터이다. 신고고학에서는 새로운 이론과 방법론을 채용하면서 과거 문화에 대한 해석을 다르게 하려고 시도하였다. 이러한 신고고학은 新進化論, 文化生態學, 體系理論 등의 사회과학이론과 과학철학자의 영향을 받게 된다(최몽룡역 1984; 이선복 1988).

고고학에서 과거 문화를 연구하면서 가장 먼저 부딪치는 철학적 문제는 認識論(epistemology)일 것이다. 즉 우리는 어떻게 아는지? 무엇을 가지고 우리의 지식을 판단하는지? 어떻게 고고학적 주제의 지식을 얻는지? 어떻게 우리가 방법을 사용하고 결론을 얻는지? 우리가 고고학적 지식에 진정으로 기여하였을 때 우리의 동료가 어떻게 아는지? 우리가 지식을 늘릴 때 우리 자신과 다른 사람들이 어떻게 아는지? 등은 인식론과 관련된 질문이다. 인식론은 과학철학자들의 전통적인 관심사이다.

특히 헴펠(Carl G. Hempel)의 과학의 논리(logic of science)는 신고고학에 가장 크게 영향력을 미쳤다. 인식론에서 제기되는 여러 가지 의문들을 세 가지 항목, 즉 세계에 대한 지식, 진실, 그리고 가설, 설명, 일반법칙과 이론 등으로 축약된다. 이를 고고학연구에서 살펴보면 다음과 같다. 세계에 대한 지식(knowledge of the world)에서는 빈포드가 주장한 물질적 자료로부터 모든 과거 문화를 복원한다는 전제는 다소 과장되었다는 것이다. 다수의 연구자들은 빈포드의 주장에 대하여 고고학 자료에는 과거 문화의 모든 면을 복원하기에는 한계가 있다는 반응을 보여주고 있다. 하지만 고고학 자료에 내재되어 있는 모든 정보들을 다양한 방법으로 분석한다면 과거 문화의 복원이 가능할 것으로 보고 있다. 그리고 진실(truth)은 존재하지 않고 하나의 통용되는 가설로 보고 있다. 그밖에 가설(hypotheses), 설명(explanations), 일반법칙(laws)과 이론(theories) 등의 개념을 필요로 한다. 특히 가설은 특별한 관찰을 설명하는 시도의 결과들이거나 법칙과 같은 규칙, 관계, 유형의 기술들이다(Watson et al 1984).

다음으로 신고고학자들은 자신들이 설정한 목표에 도달하기 위하여 演繹的 假說檢證法(hypothetico-deductive method)과 論理的 實證主義(logical positivism)를 받아들여 일반화·법칙화·객관화 등의 연구방법을 채택하였다. 연역적 가설검증법(H-D method)은 (1) 가설 H를 세우고, (2) 관찰할 수 있는 어떤 예언 P를 연역한다. 그리고 그 예언이 사실인지 아닌지를 알 수 있는 관찰을 시행한다. 만약 사실이면 가설은 받아 드려지고, 사실이 아니면 포기한다. 이러한 방법이 고고학에 적용되면서 비물질 문화의 복원방법으로 사용되었다(Salmon 1982). 그런데 연역법을 채용한 신고고학자들의 인식은 과거 전통고고학자와 많은 차이가 있음이 분명하다. 전통고고학자들은 새로운 주장을 쉽게 제시하지 못하고, 제시한 주장에 집착하는 모습이지만 신고고학자들은 자신의 주장이 오래갈 수 없다는 사실을 받아들이고 있다(Flannery 1967: 122).

한편 實證主義는 일반적인 법칙의 개념에서 관찰된 진술을 설명하기 위하여 찾아진 지식의 이론이다. 실증주의는 19세기 초 프랑스 사회학자 콩트(Comte)에 의해 시작되었다. 그는 비논리적이거나 비과학적 지식과 구분하기 위하여 실증주의라 불렀다. 여기에는 3가지 기본적인 주의가 있다. 첫째, 과학적인 방법에 의해 얻어지는 것만을 지식으로 받아들인다는 것이다. 둘째, 모든 과학은 하나의 자연과학적 모델 아래에서 통합된다는 것이다. 이 원칙에서는 자연과학과 사회과학 사이에 차이가 없다는 것이다. 셋째, 지식의 성장은 사회의 진보를 의미한다는 것이다. 특히 사회 법칙의 발견은 안정성과 사회개혁을 추구하는데 본질적이다.

뒤이어 1920년대와 1930년대에는 일단의 학자들에 의해 論理的 經驗主義가 주장되었고, 1940년대와 1950년대에는 論理的 實證主義가 대두되었다. 대표적인 학자는 카르납(Carnap), 헴펠(Hempel), 나겔(Nagel), 포퍼(Popper) 등이다. 논리적 실증주의자들은 그들의 중요한 과제가 언어로부터 과학적 설명의 구조와 증명 원칙으로 변화하였다. 이들에게 한 사건의 우연한 설명은 처음 조건에 관한 어떤 유일한 진술들과 관련된 하나 혹은 더 많은 일반적 법칙으로부터 사건의 기술적인 진술을 감소시키는 것을 포함한다. 헴펠에 의해 설명의 절차는 연역적·명목론적(deductive-nomological: D-N) 모드(mode)로 규정되었고, 이후에 결정적(deterministic) 모드보다는 확률적 모드가 강조되었다

(Preucel 1991).

이와 같이 논리적 실증주의에 바탕을 두고, 객관적인 과거를 추구하고자 하였던 과정고고학은 1980년대에 후기과정고고학이 등장하면서 철저하게 비판을 받는다(이성주 1991:269).

(2) 후기과정고고학의 철학적 토대

과정고고학을 비판하고 나타난 후기과정고고학은 비교적 다양한 철학적 토대를 가지고 있다. 즉 후기과정고고학은 후기모더니즘(post-modernism)의 영향을 강하게 받으면서 나타났기에 이를 '후기모더니즘 시대의 고고학'으로 인식하기도 하였다(이성주 1991). 후기과정고고학은 맑시즘, 구조주의, 비판이론 등 사회과학의 이론들과 함께 현상학이나 해석학 등의 철학적 사조로부터 영향을 받게 된다.

마르크스주의(Marxism)는 계급간의 갈등을 강조하는 이론으로 칼 마르크스(Karl Marx)에 의해 제시되었다. 그리고 신맑스주의(Neo-Marxism 혹은 구조주의적 맑스주의)는 1960~70년대 프랑스 인류학자들에 의해 시작되었다. 전통적인 맑스주의는 이상적 상부구조(사회의 지식과 신념의 모든 체계)가 생산적인 하부구조(경제적 기초)에 의해 결정된다고 보는데 비해, 신맑스주의는 상부구조와 하부구조가 상호작용을 한다고 본다(Renfrew and Bahn 1991: 412-415). 이러한 시각은 고고학자들에게 영향을 주어 문화변동을 야기시키는 사회 내적 모순과 경쟁에 관심을 두면서, 경제적 관계보다는 사회적 관계에 연구의 초점을 맞추었다. 이후 후기과정고고학자들은 본격적으로 이들 시각을 활용하는데 한 사회 내의 서로 다른 집단들은 경쟁적인 이데올로기들을 발전시킬 수 있다고 보고, 이러한 이데올로기는 우월성과 연관되어 구축되고 파워와 밀접하게 연결된다고 간주한다. 따라서 이데올로기란 개개인들이 자신들의 삶과 행동을 조직화할 수 있는 힘이며, 이러한 이데올로기 개념 하에서 이론적으로 물질문화의 상징적 의미에 대한 해석을 사회조직과 장기간에 걸쳐 벌어지는 사회변동에 대한 설명과 결합시킬 수 있는 것이 가능하다고 주장한다(추연식 1997:101-102).

構造主義(structuralism)는 레비스트로스에 의해 시작된 이론이다. 構造言語學의 영향을 받아 무의식 속에 내재하는 언어학적 문법과 동일한 규칙을 연구하여 '인간정신에서 발견되는 보편적인 것'을 찾으려고 하였다. 또한 그는 예술, 의식 및 일상생활의 유형으로 나타나는 문화를 인간 마음의 하부구조의 표면적인 표현으로 보았다(Ember and Ember 1993:181-182). 이후 초기 구조주의는 해석의 단순함의 경직성 때문에 후기구조주의자들에 의해 비판받게 된다. 후기과정고고학자들은 관점을 텍스트(text)에 두고 있다. 텍스트는 존재하는 것이 아니라 작성된 것이다. 텍스트는 문법, 규칙, 구조적 원리에 따라 작성되지만 작성자는 의미를 표현한다. 작성자는 사회적인 영향력을 노리고 권력관계에 참여한다. 또한 그는 상징의 구조 속에서 텍스트를 작성하지만 의미를 작성하고 상징의 구조를 변화시키며 구조화한다. 우리가 문화를 텍스트로 볼 때, 초월적·추상적 구조를 머물 수 없고 구조를 재생산하는 권력관계와 행위의 맥락을 고려하지 않을 수 없다. 후기 구조주의자들은 텍스트로 문화를 읽는 전략을 제시한다. 이들이 제기하는 텍스트를 읽는 전략은 인식론이 아니라 하나의 해석학이다(이성주 1991:264-265).

한편 批判理論(critical theory)은 독일의 프랑크프루트학파에 의해 제기되고 하버마스에 의해 발전된 이론이다. 이 이론에서는 모든 지식이란 역사적으로 각 시점마다 있어 왔던 사회적 그리고 개인적 편견에 따라 만들어진 것이며, 따라서 객관적인 지식이 존재한다는 것은 자기당착이라고 간주하였다. 나아가서 후기과정고고학자인 섄스와 틸리는 고고학 지식이란 당시 사회의 파워를 가진 집단의 도구이며, 당시의 이데올로기의 표현이라고 비판하면서 진정한 고고학 지식을 고고학자뿐만 아니라 일반대중에게 알리기 위해서는 비판적인 시각에서 고고학 지식에 게재된 파워와 이데올로기를 밝혀내는 작업이 필요함을 강조하였다(Shanks and Tilly 1987; 추연식 1997: 103-105). 이는 신고고학에서 중시하는 實證主義(positivism)를 비판하고 유물의 상대적인 의미를 강조하는 이론이다. 또 어떤 사실도 연구자의 세계관에 의해 그 의미가 결정된다고 보아 고고학 자료에 대한 한 사람의 견해는 다른 사람의 것만큼 동등하게 존중되어야 한다는 것이다(Renfrew and Bahn 1991:430).

1980년대 초·중반 구조주의 영향 아래 공간고고학에서 한층 발전된 景觀考古學(landscape archaeology)에 대한 연구가 진행되었다. 경관고고학은 경관에 대한 인식을 바탕으로 역사지리학, 자연과학을 이용한 지역 환경복원, 인간주의 지리학, 대륙 철학 등의 영향으로 유적뿐아니라 주변의 景觀(landscape)의 인식을 중시한다(김종일 2006). 그러나 이러한 공간의 계량적 분석에 대한 비판이 나타났다. 즉 공간 혹은 장소, 그리고 경관을 실제적으로 경험하고 해석하는 행위주체, 그 중에서도 인간과 공간 또는 장소와의 관련성에 대한, 즉 인간과 환경에 대한 심도 있는 고찰을 요구하게 된다. 이것은 하이데거의 現象學(phenomenology)에서 출발한 것이다. 즉 인간주체에 의해 경험되고 해석되는 장소로서 경관이 인식되기 시작하였다. 텅빈 수학적 공간이 아닌 시간성(역사성)을 가지며 인간의 감각과 지각, 의도 그리고 신체 움직임에 의해 경험되고 체험되는 세계로서 공간이 강조된 것이다(김종일 2004: 23).

한편 현상학이 가지고 있는 주관적 특성이 비판되면서 解釋學(hermeneutics)을 등장시킨다. 해석학이란 해석을 통해 사물에 내재되어 있는 의미를 형상화하는데 공통적 관심을 지닌 다양한 類의 철학적 접근을 가리킨다. 또한 해석학은 종교 텍스트(text)를 해석하는 신학에서 유래하여 이후 문화적 현상을 이해하기 위한 철학적 틀로 발전하였다(Preucel 1991:21; 김승옥 1999:37). 리꾀르(Ricoeur)가 텍스트 해석의 2단계 접근을 제시한다. 첫 단계는 언어학의 객관적 방법을 통한 설명(explanation)이다. 이것은 텍스트의 제요소와 그들의 배열을 분석하여 폐쇄된 텍스트 내에서 감각(sense)을 발견하는 것이다. 둘째 단계는 텍스트를 세계로 개방하고 텍스트가 언급하는 것을 포착하는 이해(understanding)이다. 즉 그가 텍스트를 해석하는 것은 설명과 이해의 변증법적 과정이다(Riccoeur 1976; 이성주 1991:265).

리꾀르의 해석학을 기반으로 하여 호더(I. Hodder)는 해석학의 방법론을 제시하였다. 즉 그는 고고학 자료의 해석 과정에 대한 체계화를 시도하고 주관주의적 오류를 극복하고 해석의 객관적 타당성을 높이고자 하였다. 특히 해석학적 순환의 예에서 볼 수 있듯이 고고학 자료의 관찰과 분석의 결과에 따라 하나의 해석을 얻게 되고 다시 이 해석을 기반으로 좀 더 새롭고 세밀한 관찰과 분석이 가능하게 되며 다시 다른 형태의 해석을 얻는 등 끊임없는 해석과 관찰 및 분석의 검증으로 이루어진 일련의 과정은 고고학에서 이루어지는 해석과 재해석의 과정을 보다 체계적으로 설명해 줄 수 있다는 점에서 주목된다(김종일 2004:24).

이상과 같이 후기과정고고학은 새로운 이론과 철학적 배경으로 하여 과거의 물질문화를 해석하면서 고고학연구에 기여한 면이 많았던 것은 사실이지만 역시 많은 문제점을 가지고 있다. 즉 고고학 연구방법론상의 문제, 상대주의적 해석의 대한 문제, 고고학 연구대상 시기의 한계성, 고고학 자료상의 문제 등이 지적되고 있다(추연식 1997; 김권구 1994). 어느 면에서는 과정고고학에서 제시하였던 방법론을 극복하지 못한 채 이념적인 주장만을 하고 있다. 그러나 후기과정고고학에서 이루어진 철학적 논의는 고고학이 학문적으로 성숙하는데 필수적인 것이다. 일부에서는 이러한 철학적 논의에 회의를 제기하는 경우도 있으나 이를 통해 고고학이 과거 문화를 설명하는 수준을 점차 높여 나아가고

있으며 다른 학문과 거의 대등한 입장에서 연구되고 있음을 보여주고
있다.

4. 한국고고학의 연구체계

한국고고학의 연구체계를 살펴보기 위해서는 한국고고학의 연구목
적과 정체성, 고고학 연구동향, 고고학 영역 등을 정리해 보고자 한다.

1) 한국고고학의 연구목적과 정체성

한국고고학에서는 고고학의 정의나 연구목적을 구체적으로 논의한
적은 없다. 다만『한국고고학개설』에서는 다음과 같이 정의하고 있다.

> "인류가 생활의 증거로 남긴 일체의 유적·유물을 발굴, 수집, 관찰
> 하여 그것을 통해서 인류의 역사, 문화, 생활방법 등을 연구, 복원,
> 해석하는 학문. ····· 신고고학파가 주장하는 문화법칙은 고고학적
> 자료를 통해 얻어낼 수 없는 성격의 것이며, 그것은 또 문화인류학
> 의 범주에 들어가야 할 일이라고 생각된다."(김원용 1986:1)

이와 같이 한국고고학의 연구목적은 역시 과거 문화사의 복원이나 과
거 생활상의 재구성 등에 한정된다고 볼 수 있으며, 한국문화의 기원을
추구하는 등 전파론적 해석에 치우쳐 문화의 자체적인 변동과정에 대
한 연구가 부족하였다. 반면 서양고고학에서는 문화의 변천과정뿐 아
니라 문화의 상징성이나 의미를 이해하는 것을 연구목적으로 설정하
고, 다양한 방법론과 이론을 바탕으로 연구하고 있다. 따라서 서양고고
학의 연구목적을 바로 한국고고학의 연구목적이라고 받아들이기에는

어색하다. 다만 지금까지 한국고고학은 나름대로의 연구목적을 가지고 있었다고 볼 수 있는데 이를 정리해 보면 다음과 같다.

첫 번째는 과거의 물질문화를 밝히는 일이다. 즉 선사시대 문화와 역사시대 이후의 고고학적 문화, 즉 물질문화를 밝힌다는 것이다. 유구한 우리 민족의 역사와 문화가 문헌에는 한정적으로 나타나고 있다. 문헌에 기록되기 이전인 선사시대의 문화와 역사시대에 들어선 이후에도 문헌에 나타나지 않은 물질문화를 밝히는 것이 고고학의 몫이라고 볼 수 있다. 이것은 고고학의 일반적인 연구목적과 같은 것으로 과거 문화의 여러 면을 연구하는 것이다.

두 번째로 한국문화의 기원을 밝히는 것과 함께 고고학 자료를 통해 한국문화의 독창성을 찾아봄으로써 우리 민족의 정체성을 밝히는 것이다. 한국문화의 기원을 밝히기 위해 많은 先學들이 노력하였다. 즉 한국문화의 기원을 청동기시대로부터 찾고, 청동기문화가 북방계로 시베리아의 바이칼호 부근으로부터 출발되었다고 보는 견해를 제시하기도 하였다. 또 그 이전인 신석기시대에도 시베리아 지역과 연관됨을 언급하기도 하였고, 나아가서 구석기시대부터 한국문화의 기원을 추구하여야 한다는 주장도 있다. 이러한 한국문화의 기원문제는 한국고고학에서 중요한 과제로서 논쟁의 대상이 되었다.

또한 한국의 선사 및 고대문화가 다른 지역의 문화와 다른 독특한 문화임을 고고학적으로 밝히는 일이다. 과거 일본학자들의 식민사관에 의하면 한국문화의 후진성과 주변성이 지적되기도 하였지만, 이는 우리 민족에게 잘못된 역사관을 심기 위한 그릇된 식민사관에서 비롯된 것으로 이를 바로 잡고 한국문화 나름대로의 독창성과 우수성이 있음을 밝히는 것이다. 즉 신석기시대의 빗살문토기, 청동기시대의 청동기, 철기시대 이후의 무덤이나 유물 등 고고학 자료에서 독특함이 나타나고 있다. 이와 같이 한국문화의 기원과 독창성을 찾아봄으로써 우리 민족의 정체성을 찾으려고 하는데 고고학이 기여하고 있다.

세 번째는 한국문화의 영역과 대외관계를 연구하는 것이다. 현재의 한국의 범위는 한반도에 속해 있지만 과거의 한국문화의 영역이 어디까지 미치는지 검토해 보아야 한다. 고조선, 고구려, 발해의 시기에는 분명 중국 동북지역이 한국의 영역이었다. 그런데 최근 중국이 東北工程을 통해 고구려를 중국의 역사로 편입하고자 하는 시도가 있다. 이를 대비하기 위하여 역사학뿐 아니라 고고학에서도 이 지역에 대한 연구가 심층적으로 이루어져야 한다. 한편으로 한국과 일본과의 관계를 고고학적으로 밝히는 작업도 포함된다. 과거 일본이 한반도 남부를 지배하였던 것으로 주장하였다. 그러나 고고학 자료를 통해 살펴보면 오히려 한국문화가 일본지역으로 파급되어 일본의 彌生文化나 古墳文化를 형성하는데 결정적으로 작용하였음을 알 수 있다. 이와 같이 고대 한·중관계 및 한·일관계를 연구하는 것이 고고학의 연구목적이 될 수 있다.

다음으로 한국고고학의 정체성에 대한 문제이다. 한국고고학도 역시 역사학, 인류학, 미술사학과 밀접한 관계를 맺어왔다. 초기의 고고학이 역사학과 관련이 깊은 것은 사실이고, 고고학의 연구자도 대부분 역사학에서 시작하였다고 볼 수 있다. 그러나 두 분야가 모두 한국의 역사를 연구한다고 하더라도 연구대상이 서로 다르고, 연구방법도 전혀 판이하기 때문에 고고학은 역사학에 속하는 분야로만 볼 수 없을 것이다. 실질적으로 고고학이 역사학으로부터 점차 분리되어 독립적인 영역을 확보하고 있다는 점은 누구도 부정하지 못할 것이다.

반면 고고학과 인류학은 거의 동시에 출발하였다고 볼 수 있다. 이는 1961년에 처음으로 서울대학교에 고고인류학과가 설치되었기 때문이다. 이후 1975년에 이것이 분리되어 고고학은 인문대학에, 인류학은 사회대학에 각각 소속되었다. 일부 대학에는 아직까지도 고고인류학과가 설치되어 있거나 인류학과 혹은 문화인류학과에 고고학 전공자가 소속되어 있지만 이는 미국 인류학의 영향으로 생각된다. 현재 두 분야는 연구대상과 방법이 전혀 달라 공동적인 연구가 거의 이루어지지 못하고 있다.

또한 고고학과 미술사학과의 관계도 역시 비슷하다. 일부 대학에서 고고미술사학과로 함께 묶어진 예가 있기는 하나 학문적인 연구대상과 방법이 서로 다르다. 초창기에는 유물을 연구한다는 공통적인 면 때문에 두 분야를 연구하는 연구자도 있었고, 고고미술사학회라는 공동의 학회도 있었으나 이제는 각기 별도의 학회를 구성하고 발전해 가고 있다. 또한 과거의 선학들과 같이 두 분야를 전공하는 연구자도 더 이상 없다.

따라서 한국에서 고고학은 역사학과 밀접한 관계를 가졌다고 해서 결코 역사학의 한 분야가 아닌 것이고, 또 미국에서 인류학과 함께 연구된다고 해서 한국고고학도 그러한 방향으로 갈 필요성이 없을 뿐더러 현실적으로 그러지 못하다. 한국에서의 고고학은 나름대로의 필요에 의해 형성된 학문이고, 독자적인 방법론과 연구목적을 가지고 있는 독립적인 학문인 것이다. 다만 이러한 고고학의 정체성을 지키기 위해서라도 고고학의 연구목적, 방법과 이론 등에 대한 논의가 지속적으로 이루어져야 할 필요성이 있다.

따라서 한국고고학은 이미 독자적인 학문분야로 자리 잡았다고 볼 수 있다. 왜냐하면 대학에 고고학 관련학과가 10여 곳이 넘고, 고고학 관련 학회도 다른 분야와 다르게 활동하고 있으며, 이제는 연구자들뿐만 아니라 일반인들에게도 고고학이 더 이상 역사학이나 인류학과에 속하는 하위 학문이 아니라 독자적인 학문으로 인식되고 있기 때문이다.

2) 한국고고학의 연구기관

고고학 관련 연구기관으로는 대학의 학과, 각종 박물관, 문화재연구소, 발굴전문기관 등이 있다. 먼저 1961년 서울대학교에 고고인류학과가 처음 설립된 이후 여러 대학에서 고고학 관련학과가 만들어졌다. 현재 고고학과(부산대, 충남대, 목포대), 고고미술사학과(서울대, 충북대, 원광대, 동아대, 고려대 서창캠퍼스, 동국대 경주캠퍼스), 고고인류학과(경북대), 고고문화인류학과(전북대), 문화유적학과(한국전통문화대) 등이 있고, 인류학과(전남대), 문화인류학과(한양대, 영남대), 사학과 등에서도 고고학이 강의되고 있다. 그밖에 고고학 관련 학과로는 문화재관리학과, 보존과학과, 박물관학과 등이 있다.

국립연구기관으로는 국립박물관과 문화재연구소가 있다. 국립박물관은 국립중앙박물관과 12개의 지방박물관(개관예정인 국립나주박물관 포함)으로 구성되어 있다. 문화재청 산하 국립문화재연구소는 본부와 5개의 지방 문화재연구소로 구성되어 있으며, 국립해양문화재연구소는 별도로 독립되어 있다. 그밖에 대학박물관은 100여 대학에 설치되어 있으며, 지자체와 공사가 설립한 공공박물관과 개인이 설립한 사립박물관이 있다. 발굴조사를 전담하고 있는 발굴전문기관은 비영리법인으로 전국에 대략 80여 기관이 설립되어 있다.

3) 한국고고학의 연구동향

먼저 고고학연구의 성격이다. 한국고고학에서는 어디에서 어떠한 유물이 나왔다는 단순한 사실들과 물질적 자료(고고학 자료)에 대한 연구가 고고학연구의 중요한 부분을 차지하고 있다. 그러나 이러한 연구가 바로 고고학연구의 전부는 아니다. 이들 자료를 다양한 방법에 의해 분석하고, 해석하는 것이 고고학연구인 것이다. 고고학 연구과정에는 고고학 자료의 수집, 분석, 해석이라는 세 단계로 이루어진다. 여기에서 어느 한 부분만이 중시되는 것이 아니라 각 단계가 유기적으로 관계를 맺으면서 연구되어야 한다. 이를 산업구조에 비유하여 1차 산업(수집), 2차 산업(분석), 3차 산업(해석)으로 나누기도 하는데 한국고고학에서는 고고학 자료의 수집(1차 산업)에 치중하고 있는 반면에 서양고고학에서는 해석(3차 산업)이 중시되고 있다(추연식 1997: 머리말). 모든 산업이 균형을 이루어야 국가가 발전되듯이 고고학도 각 부분이 서로 연계되면서 고르게 연구되어야 한다.

다음은 고고학연구에서 가장 기초가 되는 것이 발굴조사법이다. 고고학 자료에 대한 정보는 발굴과정에서 얻어진다. 발굴은 세밀하고 치밀하게 이루어져야 하고, 가능한 모든 정보를 얻을 수 있도록 발굴법에 대한 연구가 이루어져야 한다. 유적의 성격에 따라 발굴과정과 주의하여야할 사항이 다르다. 최근 발굴조사의 수가 증가되면서 발굴조사법에 대한 연구도 활성화되었다. 국립문화재연구소에서 매년 발간하고 있는 『한국 매장문화재 조사연구방법론』이나 한국문화재조사연구기관협회에서 간행하는 학술잡지인 『야외고고학』에서는 유구에 따른 발굴조사법이 자세하게 정리되고 있다. 다만 현재 이루어지는 발굴조사의 대부분이 구제발굴이지만 시간과 경비의 제한을 받지 않고 확고한 목적의식을 가진 학술발굴과 같이 고고학 자료를 얻기 위한 최선의 노력이 필요하다는 것이다.

그리고 고고학 자료의 체계적 정리와 과학적 분석이다. 현재 한국에서는 발굴의 수와 규모가 급격히 증가하고 있으나 이를 분석하고 해석하는 부분은 다소 취약하다고 할 수 있다. 우선 새로이 확인된 고고학 자료를 종류별, 시기별, 지역별로 분류하고, 이를 정리하는 기본적인 작업이 선행되어야 하며, 이를 기초로 하여 다양한 분석이 이루어져야할 것이다. 특히 고고학자의 인지(즉 경험)에 의한 연구만으로는 한계가 있을 수밖에 없기 때문에 고고학 자료는 과학적으로 분석되어야 한다.

즉 연대측정, 공간분석을 비롯한 여러 방법이나 자연유물을 통한 환경 연구 등은 과학적 분석을 바탕으로 해야만 가능하다. 최근 과학을 전공하는 연구자들이 고고학 자료를 분석하는 작업을 본격화하고 있어 앞으로 고고학 연구의 과학화가 기대된다. 더불어 고고학 연구자들도 고고학 자료의 과학적 분석에 더욱 관심을 가져야 할 것이다. 다만 고고학에서의 과학적 분석 자체가 만능이 아니기 때문에 맹목적으로 첨단장비의 사용만을 중시한다면 이는 고고학의 발전에 도움이 될 수 없다는 지적(강봉원 2001:11)은 적절하다.

마지막으로 고고학연구에 있어서 방법과 이론이다. 고고학의 연구체계의 확립에는 방법과 이론이 필수적이다. 서양고고학에서는 각기 연구목적에 따라 다양한 방법과 이론이 연구되고 있다. 이러한 서양고고학의 방법과 이론이 논문을 통해 국내에 소개되거나 중요한 저서들이 번역되고 있다. 더욱이 고고학의 개설서인 『고고학개설』(이선복 1988)과 『고고학입문』(최성락 2005) 등이 이미 출판되어 학문적인 기초가 마련되었다고 볼 수 있다.

하지만 한국고고학은 전통고고학의 범주에서 크게 벗어나지 못하고 있다. 이것은 과정고고학이나 후기과정고고학이 소개되었지만 한국 연구자들이 이를 충분히 이해하지 못하고 있는 것이 현실이다. 아직은 한국고고학이 후기과정고고학의 방법론을 받아들이기는 매우 어렵다고 판단된다. 성급하게 서양고고학의 방법론을 따르기보다는 한국고고학이 필요한 방법과 이론을 차근차근 개선해 나가는 것이 더 현명한 방안이다. 다시 말하면 고고학연구의 성격에 대한 인식과 더불어 발굴법의 개선과 고고학 자료의 체계적 분석, 과학적 분석 등이 필요하다. 또 고고학 방법과 이론에 대한 논의와 고고학에서의 철학적 토대에 대한 논의도 꾸준히 이루어져야 한다고 본다.

4) 한국고고학의 영역

한국고고학의 영역에는 시간적인 범위와 공간적인 범위가 있다. 먼저 시간적인 범위는 선사시대로부터 삼국시대에 한정되지 않고, 그 이후의 시기까지도 포함된다. 즉 『한국고고학개설』(3판)에서 처음 통일신라시대를 포함시켰고(김원용 1986), 나아가 조선시대까지 포함하는 예(西谷正 1982; 이희준 1988)도 있으며, 최근 한국고고학회(2010)에서 편찬한 『한국고고학강의』(개정신판)에서도 조선시대까지를 취급하고 있다. 따라서 한국고고학은 선사시대의 유적이나 고분뿐만 아니라 도자기, 기와, 가마, 성곽, 절터·궁터를 비롯한 역사시대 건물지 등에도 고고학자들이 조사하고 이를 연구하고 있다. 사실 모든 시간대의 인간행위가 남긴 물질적 자료가 고고학의 연구대상이므로 시간적인 범위는 매우 넓다. 최근 실시된 경북 칠곡군 다부동 6·25 전적지 조사나 5·18 희생자 묘역의 조사는 고고학의 시간적인 범위를 넓어주는 좋은 예가 될 것이다.

다음은 공간적인 범위이다. 현재 한반도 남부에 한정되고 있는 고고학 조사에서 벗어나 북한지역과 우리의 역사와 관련되는 일본지역, 중국 동북지역, 몽골지역, 연해주지역 등지에서의 유적조사에도 관심을 가지고 있다. 일본과 중국 동북지역은 학술교류와 유적 답사를 통해 그 지역의 문화에 대한 연구가 이루어지고 있는 반면에 몽골과 연해주지역은 우리 연구자들이 유적을 직접 발굴조사를 실시하고 있다. 즉 국립중앙박물관에서 실시한 몽골지역의 발굴조사[1]나 국립문화재연구소를

---

1) 국립중앙박물관과 몽골국립박물관 및 몽골과학아카데미 고고학연구소는 1998년에 제1차 (1998~2001) 한-몽 공동학술조사(Mon-Sol Project) 협약을 체결하고 고고학 발굴조사를 실시하였다. 2001년에는 제2차(2002~2006) 체결하여 고고·미술·역사분야로 그 폭을 넓혔으며, 2006년에는 제3차(2007~2011) 협약을 체결하고, 동몽골의 대형 흉노무덤 발굴조사 프로젝트를 진행하고 있다(국립중앙박물관 홈페이지 참조).

중심으로 실시하고 있는 연해주지역의 발굴조사[2] 등은 한국고고학의 조사 범위가 점차 넓어지고 있음을 보여주고 있다. 또한 우리 문화가 파급되어 형성된 일본 지역의 문화에 대한 비교연구도 이루어지고 있다. 그리고 육지뿐만 아니라 인간이 활동하였던 모든 공간을 조사의 대상으로 삼고 있다. 한반도 주변지역의 바다나 저수지의 바닥뿐만 아니라 최근 개발되고 있는 갯벌도 연구의 대상이다.

그리고 한국고고학에서 연구되는 세부 분야는 다음과 같다. 고고학을 시기에 따라 구분하는 先史考古學이나 歷史考古學로 구분되고, 연구 주제에 따라 다양하게 나누어진다. 즉 선사나 고대의 동물상, 식물상 및 지질 자료를 연구한 動物考古學, 植物考古學, 地質考古學, 고고학 자료의 과학적 분석을 담당하는 考古測定學(archaeometry), 현존하는 인류의 생활상을 연구하는 民族誌考古學, 바다나 호수 속에 남아있는 자료를 연구하는 水中考古學 혹은 海洋考古學, 불교와 기독교 등 종교와 관련된 宗敎考古學, 고고학적으로 제기된 문제를 과거와 동일한 조건에서 실험적인 방법을 통해 조사·연구하는 實驗考古學, 고고학 발굴조사의 영상기록과 이를 바탕으로 고고학적 현상을 연구하는 映像考古學, 대중에게 고고학을 알리고 함께 고고학적 활동을 유도하는 大衆考古學 등이 연구되고 있다. 그밖에 유적의 관리와 활용방안을 연구하는 文化財管理, 유물과 유구의 과학적 보존처리를 연구하는 保存科學, 박물관의 전시와 운영을 연구하는 博物館學 등도 고고학과 관련된 분야이다.

---

2) 연해주지역의 학술조사는 1992년부터 고려학술문화재단과 대륙연구소가 답사와 발굴조사를 실시하였고, 2000년부터는 국립문화재연구소를 중심으로 한국전통문화학교, 고구려연구재단 등이 지표조사와 발굴조사를 실시하였다(송기호 2012).

5. 맺음말

한국고고학이 지금까지 꾸준히 성장하였음은 분명하지만 방법과 이론에 대한 논의는 본격화되지 못하고 있다. 이러한 문제의식을 가지고 살펴본 결과를 몇 가지로 정리하면 다음과 같다.

먼저 고고학의 정의, 연구목적과 정체성을 살펴보았다. 고고학의 정의와 연구목적은 고고학이 발전해 오는 과정에서 변화되었다. 기존에는 과거의 문화를 기술하였던 반면에 최근의 고고학은 과거의 문화를 설명하려 하고 있다.

다음은 고고학연구의 몇 가지 문제들, 즉 연구과정, 기본전제, 그리고 철학적 토대 등에 대해서 검토해 보았다. 고고학의 기본전제에는 인간의 모든 행위가 물질적 자료를 남긴다는 것과 유물이 점진적으로 발전되었다는 진화론적 사고, 그리고 지질학에서 유입된 층의 개념과 동일과정의 가정 등이 있다. 고고학의 철학적 토대는 과거 문화에 대한 설명의 수준을 높여주었고, 다른 학문과 대등한 입장에서 도달하였음을 보여주고 있다.

그리고 한국고고학의 연구목적에는 과거 문화를 연구하는 일반적인 목적 이외에도 한국문화의 기원과 독창성을 연구하고, 한국문화의 영역과 대외관계를 연구하는 것 등이 있다. 또한 고고학은 결코 역사학이나 인류학의 한 분야가 아니라 독자적인 학문으로 정립되었다. 학문적인 면에서는 연구체계가 확립되고 있다. 특히 고고학의 성격에 대한 인식과 더불어 고고학 방법과 이론에 대한 논의가 이루어지고 있다. 또 고고학의 연구영역으로는 다양한 세부 분야의 연구가 이루어지고 있으며, 이와 더불어 유적의 보존과 박물관 운영에 적극적으로 참여하고 있다. (「한국고고학의 연구방향」, 『21세기 한국고고학Ⅰ』(최몽룡편, 주류성, 2008)의 일부를 수정·보완함)

참고문헌

강봉원, 2001,「서구 고고학의 패러다임변화와 한국고고학의 방향」,『한국상고사
　　　학보』34, 1-19.

김권구, 1994,「탈과정주의 고고학의 주요내용과 과제」,『한국고고학보』31, 283-
　　　296.

김승옥, 1999,「고고학의 최근 연구동향: 이론과 방법론을 중심으로」,『한국상고
　　　사학보』31, 31-56.

김원용, 1986,『한국고고학개설』(3판), 일지사.

김종일, 2004,「고고학의 철학적 토대」,『한국고고학보』52, 한국고고학회, 5-33.

_____, 2006,「경관고고학의 이론적 특성과 적용 가능성」,『한국고고학보』58, 한
　　　국고고학회, 110-145.

송기호, 2012,「해외 유적과 연해주 조사」,『2012 Asia Archaeology 국제학술심
　　　포지엄』, 국립문화재연구소, 9-25.

이선복, 1988,『고고학개론』, 이론과 실천.

_____, 2010,「총설」,『한국고고학 강의』(한국고고학회편), 사회평론, 13-26.

이성주, 1991,「Post-modernism 고고학과 전망」,『한국상고사학보』7, 255-
　　　294.

이희준, 1988,「통일신라 이후의 고고학」,『한국고고학보』21.

최몽룡역, 1984,『신고고학개요』, 동성사.

최몽룡, 2000,「21세기 한국고고학; 선사시대에서 고대국가형성까지」,『한국사
　　　론』30, 국사편찬위원회, 29-66.

최성락, 2000,「21세기 한국고고학의 방향-연구방법론의 문제-」,『21세기 한국
　　　고고학의 방향』, 제24회 한국고고학 전국대회, 29-47.

_____, 2005,『고고학입문』, 주류성.

추연식, 1997,『고고학 이론과 방법론』, 학연문화사.

한국고고학회, 2000,『21세기 한국고고학의 방향』, 제24회 한국고고학 전국대회.

한국고고학회, 2010,『한국고고학강의』(개정신판), 사회평론.

江上波夫監修, 1975,『考古學ゼミナール』, 山川出版社.

浜田耕作, 1922,『通論考古學』, 大鐙閣.

西谷正, 1982,「韓國考古學の時代區分について」,『考古學論考』, 小林行雄古稀記
　　　念論文集.

鈴木公雄, 1988,『考古學入門』, 東京大學出版部.

中國大百科全書出版社, 1986,『中國大百科全書』.

Ashmore, W. and R. J. Sharer, 2000, *Discovering Our Past–A Brief Intro-
    duction to Archaeology*(3rd), Mayfield Publishing Company.
Binford, L.R,. 1962, Archaeology as anthropology, *American Antiquity* 28-
    2, 217-225.
_____, 1968, Archaeological theory and method, *New Perspectives in Ar-
    chaeology*(ed. S.R. Binford and L.R. Binford), aldine, 5-32.
Childe, V.G., 1956, *A short Introduction to Archaeology,* Frederick Muller
    LTD, London.
Choi, M.L. and S.N. Rhee, 2001, "Korean Archaeology for the 21st Century:
    From Prehistory to State Formation", *Seoul Journal of Korean Studies*
    14, Institute of Korean Studies, Seoul National University: 117-147.
Clarke, D.L., 1968, *Analytical Archaeology,* Methuen, London.
Clarke, D.L., 1973, "Archaeology : the loss of innocence", *Antiquity* 46.
Daniel, G., 1981, *A short history of Archaeology,* Thames and Hudson
Deetz, J., 1967, *Invitation to Archaeology,* The Natural History Press.
Fagan, B.M., 1999, *Archaeology–A Brief Introduction–,* HarperCollins Pub-
    lishers.
Flannery, K.V., 1967, "Culture, History V. Culture Preocess: A debate in
    American Archaeology", *Scientific American* 217: 119-122.
Hodder, I. 1982, *Symbols in Action: Ethnoarchaeological Studies of Material
    Culture.* Cambridge University Press, Cambridge.
_____, 1986, *Reading the Past: Current approaches to interpretation in
    archaeology,* Cambridge University Press.(김권구역 2007, 『과거읽
    기-최근의 고고학해석방법들』, 학연문화사)
Hogarth, D.G., 1899, Authority and Archaeology(2nd ed.), London.
Kroeber, A.L. and Clyde Kluckhohn, 1972, Culture: a critical review of con-
    cepts and definitions, *Papers of the Peabody Museum of American
    Archaeology and Ethnology* 47, no. 1, Harvard University, Cam-
    bridge, Mass.
Preucel, R.W., 1991, "The Philosophy of Archaeology", *Processual and
    Postprocessual Archaeologies, Multiple Ways of Knowing the
    Past*(ed. R.W. Preucel), Southern Illinois University at Carbondale.
Sharer, R.J. and W. Ashmore, 1979, *Fundamentals of Archaeology,* The

Benjamin/cummings Publishing Company, Inc..

Sharer, R.J. and W. Ashmore, 1993, *Archaeology,* Mayfield.

Taylor, W.W., 1948, *A Study of Archaeology,* Memoir 69, American Anthro-
pological Association.

Watson, P.J., 1995, "Archaeology, Anthropology, and the Culture Concept,"
American Anthropologist 97(4), 683-694.

Watson, P.J., S.A. LeBlanc and C.L. Redman, 1984, *Archaeological Expla-
nation-The Scientific Method in Archaeology-,* Columbia University
Press.

Willey, G.R. and P. Philips, 1958, *Method and theory in America Archaeol-
ogy,* University of Chicago Press.

제 2 장
시대구분론

제1절 "초기철기시대·원삼국시대 재론"에 대한 반론

1. 머리말
2. 철기시대는 무엇이 문제인가?
3. 초기철기시대와 원삼국시대는 유용한 시대구분인가?
4. 앞으로의 연구방향은 무엇인가?

1. 머리말

한국고고학의 시대구분 중에서 가장 논란이 되고 있는 부분에 대한 이희준(2004)의 "초기철기시대·원삼국시대 재론"(이하 재론이라 칭함)은 지금까지 제기된 여러 가지 문제를 세밀하게 정리한 시의적절한 논고로 생각된다. 여기에서 재론자는 최근 일부에서 사용되고 있는 삼한시대와 철기시대를 비판하고, 기존의 초기철기시대와 원삼국시대를 그대로 사용하는 것이 타당하다고 보면서 다만 원삼국시대의 상한을 기원전후에서 기원전 100년경으로 조정하는 방안을 제시하였다.

재론자가 이 글을 쓴 동기는 고 김원용선생의 최근 발표된 유고와 원삼국시대의 당위성을 강력하게 주장한 이남규의 글로부터 출발된 것이다. 김원용(2000)선생은 생전에 원삼국시대를 비판한 견해들에 대한 반박의 글을 준비해 두셨던 것으로 생각된다. 이 글에서는 원삼국시대를 어떻게 설정하게 되었는지에 대한 고심의 흔적이 묻어나고 있다. 또한 이남규(2003a)의 논고도 김원용선생의 10주기를 맞이한 추모학술대회에서 발표한 것이다. 결국 재론은 원삼국시대를 그대로 사용하자는 이남규의 주장을 적극 지지하는 입장에서 한발 더 나아가서 삼한시대와 철기시대를 본격적으로 비판해 보고자 하는 의도에서 작성되었음을 알 수 있다[3].

그 중에서 삼한시대에 대한 비판은 대체로 동의하는 바이다. 필자는 이미 삼한시대가 고고학의 적절한 시대구분이 아님을 여러 차례 지적한 바 있다(최성락 1996, 1998, 2000a). 삼한시대라는 용어는 역사학계에서 1~3세기를 지칭하는 문헌사의 개념을 확대하여 기원전 300년에서 기원후 300년으로 설정한 것이다. 이러한 명칭은 남한지역만을 대상으로 한 것이라는 지역적인 한계도 지니고 있어 향토사를 기술하는 시대명칭이지 결코 한국고고학의 시대구분이 될 수 없다는 것이다. 이와 같은 맥락에서 사용되는 마한시대도 마찬가지이다. 일부 고고학 논문에서 당시의 역사적 배경이 마한이기에 마한시대로 하자는 주장이 제기되고 있으나 역시 적절한 고고학의 시대명칭은 아니다(최성락 2000b). 그것은 어떻든 이 부분에 대한 반론은 당연히 삼한시대론자들의 몫이라고 생각한다.

그런데 재론자가 철기시대론에 관심을 가지고 이를 비판한 점은 대단히 환영할만한 일이고, 십분 받아들여야 할 일이라고 하더라도 필자의 의도를 다소 잘못 이해하는 면도 있고, 차제에 필자가 재차 강조할 부분도 있어 반론의 필요성을 절감하였다. 따라서 본고에서는 철기시대의 비판에 대한 반론과 함께 초기철기시대와 원삼국시대의 문제점을

---

3) 재론에는 논리전개상 다소 문제의 여지가 있기에 두 가지 면에서 우선 명백히 해둔다. 하나는 철기시대(최성락 1995)와 삼한시대(신경철 1995)의 주장이 같은 시기에 이루어진 것으로 서술되어 있다. 그러나 영남지역에서는 와질토기론이 제기된 이후 얼마 뒤 삼한시대라는 용어(최종규 1991)를 사용하기 시작하였는데 그 개념이 원삼국시대를 대신하는 용어였으나 이후 초기철기시대와 원삼국시대를 포괄하는 용어(신경철 1995)로 확대되었다. 다른 하나는 필자의 철기시대론에 대한 글들 중에서 하나(최성락 1995)만을 언급하고 있어 좀더 자세한 논고(최성락 1998)를 포함시키지 않아 다소 아쉬움을 남긴다는 점이다.

논의하고, 나아가서 시대구분에 대한 앞으로 전망을 제시해 보고자
한다.

2. 철기시대는 무엇이 문제인가?

철기시대는 필자에 의해 만들어진 용어가 결코 아니다. 한국고고학
계에서 초기철기시대·원삼국시대와 함께 꾸준히 사용되어 왔던 명칭
이다. 다만 필자는 톰센의 삼시대법의 근간을 둔 한국고고학의 시대구
분에서 철기시대도 당연히 사용할 수 있다는 생각에 그 근거를 제시하
였을 뿐이다(최성락 1996, 1998). 또 필자의 주장이 안정되어 가는 기
존의 시대구분을 뒤흔드는 결과를 초래하였다는 인상을 주었다고 한
다. 하지만 필자의 주장은 실은 원삼국시대에 대한 논란이 이미 시작된
이후, 어떻게 하는 것이 한국고고학의 시대구분을 안정시킬 수 있을가
하는 의문을 풀어 가는 과정에서 제시한 것이다.

이러한 필자의 주장에 대한 비판도 그간 적지 않게 제기되었다
(이청규 1998; 안승모 2002; 이남규 2003a, 2003b; 박순발 2004). 그러
나 재론을 제외한 이들의 비판은 단편적이거나 극히 부분적인 것이고,
이미 반론을 한 것도 있기에 여기에서 일일이 거론하지 않는다. 다만
재론의 근거가 되었던 이남규의 주장만을 검토할 필요성이 있다. 그는
추모학술대회에서 발표한 것 이외에도 다른 학술대회에 참가하여
이청규(2003)의 발표에 대한 토론에서 역시 철기시대의 명칭에 대하여
비판한 바가 있다(2003b). 이 논고들에서 나타난 몇 가지 문제점만
지적하고자 한다.

첫째, 현재도 철기시대에 속한다는 주장은 부적절한 표현이다. 이것
은 철기시대의 의미를 제대로 파악하지 못한 데에서 출발된 것이다.

철기시대는 톰센의 삼시대법에 근거한 고고학 시대구분에 사용하였던 용어이므로 현재도 철기시대라고 주장할 아무런 문헌적인 근거가 없다.

둘째, 그의 논고 속에는 삼한시대나 철기시대에 대하여 자세히 검토한 흔적이 없다. 다만 삼한시대, 철기시대, 철기시대 전기, 철기시대 후기 등 원삼국시대와 다른 용어를 사용해서는 안 된다고 주장을 하고 있어 이는 재론자의 지적과 같이 지나치게 용어의 비판에만 치중하는 느낌을 주고 있다.

셋째, 과거 그는 남한지역에서는 기원전후에서 3세기까지를 초기철기시대로 설정하면서 원삼국시대를 사용하지 않았다(이남규 1982). 즉 원삼국시대를 가장 먼저 인정하지 않았던 연구자 중 한사람이다. 그런데 무슨 연유로 원삼국시대의 옹호론자로 변신하였는지 그 구체적인 근거를 알 수 없다. 또 원삼국시대를 인정한다면 과거에 주장하였던 초기철기시대의 개념을 어떻게 변화시켰는지에 대하여 전혀 설명이 없다. 원삼국시대를 옹호하고 다른 용어들을 비판하면서 사용한 과격한 언어들은 10주기 기념행사라는 것을 지나치게 의식한 탓이 아닐까 싶다. 사실상 필자가 주장하는 철기시대는 과거 그가 주장하는 초기철기시대와 다를 바가 없고, 그 명칭만 철기시대로 바꾸었을 뿐이다.

이제 본격적으로 재론에 대하여 검토해 보겠다. 재론자는 철기시대론에 대하여 구체적이고, 세밀한 부분까지 비판하면서 철기시대론의 부당성을 지적하고 있다. 재론자는 기본적으로 철기시대론의 긍정적인 측면까지도 부정하는 면에서 앞선 연구자와 다를 바 없다. 재론자가 지적한 모든 문제를 하나하나 자세히 반론할 수 있지만 이 경우에 서로 자기의 주장만을 나열하는 지루한 변명의 글이 될 수밖에 없을 것이다. 따라서 필자는 재론자의 비판 중에서 꼭 언급하여야할 몇 가지 핵심적인 점에 대하여 반론하고자 한다.

첫째, 철기시대라는 용어가 비판받는 가장 큰 이유는 역사성의 부족이다. 그렇다면 한국에서 1~3세기가 원사시대인가 아니면 역사시대인가를 분명히 하여야 한다. 역사학계에서도 이 시기를 역사시대라고는 하지만 삼국시대이기보다는 삼한단계라고 보는 등 분명한 대답을 못하는 것이 사실이다. 만약 이 시기를 역사시대라고 인정한다면 고고학에서도 기원전후부터 삼국시대로 사용하면 아무런 문제가 없다. 현재와 같이 원사단계로 보는 현실에서는 고고학의 시대구분이 한국사에서 언급하고 있는 시대구분에 그냥 따라 갈 수는 없다고 본다. 즉 部族國家, 部族聯盟 혹은 聯盟王國(이기백 1982) 등이나 고구려와 삼한을 받아들여 한국고고학의 시대구분으로 사용할 수 없지 아니한가? 따라서 필자는 이 시기의 시대구분을 고고학적으로 하는 것이 최소한 역사학계에서 입장을 분명히 정리할 때까지는 유용하다고 본다.

둘째, 톰센의 삼시대법이 로마문명 이전을 언급하는 것(トムセン·田淵義三郎譯 1969; Graslund 1994)으로 한국에서는 원사단계로 들어선 시기인 원삼국시대 이후에 대해 철기시대란 용어를 사용할 수 없다는 주장이다. 유럽의 선사시대와 한국의 선사시대가 서로 차이가 있다는 지적은 적절한 것이다. 사실 톰센의 삼시대법과 한국고고학에서 사용되는 삼시대법(신석기시대, 청동기시대 등)은 그 개념에서 차이가 있어 엄격하게 적용할 수 없다. 또 재론자가 인용한 말은 어디까지나 톰센의 삼시대법을 비판하는 시각에서 써진 것이고, 삼시대법의 일반적인 용례는 역사시대 이전의 선사시대를 구분하는 것이다(Phillips 1980; Milisauskas 1978). 따라서 한국에서도 역사시대 이전, 즉 삼국시대 이전을 구분하는 용어로 사용할 수 있다.

또 초기철기시대라는 용어를 쓰면서 철기시대는 가능하지 않다는 논리도 설득력이 적어 보인다. 한국에서 철기시대를 쓸 수 없다면 초기철기시대도 사용할 수 없는 시대구분일 것이다. 일본의 경우 원사단계 인 야요이시대 후기와 고분시대에도 고고학적 시대구분을 쓰고 있다. 일본의 고분시대는 중국 문헌기록뿐만 아니라 일본 문헌기록에도 국가 가 등장한 이후이다. 따라서 한국에서 원사단계인 기원후 3세기경까지 고고학적 시대구분인 철기시대를 쓰는 것이 크게 잘못된 것은 아니라 고 생각한다.

셋째, 재론자가 철기시대나 삼한시대가 기원전 100년의 획기를 무시 하였다는 점을 지적하였다. 이 부분은 필자의 견해를 잘못 이해하고 있 다. 필자는 철기시대의 시작을 한반도 북부지역에서는 기원전 4-3세기 경에 시작되었을지 모르나 한반도 남부지역의 기원전 2-1세기경에 시 작된다고 보아 철기시대의 시작이 북부지역과 남부지역 사이에 편차가 있다고 보고 있어 실질적으로 한반도 남부지역에서의 기원전 100년경 을 의식하고 이러한 제안을 한 것이다. 결코 기원전 100년경의 문화적 변화를 인식하지 않았던 것이 아니다.

그런데 재론자는 철기시대의 시작에 지역적 편차를 둔 필자의 주장 이 오히려 잘못되었다는 것이다. 사실 북부지역에서 철기문화의 시작 이 상대적으로 남부지역보다 빠르다는 것은 이론의 여지가 없다. 한국 이 비록 좁은 지역이지만 지역별 문화 변천에서 차이가 있다는 점을 부 정할 수는 없는 것이다. 이를 한 시점으로 나눈다면 북부지역을 중심으 로 하든가 남부지역을 중심으로 할 수밖에 없다. 어느 쪽에서 획기를 하 더라도 모순이 있기 때문에 지역적 편차를 두고 철기시대의 시작을 다 르게 보자고 한 것이다. 예를 들면 일본의 야요이(彌生) 문화의 시작연 대는 큐슈(九州)지역에 비하면 긴키(近畿)지역이 30~50년이 늦고, 홋 카이도(北海島)지역의 경우에는 아예 야요이문화가 파급되지 못하였 다고 한다. 이러한 사실을 모를 리 없는 재론자가 필자의 의도를 파악하 지 못한 것은 납득이 가지 않는 일이다.

또한 삼국시대 시작 연대도 지역 간에 차이를 인정할 수 없다고 하였다. 이는 재론자의 지적과 같이 필자의 논문에서 다소 오해의 소지가 있는 표현이 있었음을 인정하고 받아들인다. 필자의 의도는 삼국시대의 시작 연대가 유동적이기 때문에 이것이 설정되는 것에 따라 철기시대의 하한이 유동적이라고 생각하였던 것이다.

그런데 재론을 자세히 검토해보면 재론자와 필자 사이에는 기본적인 시각 차이가 있음을 발견할 수 있다. 즉 1~3세기를 원사단계로 보는 점은 공통된다고 하더라도 이 시대를 어떻게 보느냐는 다르다. 재론자는 역사고고학의 입장에서 바라보고 있는 반면에 필자는 선사고고학의 입장에서 바라보고 있다. 그럼에도 불구하고 재론자의 주장에서 두 가지 문제점을 지적하고자 한다.

첫 번째, 기원전 100년의 획기를 강조하는 재론자의 주장은 분명히 영남지역 중심의 시각이 강하다. 영남지역에서는 고고학 문화상의 변화를 강조하는 반면에 고구려지역에서는 문헌 기록을 인용하고 있다. 영남지역뿐 아니라 기타 지역도 동일한 차원, 즉 고고학 문화상의 변화를 언급하여야 한다. 이러한 시각은 고고학 입장에서 보면 잘못된 방법이다. 따라서 고고학 자료와 문헌 기록 사이에 나타나는 불일치성을 看過하는 愚를 범하고 있다.

두 번째, 재론자는 원삼국시대가 고고학 자료의 변화를 기준으로 하지 않았다는 필자의 주장에 대하여 만약 시대구분에서 고고학 자료의 변화만을 기준으로 해야 한다면 삼국시대와 통일신라시대를 구분할 때 과연 고고학 자료의 변화를 기준으로 하고 있느냐고 반문하고 있다. 또 선사시대는 모르지만 원사·역사시대에서는 반드시 그래야 할 것도 아니고 그럴 수도 없다고 하였다. 그렇다면 이미 문헌에 근거하여 정의된 원삼국시대의 연대를 군이 100년 상향조정할 필요가 없지 않는가? 결국 필자의 주장에 대하여 재론자가 비판하는 과정에서 자신의 주장과 相衝되는 모순에 빠진 결과를 초래하였다.

결론적으로 어떠한 시대구분의 명칭도 모순이 있게 마련이다. 그러한 모순을 극복하려는 노력의 일환으로 새로운 용어를 사용해 보는 것이다. 그러나 철기시대는 새롭게 만들어진 용어가 아니고 많은 문제점을 내포하고 있긴 하지만 유럽과 미국을 제외한 세계 여러 지역에서 오랫동안 사용된 유용한 용어이다. 또 이 시기 한국의 전 지역을 포괄할 수 있는 시대구분으로서 적절하다고 생각한다.

3. 초기철기시대와 원삼국시대는 유용한 시대구분인가?

김원용선생께서는 한국고고학의 시대구분을 제시하면서 많이 고심하였고, 그 부분에 대한 비판의 여지는 없다. 다만 한 가지 아쉬운 부분은 시대구분안을 처음 제안하면서 적절한 논고가 미리 마련되지 못하였던 점과 톰센의 삼시대법에 대한 검토가 충분히 이루어지지 못하였다는 점이다. 이러한 논의가 선행되었다면 현재의 한국고고학의 방향은 한층 달라져 있었을 것이라고 감히 추정해본다.

먼저 원삼국시대에는 어떠한 문제점이 있는 것인가이다. 우선 원삼국시대를 고수하자는 주장이 있으나 모든 연구자들이 아무런 문제를 제기하지 않고 사용한다면 모르지만 그렇지 않다면 이 주장은 타당성이 없다. 실상 원삼국시대가 제창된 이래 30년이 넘고 역사학계에서 이를 받아들이려는 시도(천관우 1976)가 있긴 하였으나 오히려 반론(이현혜 1993, 김정배 1996)이 강하게 나타난 사실로 보아도 역사학계에서 인정하는 시대구분에는 이르지 못하고 있다. 이러한 면에서 일본의 야요이시대나 고분시대의 위상과는 사뭇 다르다. 어떻게 보면 고고학자가 고고학과 한국사를 포괄하는 시대구분을 시도하는 자체가 현실적으로 어렵다는 일임을 직시하여야 한다. 원래 원삼국시대라는 명칭이 만들어진 취지와는 다르게 결과적으로 고고학적 시대구분이라는 제한적인 평가를 받게 되었듯이 역사학자들을 설득하기에는 역부족이었다고 판단된다.

다음은 일단 원삼국시대라는 용어를 기원전 100년까지 확대하여 사용하자는 의견이다. 이는 문화적으로 혹은 역사적으로 변화되는 시기(즉 획기)가 기원전후가 아닌 기원전 100년경으로 보기 때문이다. 이렇게 수정한 배경은 원삼국시대이라는 명칭이 가지는 개념이 결코 기원전후에서 300년으로 한정되는 것이 아니라 문화적 특성을 지닌 용어라는 전제에서 시도하고 있다. 그러나 원삼국시대의 용어는 문헌적인 것에서 출발하였다. 즉 이는 proto-삼국시대라는 의미로 엄연히 기원전후에서 300년간을 지칭하는 용어이다.

사실 원삼국시대의 상한을 올리는 작업은 이미 필자가 시도한 바가 있다. 즉 필자의 학위논문에서 전남지역의 시대구분을 청동기시대에 이어 원삼국시대로 설정하면서 원삼국시대의 상한을 기원전 100년부터 설정하였다(최성락 1993). 이는 초기철기시대와 원삼국시대의 개념으로는 전남지역의 문화를 설명할 수 없었기 때문이다.

그런데 문화란 서서히 형성되는 것이다. 일시적으로 갑자기 변화가 일어났다면 대규모의 주민 이주를 전제로 할 수밖에 없게 된다. 따라서 기원전 100년의 획기를 지나치게 강조하다보면 漢郡縣의 설치가 바로 한국 전체에 영향을 주었다는 데에 의미를 두게 된다. 이것은 과거 일본 학자들의 견해로서 이를 수정하기 위하여 한국 역사학계에서 수십 년을 노력해 온 것을 자칫 되돌려 놓자는 주장이 될 수 있다. 결국 원삼국시대라는 문헌적 성격을 가진 시대 개념을 문화적인 특성을 지닌 명칭으로 전환시켜 연대를 올리는 것은 원삼국시대가 가지는 본래의 의미(취지)를 훼손시킬 뿐만 아니라 한국사를 이해하는 데에도 도움을 줄 수 없다고 생각한다.

그리고 초기철기시대의 설정에도 문제가 있다. 그 개념이 무엇인가? 『한국고고학개설』에서는 기원전의 철기문화로 정의되면서 철기의 생산, 청동기의 급증 등을 특징으로 기원전 300년에서 기원전후까지로 비정하고 있다(김원용 1986). 이에 비하여 재론자는 철기가 처음 유입되지만 완전한 철기시대로 진입되기 전 과도기적인 시기를 초기철기시대로 규정하고 있다. 그렇다면 이 시기에 시대라는 명칭을 붙일 수 있을까? 더구나 원삼국시대의 시작연대를 기원전 100년으로 설정한다면 청동기시대(기원전 1000~300년), 초기철기시대(기원전 300~100년), 원삼국시대(기원전 100년~기원후 300년)가 되어 초기철기시대는 200년이라는 비교적 짧은 시기를 말하게 된다.

이러한 문제점 때문에 필자는 초기철기시대를 청동기시대에서 철기시대로 넘어가는 전환기로 보는 것이다(최성락 2002a). 이것은 마치 중석기시대가 구석기시대에서 신석기시대로 넘어가는 전환기인 것과 같은 이치이다[4]. 다시 말하면 원삼국시대 앞의 초기철기시대는 시대라기보다는 청동기시대에서 원삼국시대(혹은 철기시대)로 넘어가는 과도기로 이를 청동기시대나 원삼국시대(혹은 철기시대)로 편입하는 것이 타당한 것이다. 다만 원삼국시대는 그 시간 범위를 쉽게 확대할 수 없는 반면에 철기시대라는 용어는 얼마든지 그 연대를 올릴 수 있기에 유용하다고 생각한 것이다.

그럼에도 불구하고 필자는 초기철기시대와 원삼국시대가 여전히 유용한 시대구분이라고 생각한다. 왜냐하면 많은 고고학자가 초기철기시대와 원삼국시대를 그대로 사용하고 있기 때문이다. 그러나 이 시대

---

4) 초기철기시대를 하나의 시대로 설정해 준다면 당연히 구석기시대와 신석기시대 사이의 中石器時代, 신석기시대와 청동기시대 사이의 초기청동기시대 혹은 銅石時代(?)도 설정하여야 할 것이다.

구분은 철기문화의 형성과 발전을 효율적으로 설명하는 데 다소의 문제점이 제기되고 있기 때문에 재검토할 필요성이 있다. 나아가서 초기철기시대와 원삼국시대만의 문제가 아니라 한국고고학에서 사용되고 있는 삼시대법 전체가 재검토되어야 할 단계라고 보는 것이다.

4. 앞으로의 연구방향은 무엇인가?

필자가 주장하는 철기시대가 궁극적으로 원삼국시대를 완전히 대치하는 바람직한 시대구분의 명칭으로는 보지 않는다. 왜냐하면 삼시대법은 이미 구시대의 잔존물인 것을 누구보다도 잘 알기 때문이다 (최성락 1997). 필자가 이러한 철기시대를 강조한 것은 우선 삼시대법을 제대로 알고 이를 적용해 보자는 취지이고, 새로운 시대구분이 나오기 전까지 고고학계에서 사용할 수 있는 명칭이라고 생각하였기 때문이다.

서양고고학에서는 이미 신진화론의 사회발전단계설, 즉 군집사회-부족사회-족장사회-고대국가라는 설을 따르거나 문화의 발전 내용에 따라 각자 문화단계를 구분하고 있다. 즉 농경의 시작, 도시의 등장 등을 하나의 문화단계로 설정하고 있다. 따라서 획일적인 시대구분의 의미가 감소되고 있어 마치 고고학자가 유물을 임의로 형식분류하듯이 문화의 변천과정을 자신의 기준에 의해 나누고 이를 명명하고 있다.

한국고고학에서도 당연히 사회발전단계나 문화의 발전과정을 포함하는 새로운 시대구분이 제시되어야 한다. 외국연구자이지만 넬슨 (Nelson 1993)의 제안, 즉 수렵채집인(forest foragers), 초기마을(early village: 기원전 6000~2000), 거석·도작·청동기(megaliths, rice and bronze: 기원전 2000~500), 철기·교역·개발(iron, trade and exploitation: 기원전 400~기원후 300) 및 삼국시대(기원후 300~) 등은 삼시대법을 대치하는 새로운 방안 중의 하나일 것이다.

또한 원사단계의 시대구분은 고고학적 시대구분을 하든가 아니면 역사학자들의 시대구분을 받아들이면 된다. 전자는 일본고고학의 경우이고, 후자는 중국고고학과 북한고고학의 경우이다. 다만 후자를 따를 경우에는 그 시기 혹은 그 나라(國)에 해당되는 고고학 자료를 설정하는 것이 결코 쉽지만은 않고, 그 과정에서 많은 혼란이 일어날 여지가 있다. 또 그 과정에서 고고학자가 역사를 임의로 해석해서는 안되며 역사학에서의 통설을 겸허하게 받아들여야 할 것이다[5].

여기에서 일화 하나를 소개할까 한다. 필자가 철기시대를 처음 사용한 것은 1989년의 일이고(최성락 1989), 같은 해 가을 박사학위 논문의 초고를 김원용선생님께 심사 의뢰하였을 때 제목은 '전남지방 철기문화의 연구'였으나 심사과정에서 많은 지적사항이 있었고, 그 중의 하나로 제목을 '전남지방 원삼국문화의 연구'로 변경하게 되었다. 이후 원고를 수정하여 다시 제출하러 갔더니 선생께서 뜻밖에도 필자에게 "전남지방 철기문화의 연구"도 크게 문제가 되지 않을 것 같으니 그대로 제출하라고 말씀하셨다. 즉 원삼국시대라는 용어는 역사적인 의미를 가진 것이고, 철기시대는 고고학적 시대구분이니 적절히 사용하라는 말씀이었다. 다시 말하면 전남지방에서 초기철기시대와 원삼국시대라는 시대구분으로 접근하기에는 현실적으로 어려움이 있다는 필자의 의견을 이해하신 것으로 짐작하였다. 그러나 필자는 논문의 제목을 다시 철기문화로 고치지 않았다. 처음 제출된 학위논문부터 선생의 학설을 거부하는 인상을 주어서는 안 된다는 생각과 함께 시대명을 고치게 되면

---

5) 고고학자들이 원사단계의 역사를 임의로 해석하여 연대를 올리는 경우가 있다. 이러한 부분에 대한 자세한 검토는 기왕에 발표된 논고(최성락 2000a, 2000b)를 참조하기 바란다.

본문의 많은 부분을 다시 고쳐야 하기에 엄두가 나지 않았기 때문이다. 그러나 이를 계기로 필자는 시대구분에 대한 관심을 더욱 가졌던 것이고, 이후 시대구분에 대한 논고들을 작성하게 되었다.

그런데 시대구분에 대한 논의가 있다고 해서 결코 바람직하지 못하다거나 한국고고학계에 불행한 일만은 아니다. 아무런 근거도 없이 임의로 사용하는 것이 문제이지 학문적인 근거를 가진 주장은 환영받아야 한다. 또 학회에서 시대구분의 명칭을 쉽게 결정할 수 있다고도 보지 않는다. 설사 이를 결정한다고 하더라도 모두 따르지 않으면 소용이 없다. 하지만 학회차원에서 공개적으로 논의하는 것은 지극히 환영할 만한 일이고 바람직한 일이다.

한국고고학에서 용어의 혼란은 어디 시대구분의 명칭뿐인가? 대부분의 고고학 용어가 혼란상태이다. 예를 들면 철기시대의 토기는 연구자마다 그 명칭이 다르고(최성락 2002b), 전방후원형 고분에 장식용으로 사용되는 토기도 하니와(埴輪), 圓筒形土器, 墳周土器, 墳丘樹立土器 등 다르다. 이러한 문제를 풀기 위해서는 연구자들이 새로운 용어를 만들기보다는 기존의 용어 중에서 적절한 용어를 선택하여 새로운 가설(혹은 학설)을 내는 데 힘써야 한다. 고고학 관련 학회에서도 고고학 용어의 개념정의에 관심을 가져야 할 것이다.

그런데 하나의 시대구분론은 가설(hypothesis)에 해당한다. 새로운 시대구분으로 더 합리적인 설명이 가능하다면 기존의 시대구분을 대신하여 사용할 수도 있다. 가설은 일시적인 진실일지라도 영구적인 진실일 수는 없다는 플래너리(Kent Flannery)의 다음과 같은 말을 인용해 본다.

"과정 이론가들은 진실(Truth)이 단지 가장 통용하는 가설이고, 그들이 지금 믿는 무엇이든지 그들 생애나 그 이후에 결국 잘못된

것으로 밝혀진다는 것을 가정한다. 그들의 이론(가설)은 그들에게
자식과 같은 것은 아니어서, 그들의 이론(가설)이 잘못되었을 때 상
처를 덜 받는다(Flannery 1967:122)".

　필자가 철기시대를 사용한 이래 시대구분에 대한 이와 같은 논란이
이루어진 것만으로도 일정한 성과를 얻었다고 본다. 한국고고학계가
방법론의 부재상태에서 벗어나기 위해서는 이러한 고고학 용어의 문제
부터 관심을 가져야 한다. 만약 이러한 논의가 금기시되고 시대구분이
고착된다면 과거 문화를 보는 눈도 고착될 수밖에 없다. 고착된 시각에
서는 과거 문화에 대한 새로운 해석이 나올 가능성이 거의 없을 것이다.
한국고고학이 언제까지나 지금의 고고학에 머물 수는 없는 것이 아닌
가? 세계고고학과 어깨를 나란히 하기 위해서는 고고학의 학문적이고
본질적인 문제에 대한 활발한 토론과 논의가 있어야 한다.
　이번 기회에 필자는 한국고고학회가 시대구분, 고고학의 연구목적과
정체성 등을 비롯하여 고고학의 기본적인 용어와 방법론 등을 주제로
설정하고, 토론의 장을 마련해 줄 것을 기대해 본다. (「"초기철기시대·
원삼국시대 재론"에 대한 반론」, 『한국고고학보』54, 한국고고학회,
2004를 일부 보완함)

제2절 한국고고학 선·원사시대구분 재론

1. 머리말

한국고고학 시대구분의 근간은 여전히 삼시대법을 따르고 있지만 원사단계[6]에 대한 논란이 끊이지 않고 있다. 즉 초기철기시대와 원삼국시대로 통용되는 이 단계가 삼한시대 혹은 철기시대로도 불러지면서 어느 것이 더 타당한 시대구분의 명칭인가에 초점이 맞추어지고 있다.

원사단계에 대한 인식이 연구자들 사이에 서로 달라 어느 면에서는 혼란스럽기까지 하다. 이러한 혼란은 한국고고학의 발전에 저해되므로 기존의 시대구분을 따르면서 당시 문화를 심층적으로 연구하는 것이 필요하다는 주장도 있다. 그러나 필자는 이러한 시대구분에 대한 논의

---

[6] 원사단계란 자체적인 기록이 없으나 외부적인 기록이 나타나는 단계를 말하며 우리나라에서는 고조선, 삼한, 삼국의 초기 등이 이에 해당한다. 원사단계를 원사시대로도 지칭하고 있으나 각 시대와 구분하기 위하여 본고에서는 단계라 한다. 즉 단계(stage)는 시대의 하위개념으로 사용되고 있으나 오히려 상위개념으로 정의되고 있다(이선복 1988:88).

가 한국고고학의 발전에 도움이 된다고 본다. 각 시대간의 변천양상에 대한 연구가 필요할 때에 고착된 시대구분에 대한 인식만으로는 이를 쉽게 극복할 수 없고, 과거 문화를 연구하면서 동시에 어떻게 시대와 시기를 나누는 것이 적절한지 생각해 보는 것이 연구의 폭을 깊게 할 수 있다는 점에서도 시대구분에 대한 논의가 계속되어야 할 것이다.

한국고고학 시대구분이 가지는 더 큰 문제는 인접 분야나 인접 국가와 소통이 잘 되지 못한다는 점이다. 실제로 원사단계에 대한 고고학계의 시대구분은 역사학계에서 전혀 수용되지 않고 있어 서로 다른 시대명칭을 사용함에 따라 혼란을 초래하고 있다. 더구나 한국고고학의 공간적 대상을 공유하는 북한고고학의 시대구분과도 차이를 보이고 있다. 이러한 한계에서 벗어나기 위하여 한국고고학의 시대구분은 재검토되어야 할 것이다.

따라서 한국고고학에 있어서 시대구분의 문제점, 그 중에서 원사단계의 시대구분에 대한 각 연구자들의 인식 차이를 정리하고, 이러한 문제점을 해결하는 방안의 하나로 고고학과 역사학, 그리고 북한고고학이 함께 쓸 수 있는 새로운 시대구분을 제안하고자 한다. 더불어 삼시대법에서 벗어날 수 있는 시대구분의 필요성도 제기해 본다.

2. 시대구분론

고고학에서 시대구분은 큰 문화적 변화를 기준으로 나누고 있다. 처음 유럽에서는 톰센의 삼시대법(최성락 1997, 田淵義三郎譯 1969, Graslund 1994)이 등장하면서 도구에 의한 분류가 이루어졌으나 20세기 중반 이후에는 점차 문화의 성격에 의해 구분되고 있다. 즉 유럽에서는 최초의 인간들, 후빙기의 발전-수렵·채집, 초기 농경사회, 취락·

확산·사회경제적 변화 등으로 나누고 있다(Champion et al 1984). 한편 미국에서는 선사문화를 석기(Lithic), 고기(Archaic), 형성기(Formative), 고전기(Classic), 후기고전기(Post Classic) 단계 등으로 나누고 있었으나(Willey and Phillips 1958) 지금은 신진화론의 사회발전단계설로 고대국가의 발전과정을 설명하고 있다(최정필 1997). 그리고 제3세계에서는 각 나라의 문화적인 특성에 따라 시대구분을 하고 있다. 이러한 시대구분은 고착된 것이 아니라 과거 문화에 대한 심층적인 연구에 따라 변화되는 것이다.

우리와 인접한 국가인 中國과 日本에서도 각자 그 나라의 특성에 따라 시대구분을 하고 있다. 중국의 경우, 王朝의 등장이 이른 관계로 구석기시대와 신석기시대를 지나면 바로 고대국가로 연결된다. 즉 夏, 殷(商), 周 등의 王朝로 시대구분을 하고 있다(中國社會科學硏究院 1984, 정한덕 2000). 이와 같은 형태는 북한고고학에서도 찾아볼 수 있다. 즉 원시사회(구석기시대, 신석기시대, 청동기시대)에 뒤이어 노예사회(고조선), 봉건사회(고구려)로 구분되고 있다(사회백과사전출판사 1977). 여기에서는 기원전 1000년기 전반기부터 고조선으로 보고 있고, 그 이전인 기원전 2000년기를 청동기시대로 설정하고 있다. 이후 북한은 1993년 단군릉의 발굴을 계기로 청동기시대의 상한연대와 전기 고조선의 시작을 기원전 3000년기 초로 올려보고 있다(이선복 1997).

반면 삼시대법과는 다르게 일본에서는 先土器時代(구석기시대)에 뒤이어 繩文時代, 彌生時代, 古墳時代 등으로 선사단계와 원사단계를 고고학적인 시대로 구분하고 있다. 더구나 이러한 시대구분을 고고학과 역사학에서 함께 사용하고 있다는 점이 특이하다.

한국고고학에서도 삼시대법을 기초로 한 시대구분이 사용되고 있다. 즉 『한국고고학개설』(김원용 1973; 1986)에서는 구석기시대, 신석기시대, 청동기시대, 초기철기시대, 원삼국시대, 삼국시대 등으로 구분하

였다. 여기에서는 삼국시대에 앞서 원사단계로서 원삼국시대를 설정한
것이 특징이다. 한국고고학의 시대구분에 대한 논의[7](이청규 2007;
이희준 2004; 최성락 1995, 2004)가 계속되고 있으나 한국고고학계의
기본적인 입장은 초기철기시대와 원삼국시대를 그대로 유지하는 것이
다(한국고고학회 2007).

한편 역사학계도 시대구분에 대한 많은 관심을 보여 왔다. 전체적으
로 삼시대법이 적용되어 고대-중세-근대라는 틀 속에서 연구자의
관점에 따라 다양한 시대구분을 제시하고 있다(이기백 1981). 중세와
근대의 역사는 대부분 王朝에 의해 구분하지만 고대의 역사는 연구자
마다 달라 일치되지 못하고 있다. 실제 한국사 개설서에 나타나는 양상
을 보면, 고조선에 뒤이어 부족연맹, 연맹왕국, 열국, 소국 등으로 붙여
지고 있다〈표 1〉.

〈표 1〉 한국사 개설서에 나타난 시대구분

제안자	시대구분
이병도(1958)	원시사회 - 상대사(고조선-한사군-민족의 소통일-남북세력의 대립)
한우근(1970)	원시사회(구석기시대, 신석기시대) - 부족사회의 성립(청동기시대, 부족사회) - 제부족연맹의 성립 - 고대국가의 성립(삼국시대) ---
이기백(1976)	원시공동체사회(구석기시대, 신석기시대) - 성읍국가와 연맹왕국(청동기시대, 고조선, 연맹왕국) - 귀족국가(삼국) ---
이기백·이기동(1982)	원시공동체사회(구석기시대, 신석기시대) - 성읍국가와 연맹왕국(청동기시대, 성읍국가, 연맹왕국) - 귀족국가(삼국) ---
변태섭(1986)	원시사회(석기시대, 청동기문화와 군장사회) - 고대사회(초기국가, 고대국가, 남북국가의 발전) ---
노태돈외(1999)	원시·고대(원시사회, 고조선, 삼국) - 통일신라 ---

---

7) 한국고고학 시대구분에 대한 전반적인 문제는 이미 필자를 포함하여 여러 연구자들
에 의해 논의된 바가 있다. 또 원삼국시대에 대한 논의는 다음 장에서 다루고 있어
여기에서는 생략한다.

제안자	시대구분
한영우(2004)	한국인의 기원(구석기문화, 신석기문화, 청동기문화) - 고조선과 열국의 등장(고조선, 열국의 등장) - 고대귀족국가(삼국, 남북국) ---
중학교 국사(교육 인적자원부 2008a)	선사시대(구석기시대, 신석기시대, 청동기시대) - 국가의 발생 (고조선, 철기문화, 여러 나라의 성장) - 삼국시대 ---
고등학교 국사(교육 인적자원부 2008b)	선사시대(구석기시대, 신석기시대) - 국가의 형성(고조선과 청동 기문화, 여러 나라의 성장) - 삼국시대 ---

이렇게 다양한 것은 바로 고대국가의 성립과정에 대한 역사학자들의 견해 차이를 반영하는 것이다〈표 2〉. 즉 모건(morgan)의 사회발전단계설과 웨버(Weber)의 도시국가설을 근거로 하여 고대국가의 형성과정을 제시하였고(김철준 1964; 천관우 1976a), 이후 신진화론에 기초를 둔 사회발전단계설인 군사회-부족사회-군장사회-초기국가 등이 소개되면서(김정배 1986) 고대국가 이전의 수장(추장, 군장)사회가 더욱 세밀한 단계로 제시되기도 하였다(노중국 1988; 이종욱 1999). 또 부족연맹, 연맹왕국, 소국연맹 등으로 부르고 있는 고대국가의 성립과정을 소국공동체-고대국가로 정리하기도 하였다(김영하 2007). 이러한 영향으로 인하여 고대국가 이전 단계를 부족국가, 성읍국가, 군장사회 등으로 설정하고 있다.

<표 2> 역사학에서의 사회발전단계설

제안자	사회발전단계설
김철준(1964)	씨족사회 - 부족국가 - 부족연맹 - 고대국가
천관우(1976a)	씨족체 - 성읍국가 - 영역국가
김정배(1986)	군사회 - 부족사회 - 군장사회 - 초기국가
노중국(1988)	--------- 소국 - 소국연맹 - 부체제 - 중앙집권적 고대국가
이종욱(1999)	----- 추장사회 - 소국 - 소국연맹 - 소국병합 - 중앙집권적 왕국
김영하(2007)	----------------- 소국공동체 - 고대국가

과거 역사학자들은 고대국가의 성립을 삼국시대로 인식하였으나 점차 삼국시대 이전인 위만조선의 국가적인 성격을 인정하였고(김정배 1986), 또 고조선의 마지막 시기인 기원전 4-3세기에는 국가적 체제가 형성되었음을 인정함과 동시에 고조선을 역사의 실체로 받아들이고 있다(노태돈 2000; 송호정 2000, 2002; 이기백 1988).

따라서 고고학자들과 역사학자들 사이에 시대구분에 대한 시각 차이가 매우 크다는 점을 알 수 있다. 고고학자들은 고고학 자료에 의한 시대구분을 시도하면서 원사단계를 인식하고 있는 반면에 역사학자들은 그러한 구분에 큰 의미를 두지 않고 있다. 역사학자들은 고대국가의 성립을 어느 시기로 볼 것인가에 초점을 맞추고 있으나 중국 문헌에 등장하는 고조선, 부여 등도 실체로 받아들이고 있는 것이다[8].

결국 시대구분은 과거 인류의 문화를 어떻게 설명하는가 하는 하나의 틀로서 도구에 의한 구분에서 점차 벗어나 사회나 문화성격에 의해서 구분되고 있다. 또 고고학적 시대구분은 고대국가의 등장 이전까지를 대상으로 하게 된다. 그 이후에 역사적 시대구분을 따르는 것은 일반적이다.

3. 시대구분의 문제점

한국고고학의 시대구분은 역사단계, 즉 삼국시대 이후에는 王朝에 따라 구분되고 있어 별다른 문제점이 제기되지 않고 있다. 다만 논란이 되고 있는 부분인 선사단계와 원사단계를 검토해 보기로 한다.

---

8) 고고학자가 역사학자에 비하여 고대국가의 형성 시기를 늦게 보는 것은 고고학 자료에 근거하기 때문에 어쩔 수 없는 일이다. 하지만 고대국가의 형성이 고고학 자료만으로 설명될 수 있는 것은 아니다.

1) 선사의 시대구분

선사단계에 대한 논란은 비교적 적다. 그 중에서 중석기시대와 초기 신석기시대, 청동기시대의 개념과 시기구분, 초기철기시대의 개념 문제 등을 다루고자 한다.

(1) 중석기시대와 초기 신석기시대

유럽에서는 구석기시대가 끝나는 기원전 8,000년경에서 신석기시대의 농경문화가 시작되기 이전까지를 중석기시대로 지칭하면서 그 특징을 세석기로 삼고 있다. 이러한 시대개념은 한국고고학에서도 받아들어져 일부 유적을 중석기시대로 비정된 바가 있다(최복규 1974·1983). 대표적인 유적으로 홍천 하화계리, 거창 임불리, 상노대도 유적(맨 아래층) 등이 알려져 있다.

그러나 한반도 주변에서 기원전 10,000년을 전후한 시기의 토기가 발굴되면서 점차 중석기시대에 대한 회의론이 제기되었다. 특히 제주 고산리 유적에서 일본 조기 조몬문화와 유사한 유물이 출토되자 이를 구석기시대에서 신석기시대로의 전환기(이헌종 2002)로 보거나 고신석기(임효재 1995), 초창기(하인수 1997), 초기(이동주 2002; 강창화 2002) 등으로 부르고 있다. 따라서 이 시기에 대한 명칭이 어떠하든지 간에 한국의 신석기시대도 동아시아 주변 국가의 신석기시대와 마찬가지로 기원전 8,000년경에는 이미 시작되었다고 볼 수 있다.

(2) 청동기시대의 개념과 시기구분

청동기시대는 최초의 금속도구인 청동기가 사용되었던 시기이다. 그러나 한국에서는 청동기의 사용이 드물어 출토되는 빈도가 적기 때문에 이를 대신하는 표지유물이 바로 토기이다. 따라서 청동기시대의 시작은 무문토기의 등장을 기준으로 설정하고 있다. 그 밖에 청동기시대와 관련된 몇 가지 문제를 정리해 본다.

첫째, 시대의 명칭에 대한 논란이다. 일부에서는 청동기시대를 대신해 무문토기시대로 사용하고 있다. 무문토기시대는 일반적으로 점토대토기를 포함하는 개념, 즉 청동기시대보다는 상대적으로 시간의 폭이 넓은 의미이다. 실제로 무문토기문화가 청동기문화와 철기문화를 포괄한다고 보는 김권구(2005)는 청동기시대 전기(무문토기시대 초기), 청동기시대 중기(무문토기시대 전기), 청동기시대 후기(무문토기시대 중기), 철기시대(무문토기시대 후기 및 무문토기시대 말기) 등으로 구분하고 있다[9].

그런데 그 동안 무문토기시대를 자주 사용하였던 안재호(2006)는 세계사적인 맥락에서 무문토기시대 보다는 청동기시대로 사용하는 것이 적절하다고 주장하였다. 사실 무문토기가 이 시대를 대표하고, 그 이전의 신석기시대(빗살문토기시대)나 그 다음에 등장하는 철기시대 혹은 원삼국시대와 구분이 용이하다는 편이성은 인정되지만 이와 같은 명칭은 일본고고학에서 사용되는 繩文時代와 유사하게 토기의 명칭을 시대구분에 사용한 경우로 청동기시대라는 용어와 비교해 볼 때 부적절한 용어이다.

둘째, 청동기시대의 시기구분에 대한 논의이다. 과거 1970년대와 80년대에는 청동기시대를 2시기 혹은 3시기로 구분하였다. 2시기 구분은 전기를 공렬토기, 팽이형토기, 홍도 등의 토기류와 마제석기류가 공반되는 시기로, 후기를 점토대토기, 흑도 등의 토기류와 청동기가 공반되는 시기로 구분하였다(이백규 1974). 여기에 송국리형토기와 요령식동검이 공반되는 시기를 중기로 설정하여 3시기로 구분하기도 하였다

---

9) 반면 배진성(2007)은 우리나라의 문화적 특성을 잘 나타낸다는 점에서 무문토기시대의 사용을 선호하고 있다. 그러나 그가 말하는 무문토기시대에는 점토대토기 사용 시기를 제외하고 있어 그 의미를 퇴색시키고 있다.

(윤무병 1989). 다만『한국고고학개설』에서는 처음부터 점토대토기를 초기철기시대에 포함시켜 청동기시대에서 제외시키고 있었다(김원용 1973).

그런데 1990년에 들어와 점토대토기와 세형동검 사용 시기를 초기철기시대 혹은 삼한시대로 인식하여 이를 청동기시대에서 제외하고 3시기로 구분하는 견해가 제시되었다. 즉 정한덕(1999)은 전기(돌대문토기), 중기(역삼동토기와 흔암리토기), 후기(선송국리토기와 송국리토기) 등으로, 안재호(2006)는 조기(돌대문토기), 전기(이중구연계, 공열토기계), 후기(송국리계) 등으로 나누고 있다. 이와 같이 점토대토기와 세형동검의 사용 시기를 청동기시대에 포함할 것인지 아니면 제외할 것인가에 대한 인식이 연구자마다 달라 논란은 계속되고 있다[10].

셋째, 이 시대의 상한연대 문제이다. 청동기시대 조기의 연대를 기원전 15세기경으로 보는 견해(최몽룡 2006)가 제시되고, 중·고등학교 국사교과서에서도 청동기시대의 시작연대가 20~15세기로 기술되면서 다소 논란이 되었다. 하지만 동북지역에서는 신석기 말기(전환기)를 기원전 20~15세기로, 청동기시대 전기를 기원전 15세기경(강인욱 2007)으로 보고 있고, 발해만지역에서도 청동기시대의 시작을 비슷한 시기로 보고 있다(이형구 1988). 최근 돌대문토기가 발견되고 이와 관련된 방사성탄소연대가 축적되면서 청동기시대 조기의 연대를 기원전 14~13세기로 설정하고 있다(안재호 2006, 천선행 2007). 일본 國立歷史民俗博物館팀은 야요이시대의 시작을 기원전 5~4세기에서 AMS연대에 의거해 기원전 10세기경으로 올려보면서 한국 무문토기의 시작연대를 기원전 1,300년경으로 인정하고 있다(春成秀爾·今村峯雄編

---

10) 세형동검 등 우리나라의 대표적인 청동기가 청동기시대에서 제외된다는 사실에 거부감을 가지는 연구자도 여전히 있다(이민진 2007). 필자도 한국의 청동기문화를 대표하는 세형동검이 청동기문화에 포함되어야 한다는 주장에 동의한다.

2004). 이러한 점을 감안한다면 우리나라 청동기시대의 상한연대를 기원전 10세기로 한정하는 것은 더 이상 의미가 없으며 그 연대를 늦어도 기원전 1300년경으로 올려보아야 한다.

(3) 초기철기시대의 개념

초기철기시대란 기원전 3세기부터 청동제품이 급증하고, 청동 기술이 크게 발전하지만 실질적인 문화 단계는 철기 사용 단계를 말한다(김원용 1973·1986). 즉 초기철기시대로 한 것은 원삼국시대가 본격적인 철기시대이기 때문에 그 이전인 초기의 철기시대라는 의미에서 지칭된 것이다. 이러한 초기철기시대라는 개념에는 몇 가지 불합리한 면이 있다.

먼저 초기철기시대를 하나의 독립적인 시대로 볼 수 있을지 의문이다. 이 시기는 엄격하게 말하면 청동기문화에 속하는 점토대토기나 세형동검 등을 포함하고 있고, 철기가 일부 유입되는 단계로 하나의 시대로 볼 수 있는 특징적인 문화양상을 갖추지 못하고 있다. 더구나 일부의 주장과 같이 원삼국시대의 연대를 100년 소급하게 되면 결국 초기철기시대의 기간이 200년에 지나지 않아 하나의 시대로 설정하기가 더욱 어렵게 된다. 따라서 이 시기는 청동기시대에서 다음 시대로 넘어가는 전환기로 보아 청동기시대에 포함시키든지 아니면 다음 시기에 붙여서 시대를 구분하는 것이 적절할 것이다.

다음으로 이 시기는 결코 선사단계가 아니라는 사실이다. 기원전 300년에서 기원전후까지는 고조선이나 위만조선, 낙랑, 예 등이 있어 이미 역사학계는 고대국가로 인정하는 시기이다. 따라서 이 시기가 본격적인 역사단계가 아니라고 할지라도 원사단계에는 진입하였다고 볼 수 있으므로 필자는 초기철기시대를 원삼국시대와 함께 원사단계에서 검토해 보고자 한다.

2) 원사단계의 시대구분

초기철기시대와 원삼국시대는 이미 원사단계에 진입하였다고 볼 수 있다. 실제로 원사단계의 시대구분에 대한 논란이 가장 많이 이루어지고 있고, 연구자들 간의 인식차이도 적지 않다. 즉 초기철기시대와 원삼국시대를 대신하여 삼한시대나 철기시대로 구분하자는 견해와 종래의 시대구분을 따르면서 연대만을 일부 수정하는 수정론도 나오고 있다〈표 3〉. 이러한 논란을 간략하게 정리하면 다음과 같다.

<표 3> 원사단계의 시대구분

제안자 〽 연대	B.C.E.　　　300	1	300	C.E.
김원용(1986)	청동기시대	초기철기시대	원삼국시대	삼국시대
최몽룡 (1990·1992)	청동시대	초기철기시대 철기시대 I	삼국시대 전기 철기시대 II	삼국시대
최성락(1995)	철기시대	철기시대		삼국시대
최종규(1991)		삼한시대		
신경철(1995)		삼한시대		삼국시대
이청규 (2003)		철기시대		
	전기	중기	후기	
이희준(2004)	청동기시대	초기철기시대	원삼국시대	삼국시대
이성주 (2007)	청동기시대	철기시대		삼국시대
	청동기시대	원삼국시대		삼국시대
이청규 (2007)	청동기시대	철기시대		삼국시대
	무문토기시대	원삼국시대		삼국시대
	고조선시대		삼국시대 전기	삼국시대 후기
최몽룡 (2006)	청동기시대	철기시대 전기	철기시대 후기 (삼국시대 전기)	삼국시대
국립중앙박물관(2007)	청동기시대	초기철기시대	원삼국시대	삼국시대

한국고고학에서 일반적으로 통용되는 시대구분인 초기철기시대-원삼국시대-삼국시대 등에서는 기원전의 시기를 선사단계로, 원삼국시

대를 원사단계로, 삼국시대 이후를 역사단계로 인식하고 있다. 특히 원삼국시대란 삼국시대의 원초기, 또는 원사 단계의 삼국시대(김원용 1986:128-129)로 우리의 기록인『三國史記』나『三國遺事』가 아닌 중국 문헌인『三國志』에 의거해 역사를 인식하고 있다.

　이러한 시대구분을 대신한 것으로 삼한시대론과 철기시대론이 있다. 먼저 이 시기를 삼한시대로 부르자는 견해이다. 일부 고고학자들은 1980년대에 '와질토기시대'를 일시 주장하였다가 이것에 대한 비판이 일자 이를 '삼한시대'로 바꾸어 부르기 시작하였고 그 의미도 확대하였다. 즉 처음에는 삼한시대가 원삼국시대를 대신하는 개념(최종규 1991)으로 사용되었으나 이후 기원전 300년부터 기원후 300년까지를 묶어 삼한시대로 설정하였다(안재호 1994; 신경철 1995). 이러한 인식은 원삼국시대가 바로 삼한사회를 지칭하므로 삼한시대가 가능하다고 본 것이다. 삼한시대는 대체로 한반도 남부지역만을 지칭하는 것으로 영남지역 고고학자를 중심으로 통용하고 있으나 한국고고학의 시대구분으로 사용하기에는 부적절하고, 삼한시대 이외에 한국고고학의 시대구분을 어떻게 할 것인지에 대한 구체적인 논의가 없어 이해하기 어렵다.

　다음은 이 시기를 철기시대로 하자는 것이다. 철기시대라는 시대구분은 일찍부터 사용되어 왔으나 체계적으로 철기시대가 주장된 것은 1990년대 이후이다. 지금까지 사용되어 온 초기철기시대의 불합리한 개념을 지적하고, 철기시대라는 명칭으로 사용하였다. 또 철기시대의 개념설정과 더불어 이를 전기와 후기로 나누어 전기는 초기철기시대, 후기는 원삼국시대 혹은 삼국시대 전기에 해당한다고 하였다(최몽룡 1992, 1993, 1996, 1997).

　한편 최성락(1995, 1998)은 한국고고학 시대구분 문제를 다루면서 새로운 시각의 시대구분이 이루어지기 전에는 삼시대법에 충실한 철기시대로 하자는 견해를 제시하였다. 즉 이 시기에 일부 잔존하는 청동기문화를 제외하고, 철기의 유입단계로부터 고분이 출현하기 이전까지를 철기시대로 보아야 한다는 입장이다. 이러한 인식은 원사단계인 원삼국시대도 선사단계에 포함하여 고고학적 시대구분을 하자는 의도이다. 그러나 많은 연구자들은 이 명칭이 역사시대의 시작을 너무 늦게 잡게 된다는 한계성과 그로 인한 역사성의 부족을 지적하고 있다.

이러한 상황에서 이희준(2004)은 김원용(2000)의 유고와 이남규(2003a, 2003b)의 글을 바탕으로 삼한시대론과 철기시대론을 비판하면서 원삼국시대의 효용성을 높이기 위해서 부득이 원삼국시대의 연대를 바꾸는 수정론을 제시하였다. 즉 이 시대의 상한연대를 100년 올려 기원전 100년으로 삼는 안이다. 이와 같은 수정론은 일부 연구자들에게 받아 들여지고 있다(박순발 2005; 이남규 2006a; 성정용 2006).

하지만 최성락(2004)은 현재 고고학에서만 쓰이고 있는 시대구분 명칭인 원삼국시대는 "원사단계의 삼국시대"라는 역사성을 가진 명칭이므로 상한연대가 수정되는 것이 타당하지 못할 뿐 아니라 그 연대를 100년 올릴 경우 초기철기시대의 의미가 퇴색된다는 점을 지적하였다. 이성주(2007)도 만약 원삼국시대의 시작을 100년 올린다면 차라리 그 이전을 청동기시대로 하거나 아니면 청동기시대 후기와 원삼국시대를 묶어서 철기시대로 하자고 제안하였다.

그리고 이청규(2003, 2007)는 철기시대를 3시기로 구분하는 안을 제시한 바가 있고, 다시 원삼국시대가 분명 역사성이 내재된 시대구분임을 인정하지만 원사단계이고, 초기철기시대도 원사단계임을 지적하면서 이를 통합하여 고고학적 시대구분인 철기시대로 하는 것이 더 세계사적임을 주장하였다. 또 그는 만약 원삼국시대의 상한을 기원전 100년까지 올린다면 그 이전을 초기철기시대로 할 것이 아니라 청동기시대와 합쳐서 무문토기시대로 보는 것이 타당하다고 보았고, 원삼국시대 이전을 고조선시대로 인정할 경우에 원삼국시대의 역사적인 의미를 더 함축하기 위해서는 '삼국시대 전기' 혹은 '삼국시대 초기'로 하는 것이 바람직하므로 현재로서는 다양한 시대구분이 공존할 수밖에 없다고 보았다. 그밖에 청동기시대의 상한연대가 올라감에 따라 초기철기시대 혹은 철기시대의 상한연대를 기원전 400년경으로 올려보는 경향도 있다(국립중앙박물관 2007; 최몽룡 2006).

그런데 역사를 광의적으로 해석하고 있는 송호정(2007)은 선사시대의 개념을 부정하고, 이를 역사시대로 포함시키며, 역사란 인간들의 삶의 흔적이라고 정의하면서 기원전 시기를 원시시대(구석기시대, 신석기시대)에 뒤이어 고조선시대로 지칭할 것을 제안하였다. 그러나 이 주장은 역사의 개념을 지나치게 광의적으로 해석하고 있고, 또 그가 제안한 고조선시대를 언제부터 언제까지로 할 것인지 불분명한 점이 문제점으로 지적되지만, 고고학과 역사학을 통합하는 하나의 시대구분으로 해석된다.

이와 같이 원사단계의 시대구분은 고고학자들 사이에서도 인식의 차이가 있음을 알 수 있다. 현재 사용되고 있는 원삼국시대는 역사성이 내재된 시대구분이지만 고고학과 역사학에서 공통적으로 사용되고 있지 못하고, 초기철기시대는 선사단계가 아닌 원사단계로 볼 수 있기에 이를 어떻게 조정할 것인지 논의하여야 한다. 특히 원삼국시대는 고고학계뿐 아니라 역사학계로부터 많은 지적이 제기되고 있어 다른 시대명칭과 함께 깊이 있게 검토되어야 할 것이다.

4. 시대구분에 대한 앞으로의 전망

한국고고학의 시대구분에 대한 방향을 제시하기에 앞서 다음과 같은 세 가지 전제를 먼저 논의하여야 할 것이다.

첫째, 한국고고학의 공간적인 범위에 대한 문제이다. 시대구분을 시도하면서 지역적으로 남한지역만을 대상으로 한다면 그 효용성이 떨어진다고 볼 수 있다. 예를 들면 '삼한시대'의 경우, 한반도 남부만을 지칭하고 있어 문제가 있다. 삼한시대는 지역사나 향토사 연구에는 유용한 시대구분이다. 또 '원삼국시대'도 만약 백제, 신라, 가야를 지칭하는 의미(한병삼 1992)라면 그 한계가 분명하다. 따라서 한국고고학의 영역을 한반도와 그 인접지역을 포함하여 생각할 때 이에 적합한 시대의 명칭이 되어야 한다.

둘째, 통합적인 시대구분의 필요성이다. 우선 고고학과 역사학 사이에 공통적으로 사용할 수 있는 통합적 시대구분이 고려되어야 한다. 이 경우 가장 문제가 되는 것은 원사단계를 어디까지 설정하고, 어떻게 시대명칭을 할 것인가이다. 지금까지 한국에서는 중국이나 일본과 같이 고고학자와 역사학자가 공통으로 사용할 수 있는 시대구분이 이루어지지 못하였다. 고고학에서 사용되는 시대구분을 역사학계에 강요할 수 없듯이 역사학에서 사용하는 시대구분을 고고학계에서 그대로 따를 수 없었기 때문이다. 두 분야가 공통적으로 사용할 수 있는 시대구분이 시급히 이루어져야 한다. 특히 국사교과서나 국립박물관 등에서 사용하는 시대구분에서 혼란이 야기되고 있다면 이는 큰 문제인 것이다. 국사교과서의 시대구분이 고고학계의 시대구분을 따라야 한다는 입장11)(이남규 2006b:150)은 적절하지 못하다. 국사교과서는 결코 고고학 개

---

11) 다시 말하면 국립중앙박물관 전시실의 시대구분이 '초기철기시대-원삼국시대'로 되어 있기에 국사교과서에서도 그러한 방향으로 수정되어야 한다는 입장이다. 그러나 필자는 오히려 국립중앙박물관의 전시실의 시대구분이 국사교과서와 같이 변화되어야 한다고 본다. 이것은 고고학 연구자가 단순히 고고학적 시대구분만을 고집할 것이 아니라 우리의 역사를 보는 다양한 입장을 먼저 살펴보아야 할 것이기 때문이다. 국립중앙박물관의 연표에 고조선이 빠졌다는 여론의 질타에 언제까지나 고고학적 시대구분 때문이니 이해해 달라는 궁색한 변명을 늘어놓아야 할 것인지 의문이다.

설서가 아니므로 역사학과 함께 쓸 수 있는 시대구분이 필요한 것이다. 더구나 국립박물관의 경우, 국민들 모두가 쉽게 이해할 수 있고, 우리나라의 역사를 잘 나타내는 시대구분을 사용하여야 한다.

또한 북한지역을 한국고고학의 대상에 포함하게 된다면 이 지역을 대상으로 하는 북한고고학의 시대구분과도 통합할 수 있는 시대구분이 필요하다. 북한고고학에서는 일찍부터 고조선을 인정하고 있어 역시 이를 수용하는 방향으로 진전되어야 한다. 이러한 방향이 통일한국을 대비한 방안일 수도 있다.

셋째, 시대구분의 합법칙성과 세계사적인 의미이다. 톰센의 삼시대법이 제안된 이래로 신진화론의 사회발전단계설에 이르기까지 서양고고학에서는 시대구분의 합법칙성이 인정되고 있다. 한국고고학의 시대구분도 삼시대법을 기반으로 하고 있어 어느 면에서는 합법칙성과 세계사적 의미가 포함되어 있다. 다만 일부에서 신석기시대를 '즐문토기시대'로 부르거나 청동기시대를 '무문토기시대'로 하는 것은 나름대로의 의미가 있으나 합법칙성에서 문제가 있다. 지나치게 특수한 시대구분을 따르다 보면 세계사적인 의미를 상실하기 마련이다. 세계사적인 연구조류를 따르기 위해서는 과거 문화에 대한 심층적인 연구를 바탕으로 사회발전단계를 제시하거나 당시의 문화적인 변천에 따라 시대를 구분하는 것이 타당할 것이다.

이러한 관점에서 필자는 한국고고학의 시대구분의 방향을 다음과 같이 제안하고자 한다. 먼저 종래와 같이 필자는 원사단계인 초기철기시대와 원삼국시대를 철기시대로 보고자 한다. 한국고고학에서 현재와 같이 삼시대법을 그대로 유지하고자 한다면 삼시대법의 원래 의미에 따라 청동기시대에 뒤이어 철기시대로 하는 것이 합리적이다. 고고학에서 시대구분은 고고학 자료를 바탕으로 하는 것이 설득력이 있다. 따라서 역사단계 이전인 원사단계까지는 고고학적 시대구분이 가능한 것이다. 또 이것은 역사학의 시대구분과도 병행할 수 있다. 즉 고조선, 낙랑, 삼한, 예 등을 설명하면서 고고학적으로 철기시대라고 하더라도 아무런 문제가 없을 것이다[12](이청규 2007; 최성락 2004). 이러한 일부 연구자들의 주장대로 원삼국시대의 시작을 100년 정도 소급시킨다고 하더라도 앞에서 지적한 바와 같은 많은 모순점에서 벗어날 수가 없다고 본다.

다음으로 철기시대가 역사성의 부족으로 적절하지 못하다면 현재와 같은 혼란을 극복하기 위해서는 역사학계와 공통적으로 쓸 수 있는 새로운 시대구분을 사용하는 것이 바람직하다. 고고학에서 제안된 원삼국시대는 일종의 통합적 시대구분이었으나 역사학계로부터 긍정적인 반응(천관우 1976b)보다는 비판(이현혜 1993; 김정배 1996)이 많이 제기됨에 따라 역사학계에서 수용된다는 것은 거의 불가능하다. 이것은 어디까지나 고고학에서만 유용하게 쓰이고 있는 시대구분일 뿐이다. 고고학과 역사학의 두 분야에서 서로 다른 시대구분을 사용함에 따라 나타나는 혼란을 줄이기 위하여 원사단계를 역사적 시대구분으로 하자는 것이다. 역사학계에서는 이미 원사단계의 고조선을 역사의 실체로 받아들이고 있다. 따라서 통합적 시대구분은 선사단계의 경우 종래와 같이 하고, 원사단계의 경우 역사적 시대구분을 따르면 될 것이다.

그런데 2장에서 살펴본 바와 같이 한국사 개설서나 중·고등학교의 국사교과서에 나타나는 일반적인 시대구분은 원시사회(구석기시대-신석기시대-청동기시대)에 뒤이어 고조선시대 → 소국연맹시대(혹은 소국시대, 열국시대) → 삼국시대 등으로 기술되어 있어 이를 고고학의

---

12) 실제로 한국사 개설서와 중·고등학교 국사교과서에서는 철기문화를 고조선에서 삼국시대 이전까지의 문화적 배경으로 설명하고 있어 역사적 시대구분과 자연스럽게 병용하고 있음을 알 수 있다. 초기철기시대는 철기시대와 같은 의미로 한국사 개설서에서 사용할 수 있다고 하더라도 과연 원삼국시대를 어떻게 사용할 수 있을지는 의문이다.

시대구분에 적용해 보자는 것이다. 여기에서 고조선의 시작을 청동기 시대의 어느 시기부터 잡을 것인지를 결정하여야 한다. 통상 비파형동 검과 미송리식 토기를 표지로 하는 고조선문화는 기원전 1000년기 전 반기까지 소급할 수 있기에 청동기시대와 병기하거나 아니면 청동기시 대에 뒤이어 고조선시대를 설정하는 것이 하나의 방안일 것이다13). 이 러한 인식은 북한고고학에서도 찾아볼 수 있어 남북한의 고고학을 연 계하는 데에도 용이하다고 본다.

또 고조선시대에 뒤이어 소국연맹시대(소국시대 혹은 열국시대)의 설정이 가능하지만 소국연맹시대가 기원전 1세기경 고구려, 낙랑, 예 등의 성립 이후 삼국이 정립되는 시기 이전을 지칭하는 것이므로 이를 별도의 시대로 설정하기 보다는 삼국이 형성되는 시기로 볼 수 있어 삼 국시대에 포함시킬 수 있다14). 이 경우 기원전 1세기에서 기원후 3세기 를 삼국의 형성기(삼국시대 전기)로 보고, 4세기 이후를 본격적인 삼국 의 정립기(삼국시대 후기)로 설정하면 될 것이다. 이러한 필자의 시대 구분안을 정리하면 다음과 같다〈표 4〉.

---

13) 청동기시대의 어느 시기로부터 고조선으로 볼 것인가는 연구자에 따라 다른 견해 를 가지고 있어 쉽게 결정하기 어렵다. 1993년 단군릉이 발굴되기 이전 북한에서 는 기원전 1000년기 전반기부터 고조선의 실체를 인정하고 있었으며 현재 남한 연 구자들도 북방식 지석묘와 비파형동검 혹은 미송리식 토기가 고조선을 나타내는 고고학 자료로 보고 있어 대체로 비슷한 입장이다. 다만 중국 문헌자료에 최초로 나타난 조선은 기원전 7세기경이지만 그 세력이 성장한 것은 기원전 4세기경으로 보고 있다(노태돈 2000, 송호정 2000, 2002, 고구려연구재단 2004). 따라서 잠정 적으로 고조선의 시작을 비파형동검과 미송리식 토기 등이 사용되는 기원전 1000 년기 전반기로 설정한다.

14) 이 시기를 종래 원삼국시대라 하였으나 고조선을 역사의 실체로 인정하게 된다면 그 다음 단계를 다시 원사단계인 원삼국시대로 쓸 수 없게 된다. 그리고 삼국의 건 국연대가『삼국사기』등 국내의 문헌자료에 의하면 기원전 1세기이므로 기원후 3 세기까지를 삼국시대에 포함시켜도 문제가 없을 것이다.

<표 4> 필자의 시대구분안

연대 구분	B.C.E. 1300	1000	300	100	1	300	C.E.
종래의 시대구분	청동기시대			철기시대		삼국시대	
통합적 시대구분	청동기시대	고조선시대		삼국시대			
				형성기(전기)		정립기(후기)	

그리고 21세기에는 전통적인 삼시대법에서 벗어난 시대구분을 시도하여야 한다는 것이다. 당장은 어렵다고 보지만 과거 문화에 대한 심층적인 연구가 이루어진다면 가능할 것이다. 서양고고학에서 20세기 중반부터 사용이 점차 줄어든 삼시대법을 우리가 당분간 사용한다는 것은 어쩔 수 없다고 하더라도 새로운 시대구분에 대한 시도조차 하지 않는다면 이것은 고고학연구가 너무 진부하게 진행되고 있다는 증거이며, 과거 문화에 대한 심층적인 연구가 이루어지지 못한다는 증거일 것이다. 따라서 고고학적 시대구분을 삼시대법만 고집할 것이 아니라 다른 시각에서 시대구분이 이루어져야 한다.

하나의 방안은 사회발전단계설에 따른 시대구분이다. 신진화론의 사회발전단계설, 즉 서비스(E. Service)의 군집사회-부족사회-족장(수장)사회-고대국가 등이 한국에 소개되면서 몇 차례의 논란이 있었다(최몽룡·최성락편 1997). 그러나 지석묘사회가 족장사회인가 아닌가에 초점이 맞추어져 있었을 뿐 시대구분의 대안으로 자리 잡지 못하였다. 반면 역사학계에서는 사회발전단계설을 비교적 심도 있게 논의하였으나 한국의 역사에 그대로 적용하기가 쉽지 않다는 비판(이기동 1984)이 제기된 이후로는 역시 시대구분의 대안으로 자리 잡지 못하고 있다.

그렇다면 또 다른 대안으로 20세기 유럽고고학(Champion et al 1984)에서와 같이 문화의 변천과정에 의한 구분을 고려할 수 있을 것이다. 과거의 고착적인 시대구분에서 벗어나 선사단계를 하나의 시대로 보고 문화의 변천에 따라 시기를 구분하는 방안이다. 일찍 김정배(1979)에 의해 제안되었고, 노혁진(1994)과 넬슨(Nelson 1993) 등에 의해 시도된 바가 있으나 아직 공감대를 얻지 못하였다. 그러나 당시 문화에 대한 심층적인 연구를 통하여 이러한 시기 구분이 가능할 것이다. 예를 들면 인류의 등장, 토기의 사용, 농경의 시작과 정주생활, 청동기의 등장과 계층화 등으로 나누어 볼 수 있다. 다만 구체적인 명칭이나 문화내용은 더 연구되어야 할 것이다.

5. 맺음말

한국고고학에서 시대구분에 대한 논의는 기피되어야 할 문제가 아니고 선사와 고대문화를 연구하면서 끊임없이 검토해야 할 문제이다. 특히 원사단계의 시대구분에 대한 논란이 고고학자들 사이에 많을 뿐 아니라 역사학자들과의 인식 차이도 크다. 이러한 문제를 풀기 위하여 필자는 몇 가지 방안을 제시해 보았다.

먼저 현재와 같이 당분간 삼시대법을 벗어날 수가 없다면 구석기시대, 신석기시대, 청동기시대에 뒤이어 철기시대로 설정하는 것이 무난하다고 본다. 이것은 원삼국시대의 시작을 100년 정도 올린다 하더라도 원사단계의 시대구분에 대한 혼란을 해결할 수 없기 때문이다.

다음으로 현실적인 혼란을 극복하기 위하여 새로운 통합적인 시대구분을 모색하는 방안이다. 이는 고고학자와 역사학자 간의 통합뿐 아니라 남북한의 통일시대를 대비하자는 뜻이다. 과거 역사학계에서는 고대국가의 성립을 삼국시대로 보았으나 지금은 고조선으로 올려보고 있다. 이러한 견해를 시대구분에 반영한다면 구석기시대, 신석기시대,

청동기시대에 뒤이어서 고조선시대, 삼국시대 등으로 하자는 것이다.

그리고 앞으로 삼시대법을 극복하는 시대구분이 시도되어야 한다. 단순한 도구 중심의 시대구분에서 벗어나 문화의 발전과정을 보여주는 시대구분으로 전환되어야 할 것이다. 이는 당장 시행하기 어렵지만 세계적인 추세와 맞추기 위해서도 이를 시도하고 발전시켜나가야 한다. (「한국고고학 선·원사 시대구분 재론」,『한국고고학보』67, 한국고고학회, 2008)

초기철기시대론에 대한 비판적 검토

1. 머리말

한국고고학에서의 시대구분은 많은 논란이 있었음에도 여전히 삼시대법을 기반으로 하여 구석기시대, 신석기시대, 청동기시대, 초기철기시대, 원삼국시대, 삼국시대 등이 사용되고 있다. 다만 초기철기시대와 원삼국시대를 대신하여 일부 연구자들은 철기시대나 삼한시대를 사용하기도 한다. 또한 고고학 시대구분에서 벗어나 역사학과 같이 사용할 수 있는 시대구분이 되어야 한다고 주장도 제기되었다. 실제로 국립중앙박물관은 2009년에 고고학연표와 전시실을 새로 개편하면서 기존의 고고학 시대구분의 틀에서 벗어나 역사학과 함께 쓸 수 있는 시대구분을 제시한 바가 있다.

이러한 과정에서 가장 문제가 되는 것은 초기철기시대와 원삼국시대이다. 지금까지는 원삼국시대를 중심으로 많은 논란이 이루어졌지만 초기철기시대의 문화양상에 대한 연구가 진척되면서 이 시대의 개념을 어떻게 정의할 것이며, 그 문화적인 특징을 어떻게 설정할 것인지에 대한 논의가 계속되고 있다. 특히 최근에 발표된 3편의 논고(이창희 2010; 이형원 2011; 서길덕 2011)를 보면 그 혼란이 그대로 지속되고 있음을 알 수 있다. 따라서 본고에서는 비판적인 관점에서 초기철기시대의 개념에 대한 기존의 견해들을 정리해 보고, 당시 문화양상을 검토하면서 그 문제점과 대안을 찾아보고자 한다.

2. 초기철기시대의 개념

초기철기시대라는 용어가 처음 등장한 것은 1960년대이다. 당시 김원용은 철기문화를 初期鐵期文化와 金海文化로 구분하였다. 즉 초기철기문화란 중국 戰國時代에 출현하는 철기문화가 長城外로 퍼져 북방계 청동기문화와 혼합하여 들어오게 되는데 이는 2차 청동기 파급 혹은 1차 철기문화의 파급에 의해 이루어진 문화를 말하고, 김해문화란 북한지역의 樂浪文化를 통해 漢代文化가 퍼지고, 남한의 지석묘사회에는 북에서 내려오는 철기문화가 침투하여 새로운 토착문화(즉 철기문화)가 형성되는데 그 대표적인 유적은 김해패총이고, 대표적인 토기를 김해토기라 하였다(김원용 1964).

그런데 김해문화의 시기를 金海期라고 하는 데에 반하여 김해패총에는 패총유적과 묘지유적이 있어 서로 연대가 다르며 또한 발굴면적이 적기 때문에 다량의 유물이 발굴된 웅천패총을 표준유적으로 보아 熊川期로 불러야 한다는 주장도 대두되었다(김정학 1967). 이와 같은 논쟁이 있은 후 김해기와 웅천기를 대신하여 原三國時代라는 용어가 제시되었다. 즉 원삼국시대라는 것은 기원 전후부터 기원후 300년경까지의 약 3세기를 말하고 原史단계의 삼국시대라는 의미이다.

이러한 고고학적 연구성과를 바탕으로 『한국고고학개설』(초판)에서는 한국고고학의 시대구분을 구석기시대, 신석기시대, 청동기시대, 초기철기시대, 원삼국시대, 삼국시대 등으로 구분되었다. 여기에서는 한반도에서 철기의 유입과 이미 정착되어 있던 발달된 청동기문화가 잘 구분되지 않는다는 전제하에 초기철기문화에 후기 청동기문화를 포함하여 서기전 300년부터 서력기원 전후까지를 초기철기시대로 규정하였다(김원용 1973).

그런데 초기철기문화와 원삼국문화 사이에 별다른 문화적인 차이가 없다는 주장(김양옥 1976)이 있자 『한국고고학개설』(2판)에서는 초기철기시대를 청동기시대 후기에 편입하였고 서기 전후로부터 300년까지의 원삼국문화를 초기철기문화로도 표기하였다(김원용 1977a : 193의 도표). 일부에서는 이를 받아들여 초기철기시대를 철기가 유입되던 시기로 부터 삼국시대의 고총고분이 발생하기 이전까지로 보았고(이남규 1982; 한영희 1983), 일부에서는 이를 대신하여 철기시대라는 용어도 사용되었다(국사편찬위원회 1977).

그 후 청동기 후기(철기 1기)를 초기철기시대로 하는 것이 더 합리적이라는 주장이 있자(최몽룡 1984, 1987) 『한국고고학개설』(3판)에서는 다시 초기철기시대를 서기전의 철기문화로 정의되면서 철기의 생산, 청동기의 급증 등을 특징으로 서기전 300년에서 서기 전후까지로 비정하고 있다. 즉 구석기시대, 신석기시대(기원전 5000~1000), 청동기시대(기원전 1000~300), 초기철기시대(기원전 300~기원후 1), 원삼국시대(기원후 1~300) 등으로 구분되었다(김원용 1986).

그런데 초기철기시대에 대한 이견도 적지 않게 나타났다. 즉 남부지역에서 점토대토기 단계부터 초기철기시대라 하는 것은 잘못이며, 삼각형점토대토기가 출현하는 서기전 2세기경 이후에 접어들어야 초기철기시대로 볼 수 있고, 별도의 철기시대를 설정하지 않으면서 이를 초기철기시대로 명명하는 것이 어색하여 독립적인 시대명칭으로 부적절하다는 것이다(정징원 1989). 또한 오르도스 후기의 금속문화가 한국의 철기문화에 영향을 미쳤다고 보는 이종선도 초기철기시대가 아닌 철기시대를 사용하여야 한다고 주장하였고(이종선 1989), 명칭에서 철기시대의 중기와 후기가 없기 때문에 그냥 철기시대로 부르는 것이 좋겠다는 의견(이건무 1992)도 제기되었다. 그리고 원삼국시대를 삼국시대 전기로 부르자고 제안한 최몽룡(1989, 1990, 1992, 1993, 1996, 1997)은 초기철기시대가 제2차 청동기문화를 포함하고 있어 철기문화의 독자적인 의미가 희석된다는 점이 지적되어 철기시대로 지칭하면서 철기시대 전기가 초기철기시대, 후기가 원삼국시대(삼국시대 전기)에 해당한다는 견해도 제시하였다. 또 철기시대의 문화성격을 새로운 제작기술과 생산체계의 확산과 수용, 광범위한 영역에 걸친 뚜렷한 지역문화의 형성, 정치권력의 성장 등 여러 가지 면에서의 변화로 설명한 바도 있다(이성주 1998).

그런데 필자는 일찍부터 초기철기시대가 아닌 철기시대를 사용하면서 그 개념을 철기가 나타나는 시점부터로 잡아야 한다고 주장하였다(최성락 1989). 하지만 학위논문을 쓰는 과정에서 필자는 남부지역의 세형동검문화 단계에서 거의 철기가 나타나지 않았기 때문에 이를 청동기시대에 포함시키고, 초기철기시대를 철기의 유입 이후로 한정시킨다면 하나의 시대로 설정하기에는 시간의 폭이 너무 짧아 원삼국시대에 포함시켰다(최성락 1993). 이후 이러한 문제점들 때문에 초기철기시대를 원삼국시대와 함께 철기시대로 통합하여야 한다고 재차 주장하였고(최성락 1995, 1998), 나아가 초기철기시대를 청동기시대에서 본격적인 철기시대(혹은 원삼국시대)로 넘어가는 전환기로 보았던 것이다(최성락 2002).

한편으로 원삼국시대를 대신한 삼한시대(최종규 1991)가 제기된 이후 그 개념이 확대되어 초기철기시대까지 포함하는 시기를 삼한시대로 하자는 주장(신경철 1995; 안재호 1994)이 제기되었고, 이것은 일부 연구자들에 의해 통용되었다. 이에 이희준(2004)은 삼한시대론과 철기시대론을 비판하면서 기존의 시대구분이 여전히 타당함을 강조하였다. 또 그는 철기가 처음 유입되지만 완전한 철기시대로 진입되기 전 과도기적인 시기를 초기철기시대로 규정하였다. 다만 그는 고고학적 획기가 서기전후가 아닌 서기전 100년이기에 원삼국시대의 시작연대를 서기전 100년으로 상향조정하여 초기철기시대를 서기전 300~100년으로 설정하자고 주장하고 있다.

이러한 주장에 대하여 필자는 다음과 같이 반론하였다. 즉 초기철기시대와 원삼국시대로 구분하여 사용할 수 있지만 각기 문제점이 있는데 특히 초기철기시대의 경우 만약 원삼국시대의 연대를 서기전 100년으로 올린다면 그 시기의 폭이 200년에 지나지 않기 때문에 이를 시대로 보기보다는 청동기시대에서 원삼국시대(혹은 철기시대)로 넘어가는 과도기로 철기시대(혹은 원삼국시대)에 편입하는 것이 타당하다. 또한 원삼국시대는 역사적인 의미를 가진 시대로 그 연대를 임의로 올린다는 것이 잘못이지만 철기시대라는 용어는 고고학 시대구분으로 그 연대를 얼마든지 올릴 수 있기에 오히려 더 유용하다는 것이다(최성락 2005).

한국고고학의 시대구분에 대한 논란이 계속되면서 역사학계뿐 아니라 고고학계에서도 고조선의 실체를 포함시키고자 하는 견해들이 일부 나타났다(송호정 2007; 이청규 2007). 이에 필자는 고고학 시대구분을 고수할 것이 아니라 역사학과 함께 사용할 수 있는 시대구분의 필요성을 강조하였고, 일반인들에게도 쉽게 이해할 수 있는 시대구분이 되어야 한다고 주장하면서 초기철기시대-원삼국시대 대신에 고조선-삼국

---

15) 국립중앙박물관 홈페이지(www.museum.go.kr) 자료실 고고학연표 참조

시대의 사용을 주장하였다(최성락 2008). 이후 초기철기시대 혹은 철기시대의 상한연대가 재검토되면서 서기전 400년으로 조정되었다(최몽룡 2006, 국립중앙박물관 2007).

그런데 2008년 당시 국립중앙박물관의 고고학 연표에 고조선이 빠져 있어 우리 역사를 왜곡하였다는 비판이 사회적으로 여론화가 되자, 2009년경 국립중앙박물관은 전시실의 고고학 연표에 기존에 사용되던 초기철기시대와 원삼국시대라는 구분을 없애고 청동기문화 다음에는 철기문화로 표기함과 동시에 고조선-여러 국가의 등장-삼국시대 등으로 표기하였고, 전시실을 청동기·고조선실-발해/삼한실-삼국시대실 순으로 개편하였다[15]. 이러한 변화는 국사교과서에 나타나는 시대구분과 거의 일치하는 것으로 일반 국민들이 쉽게 이해할 수 있도록 조치한 것이다.

하지만 이러한 논란 속에 한국고고학계에서는 여전히 초기철기시대와 원삼국시대가 사용(한국고고학회 2007, 2010)되고 있는 반면에 일부 연구자들은 철기시대와 삼한시대가 사용하고 있어 시대구분에 대한 혼란은 계속되고 있으며, 문제의 실마리가 풀리지 않고 있다〈표 5〉.

〈표 5〉 원사단계의 시대구분(최성락 2008에서 일부 수정)

제안자 \ 연대	B.C.E. 300		1	300	C.E.
김원용(1986)	청동기시대	초기철기시대	원삼국시대		삼국시대
최몽룡 (1989·1990)	청동기시대	초기철기시대 철기시대 I	삼국시대 전기 철기시대 II		삼국시대
최성락(1993)	청동기시대		원삼국시대		삼국시대
최성락(1995)	청동기시대		철기시대		삼국시대
최종규(1991)			삼한시대		
신경철(1995)			삼한시대		삼국시대
이청규 (2003)			철기시대		
		전기	중기	후기	
이희준(2004)	청동기시대	초기철기시대	원삼국시대		삼국시대

제안자 \ 연대	B.C.E.	300		1	300	C.E.
이성주 (2007)	청동기시대		철기시대			삼국시대
	청동기시대			원삼국시대		삼국시대
이청규 (2007)	청동기시대		철기시대			삼국시대
	무문토기시대			원삼국시대		삼국시대
	고조선시대				삼국시대 전기	삼국시대 후기
최몽룡 (2006)	청동기시대		철기시대 전기		철기시대 후기 (삼국시대 전기)	삼국시대
국립중앙박물관(2007)	청동기시대		초기철기시대	원삼국시대		삼국시대
최성락 (2008)	청동기시대-고조선			삼국시대		
				형성기(전기)		정립기(후기)
국립중앙박물관 고고학 연표 및 전시실	청동기-------철기--------삼국					
	청동기/고조선---부여/삼한---삼국(고구려, 백제, 신라)					
한국고고학(2007, 2010)	청동기시대		초기철기시대	원삼국시대		삼국시대

3. 초기철기시대론의 검토

초기철기시대는 서기전 3세기부터 청동제품이 급증하고, 청동 기술이 크게 발전하지만 실질적인 문화 단계는 철기 사용 단계를 말하는 것이다(김원용 1973). 다시 말하면 초기철기시대는 본격적인 철기시대로 접어드는 원삼국시대의 전 시기로 청동기술이 발전하지만 철기가 사용되기 시작하는 단계라는 의미에서 지칭된 것이다. 이러한 초기철기시대의 문화양상을 두 시기로 구분하고 있다. 즉 Ⅰ식 세형동검, 정문식 세문경으로 대표되는 Ⅰ기(서기전 300~100년)과 Ⅱ식 동검의 출현, 차마구의 부장, 세문경의 소멸, 철기생산의 본격화 시기인 Ⅱ기(서기전 100~1년) 등이다. 결국 초기철기시대는 세형동검의 등장으로 시작되었고, 뒤이어 철기의 유입 및 생산이 이루어졌다고 보고 있다.

이후 이 시기의 양상에 대한 연구가 다수의 연구자들에 의해 이루어졌다. 윤무병(1972)이 세형동검 사용시기를 크게 1기와 2기로 구분한 바가 있으나 이청규(1982)는 이를 다섯 시기로 세분하였는데 북부지역에서의 제3기(서기전 200~100년), 남부지역에서의 제4기(서기전 100~50년)부터 철기가 공반되고 있다고 한다. 즉 세형동검과 원형점토대토기가 등장한 이후에 철기가 유입되었음을 잘 보여주고 있다.

이건무(1992)는 한국의 청동의기를 연구하면서 크게 세 시기로 구분하였다. 제1기(서기전 4세기 전반)는 한국식동검의 성립기로 한국식동검 1식, 조문경, 청동의기의 출현 등을 특징으로 하고, 제2기(서기전 3세기 전~중반)는 한국식동검의 발전기로 한국식동검 1·2식, 정문경, 유견동부 등이 있고 주조철기가 처음 등장하였으며, 제3기(서기전 2세기 전반~1세기 후반)는 한국식동검의 쇠퇴기로 철기문화의 본격화를 들고 있다. 이 연구에서도 한국식동검(세형동검)이 성립 이후에 철기가 유입되고 있음을 보여주고 있다.

이와는 동시에 초기철기시대에 속하는 세형동검문화를 어떻게 볼 것인지에 대한 논란이 계속되었다. 예를 들면 세형동검문화를 청동기시대 후기로 보는 입장(이백규 1974; 하인수 1988; 윤무병 1990; 이민진 2007)이 있는가 하면 초기철기시대의 개념을 철기가 유입되는 단계부터 보아야 한다는 견해(박순발 1993)도 있었다.

그러나 한국고고학회에서 간행한 『한국고고학강의』(초판)에서는 초기철기시대라는 항목이 설정되고 있다. 여기에서는 초기철기시대의 개념에 대한 논란을 의식하고 있지만 초기철기시대의 개념을 철기의 등장과 더불어 청동기문화의 지속적인 유지 및 지역적으로 발전되고 있음을 규정하면서 일반적인 개념에 따라 세형동검이나 원형점토대토기 등을 함께 다루고 있다. 그리고 이 시대를 두 시기로 구분하고 있는데 1기(서기전 4세기 말-3세기 전반)가 한반도 북부지역에서 청동기유물과 더불어 주조철기들이 일부 출토되는 시기이고, 2기(서기전 3세기 후반-2세기)가 지역적으로 청동기문화가 지속적으로 발전되고 있으나 철기가 좀 더 광범위하게 나타나는 시기로 보았다(한국고고학회편 2007).

이 시대의 대표적인 유물인 점토대토기에 대한 관심이 높아지면서 요동지역과의 관계를 통해서 본 점토대토기의 등장과정(박순발 2004, 中村大介 2008)과 중부지역, 영동지역, 호남지역, 영남지역 등 각 지역별로 점토대토기의 출토양상과 편년에 대한 검토가 이루어졌다. 이 연구들에서 원형점토대토기, 세형동검, 철기 순으로 등장한다는 주장이 다수를 차지하고 있다. 특히 박진일(2007)은 원형점토대토기의 시작을 서기전 500년경으로 보면서 초기철기시대를 세형동검이 등장한 서기전 400년경부터 서기전 100년까지로 설정하여야 한다고 주장하였다[16].

이러한 주장은 뒤이어 나타난 초기철기시대의 개념에 대한 논란의 불씨를 제공하게 된다. 즉 원형점토대토기뿐만 아니라 세형동검의 등장시기를 청동기시대 후기에 포함시키고 철기의 출현 이후를 초기철기시대로 보아야 한다는 주장들이 제기된 것이다. 먼저 이형원(2011)은 중부지역 점토대토기문화의 시간성을 검토하면서 크게 세 시기로 구분하고 있다. 즉 비파형동검단계(서기전 500~400년), 세형동검단계(서기전 400~300년), 초기철기유입단계(서기전 300~100년) 등이다. 그는 원형 점토대토기의 등장이 결코 세형동검과 동일 시기가 아닌 훨씬 이

---

16) 초기철기시대를 새롭게 정의하고 있는 박진일은 그의 논고에서 필자의 논문(최성락 1995, 1998)이 아닌 필자에 의해 작성된『한국고고학사전』의 초기철기시대라는 항목을 인용하고 있어 초기철기시대의 문제점을 인식하고 있었으나 초기철기시대의 시작을 철기의 출현이 아닌 세형동검의 등장으로 보고 있다. 하지만 이러한 주장은 적절하다고 볼 수 없다. 더구나 기원전 300년경 세형동검의 출현과 마한의 등장을 연결시켜 하나의 획기로 보는 것은 시대구분의 의미를 제대로 파악하지 못한 것이다.

전에 시작되었다는 점을 강조하면서 점토대토기의 등장부터 철기가 유입되기 이전의 세형동검문화를 청동기시대 후기로 보아야 한다고 주장하였다[17]. 또한 그는 초기철기시대의 특징은 철기의 유입과 삼각형 점토대토기를 들면서 서기전 300년부터 원삼국시대의 시작 시기인 서기전 100년까지로 설정하여야 한다고 주장하였다.

한편 이창희(2010)는 한국 중남부지역과 일본지역에서 광범위한 지역의 연대자료 분석을 근거로 좀 더 치밀한 편년을 시도하고 있는데 세형동검의 등장과 철기의 유입시기가 다르기 때문에 철기의 유입시기부터 초기철기시대로 설정하여야 한다는 주장을 하고 있다[18]. 즉 점토대토기가 등장하는 서기전 500년부터 세형동검문화가 성립한 후 철기가 유입되는 서기전 4세기 전반[19]까지는 청동기시대 후기로 설정하였고, 철기가 출현하는 서기전 4세기 전반부터 서기전 100년까지를 초기철기시대로 보아야 한다는 것이다(그림 1).

17) 이형원은 스스로 자인한 바와 같이 세형동검문화를 청동기시대 후기로 인식하였다가 초기철기시대로 수정한 뒤에 다시 청동기시대 후기로 보는 등 혼란을 일으키고 있다. 고고학계 내부에서도 많은 연구자들은 세형동검문화를 어느 시대로 볼 것인가 하는 문제로 혼란을 일으키고 있는 것이 사실이다.

18) 이 논문에서 한국과 일본의 연대 자료를 함께 사용한 것은 이창희가 일본에서 고고학을 연구하는 입장이기에 이해할 수 있는 일이지만 적절한 것은 아니다. 한국 고고학의 시대구분을 다루는 논문에서는 한국의 자료를 중심으로 사용하는 것이 원칙이라고 생각한다. 왜냐 하면 이 논문이 결코 일본고고학의 시대구분을 위한 것이 아니기 때문이다. 그리고 철기의 유입연대를 서기전 4세기 전반까지 올려보고 있는데 그 근거가 AMS연대에 의한 것으로 다른 연구자들의 연대관인 서기전 3세기와는 차이가 있고, 또 세형동검의 출현 이후 철기의 유입 사이에는 적어도 100년에 경과되었다고 보는 국내연구자들의 견해와도 차이가 난다.

19) 이 연대는 갈동유적에서 출토된 목탄에서 얻은 불과 3개의 AMS연대를 기초로 얻은 것으로 마치 일본이 야요이시대의 시작연대를 서기전 10세기경으로 보는 것과 같이 논란의 여지가 많다. 또한 한국에서의 철기유입 연대를 빠르게 보는 것은 일본에서 철기의 출현연대(서기전 4세기경)를 의식하고 제시한 것으로 파악된다.

| 700 | 600 | 500 | 400 | 300 | 200 | 100 | BCE 1 CE |

| 靑銅器時代 | | (後期: 松菊里式) | 初期鐵器時代 | 原三國時代 |

↑ 從來의 시대구분

圓形粘土帶土器의 出現　　成立細形銅儉文化의　　鐵器의 出現　　삼각형점토대토기의 出現　　瓦質土器의 出現

↓ 本論文의 시대구분

| 靑銅器時代中期 | 靑銅器後期 | 初期鐵器時代 | 原三國時代 |

<그림 1> 이창희의 시대구분 수정안(이창희 2010, 그림 24)

　　두 연구자는 공히 초기철기시대를 인정하면서 그 개념과 연대에서 기존의 개념과 다른 입장을 보여주고 있다. 즉 이들은 원형점토대토기와 세형동검의 출현을 철기의 출현보다는 빠르다고 보면서 원형점토대토기가 출현하는 서기전 500년부터 철기가 출현하는 시점까지를 청동기시대 후기로 설정하였고, 철기의 유입과 삼각형점토대토기의 등장을 초기철기시대로 정의하면서 그 연대를 서기전 4세기 전반 혹은 300년에서 서기전 100년경으로 비정하고 있다[20]. 이들 주장은 지금까지 세형동검과 원형점토대토기를 대표적인 특징으로 하는 초기철기시대의 개념을 수정한 것이다.

　　그러나 이들은 초기철기시대의 하한을 서기전 100년으로 보고 있어 어떠한 검토도 없이 일부 연구자들의 견해, 즉 원삼국시대의 상한을 서기전 100년으로 올려보자는 주장을 그대로 수용하고 있다. 철기문화가

---

[20] 철기의 등장을 초기철기시대의 시작으로 보는 견해에는 전적으로 동의하는 바이다. 하지만 필자는 한국에 철기가 유입되었다고 하더라도 새로운 철기문화의 변화가 나타나는 데에는 다소의 시간이 경과되었을 것으로 추정할 수 있고, 또 AMS연대가 가장 객관적이고 과학적인 연대임에도 불구하고 이 연대를 무조건 따르기보다는 공반유물에 의한 상대연대를 고려한 연대추정이 더 합리적이라고 판단한다.

유입 후 발전과정이 연속된다는 입장에서 본다면 서기전 100년은 의미가 없는 획기이다. 역사적인 관점에서도 서기전 100년은 문헌상 漢四郡의 설치를 제외하면 별다른 사건이 없는 연대이다.

한편 서길덕(2011)은 지금까지 이루어진 초기철기시대의 시대개념에 대한 논란과 연구현황을 자세히 정리하였다. 그는 시대개념에서 연구자 사이에 많은 차이가 있음을 보여주었고, 연구현황에서 세형동검문화와 초기철기의 유입과정에 대한 연구들을 총괄적으로 다루어지고 있다. 다만 주목할 점은 앞에서 언급된 이형원, 이창희 등과 다르게 필자가 제기하고 있는 초기철기시대의 문제점을 모두 인식하고 있다는 것이다. 하지만 초기철기시대의 개념을 어떻게 설정하고, 그 문화적 특징을 어떻게 정의할 것인지에 대하여 뚜렷한 견해는 제시되지 못하였다.

이와 같이 최근 연구자들은 초기철기시대의 개념에 문제가 있다고 인식하고 있지만 본질적인 의문을 제기하지 못한 채 기존의 시대구분을 따르면서 자신의 견해를 일부 제시하고 있을 뿐이다. 따라서 이러한 문제점을 해결하기 위해서는 한국고고학의 시대구분에 대한 근본적인 문제와 함께 그 대안을 찾아보아야 할 것이다.

4. 초기철기시대론의 문제점과 대안

그 동안 사용되어 온 한국고고학의 시대구분은 삼시대법을 기반으로 하고 있지만 근본적으로 몇 가지 문제점을 내포하고 있다. 먼저 삼시대법은 역사시대 이전의 선사시대를 위한 시대구분이므로 역사시대 이후에는 역사학 시대구분을 따르는 것이 당연한 일이다. 과거 한국고고학에서는 서기 300년경 삼국시대의 시작을 역사시대의 시작으로 보았고,

이를 전제로 시대구분을 하였다. 하지만 최근 역사학계에서는 고대국가의 등장을 고조선으로부터 보기 때문에 이때부터 역사학 시대구분을 시도하는 것이 바람직한 것이다. 하지만 한국고고학에서 이러한 인식의 부족으로 역사학 시대구분으로의 전환이 잘 이루어지지 않고 있다.

　다음으로 한국고고학의 시대구분은 삼시대법을 따르고 있으나 그 개념을 충분하게 이해하지 않았다고 볼 수 있다. 내용적으로 보면 유럽고고학보다는 오히려 일본고고학과 유사하게 토기중심의 시대구분이 되고 있다는 점을 부정할 수 없다. 신석기시대와 청동기시대가 즐목문토기시대와 무문토기시대로 구분(西谷正 1982)되기도 하였듯이 빗살문토기인가 혹은 무문토기인가에 따라 시대를 구분되는 것이 현실이다. 지금도 일부에서 청동기시대를 무문토기시대로 부르고 있는 것은 역시 같은 맥락에서 이해될 수 있다. 그리고 초기철기시대 혹은 삼한시대의 시작도 원형점토대토기의 등장 시점을 하나의 획기로 인식되고 있다는 것도 그와 같은 연장선상으로 이해된다.

　이와 같은 비판적인 입장에서 보면 기존의 초기철기시대는 많은 문제점을 안고 있음을 부인할 수 없다. 첫째, 초기철기시대라는 명칭의 문제이다. 이는 '철기시대 초기'에서 나온 말로서 시대의 명칭으로 시용하기에는 부적당하다. 더구나 중기나 후기의 설정도 없이 초기만을 시대구분으로 하는 것도 어색한 것이다. 이러한 이유로 인하여 초기철기시대를 대신하여 철기시대로 부르자는 주장들이 적지 않았던 것이다.

　둘째, 초기철기시대의 개념이 혼란스럽다는 것이다. 필자도 일찍 지적한 바가 있었지만 최근 연구자들도 역시 이를 지적하고 있다. 즉 기존의 초기철기시대에 세형동검과 점토대토기 등을 포함하는 것은 가장 청동기적인 요소를 초기철기시대로 분류하는 잘못을 범하였다는 것이다. 그래서 새롭게 정의된 개념을 적용한다면 남부지방에서는 초기철기시대의 시작은 철기의 출현과 공반되는 문화적인 변화를 기준으로 삼아야 한다. 이 경우에 기존의 초기철기시대의 개념과 새로이 제시된 개념 사이에 차이가 있어 많은 연구자 사이에 많은 혼란을 야기할 수밖에 없다.

셋째, 초기철기시대를 하나의 시대로 설정하기가 어렵다. 일부 연구자들이 제기된 주장과 같이 원삼국시대의 시작연대가 서기 전후가 아닌 서기전 100년으로 소급된다면 초기철기시대의 문화 양상은 축소될 수밖에 없다. 더구나 최근 연구자들이 제기한 것과 같이 초기철기시대의 개념을 철기의 등장으로 엄격하게 정의하게 되면 그 시기의 폭이 150~200년에 지나지 않아 고고학적으로 하나의 시대로 보기에는 부족한 면이 많다. 또한 이 시기의 문화양상으로 새로운 철기의 등장과 함께 목관묘, 삼각형점토대토기 등을 들 수 있는데 이러한 문화요소는 서기 1~2세기경까지 지속된다고 볼 수 있다. 따라서 초기철기시대의 시작을 철기의 유입으로 하고, 그 하한을 서기전 100년까지로 한정한다면 고고학적으로 특별한 문화양상이 없어 하나의 시대로 설정할 수가 없다.

넷째, 초기철기시대는 결코 선사단계가 아니라는 사실이다. 과거에 이 시대를 원사단계의 원삼국시대와 다르게 선사단계로 보고 시대구분을 한 것이지만 실제로는 원삼국시대와 마찬가지로 원사단계로 볼 수 있어 원삼국시대와 구분하는 것이 무의미하다. 더구나 현재 역사학계에서는 이 시기를 역사시대에 속한다고 보고 있어 초기철기시대의 의미가 더욱 약해질 수밖에 없다.

이상과 같이 초기철기시대의 시작을 철기의 등장 이후로 보고, 세형동검과 원형점토대토기 등을 청동기시대에 포함시키는 것은 삼시대법의 원칙에 충실히 따르는 것이다. 그래서 초기철기시대를 원삼국시대 이전의 철기문화로 한정한다면 하나의 시대로 설정하기가 어렵게 된다. 왜냐하면 초기철기시대의 문화양상은 철기문화의 유입 혹은 등장일 뿐이고 별다른 문화적인 특징이 없기 때문이다.

많은 연구자들이 이 시대의 문화양상을 파악하는데 혼란을 겪고 있는 근본적인 이유는 오히려 초기철기시대라는 시대구분의 틀에서 벗어나지 못하는 데 있다. 초기철기시대의 개념을 염두에 두고 연구하기 보다는 청동기문화에서 철기문화의 변화과정을 그대로 연구하면 문제가 되지 않는다. 따라서 이 시대가 하나의 독립적인 시대가 되기 위해서는 이 시대와 원삼국시대를 합쳐서 철기시대라 하면 될 것이고, 이 시대의 문화를 철기문화로 부른다면 큰 문제가 없을 것이다. 마치 고조선이 존재하였던 시기를 고고학에서 청동기시대 혹은 청동기문화로 부르는 것과 마찬가지이다.

그런데 철기가 유입되는 시기는 원사단계일 뿐만 아니라 역사단계로도 진입하였다고 볼 수 있다. 즉 이 시기에는 이미 고조선이 존재하였고, 위만조선과 부여, 고구려, 동예 및 삼한이 등장하였다. 고조선 이후의 시대구분을 어떻게 할 것인지 고고학계의 내부에서 더 고민하여야 할 문제이지만 고조선 다음에 바로 삼국시대(전기/형성기-후기/정립기)로 하거나 국립박물관의 전시실과 같이 고조선 다음에 부여/삼한, 그리고 삼국시대로 하면 될 것이다. 이와 같이 변화된 상황을 인식하지 못하고 과거와 같이 고고학 시대구분만을 고집하는 것은 삼시대법의 원칙을 벗어나는 것으로 다른 분야 연구자나 일반인들과 소통을 원활하게 할 수 없을 뿐만 아니라 고고학의 대중화에도 역행하는 것이다.

따라서 원삼국시대나 초기철기시대라는 시대구분을 고고학에서 더 이상 고집할 필요가 없는 것이다. 이러한 시대구분을 사용하지 않아도 고고학연구에 별다른 지장이 없다고 본다. 다시 말하는 '초기철기시대 -원삼국시대'라는 시대구분의 틀을 과감하게 떨쳐버릴 때 진정으로 당시 문화양상을 자유롭게 연구하고, 파악할 수 있을 것이다.

5. 맺음말

　한국고고학에서의 시대구분은 많은 논란이 있었음에도 여전히 삼시대법을 기반으로 하고 있다. 이 중 초기철기시대는 원삼국시대와 함께 1960년대부터 고고학계에서 꾸준하게 사용되어 왔다. 그러나 초기철기시대의 개념에 대한 논란이 최근까지도 계속되고 있어 이를 비판적으로 검토해 보았다.

　초기철기시대란 역사시대 이전의 철기문화로 정의되었으며, 이 시대의 특징적인 문화요소로 원형점토대토기와 세형동검 등을 들고 있다. 그러나 원형점토대토기와 세형동검은 청동기시대의 문화요소로 보아야 하고, 철기의 등장 이후를 초기철기시대로 규정하여야 한다는 최근의 주장은 적절하다. 그리고 삼각형점토대토기와 토광묘와 같은 초기철기시대의 실질적인 문화요소들은 서기 1~2세기까지 지속되고 있기 때문에 철기의 출현시기인 서기전 300년부터 원삼국시대의 시작인 서기전 100년까지를 하나의 고고학적 시대로 보기가 어렵다. 더구나 초기철기시대는 최초의 고대국가인 고조선이 출현한 이후에 해당하기 때문에 역사시대로 인식되고 있다. 따라서 초기철기시대는 시대구분으로서의 효용성이 감소되었다고 생각한다.

　이제는 한국고고학에서 초기철기시대와 원삼국시대의 사용을 재고할 때가 되었다. 단지 고고학계 내부에서는 철기시대 혹은 철기문화를 사용하여도 무리가 없을 것이지만 역사학자나 일반인들을 위해서는 역사학 시대구분을 받아들여야 할 것이다. (「초기철기시대론에 대한 비판적인 검토」, 『21세기의 한국고고학 Ⅴ』(최몽룡편), 주류성, 2012)

제4절 한국고고학 시대구분의 개선방향

1. 문제의 제기
2. 한국고고학 시대구분의 문제점
3. 한국고고학 시대구분의 개선방향

1. 문제의 제기

한국고고학에서의 시대구분은 많은 논란이 있었음에도 여전히 삼시대법을 기반으로 하여 구석기시대, 신석기시대, 청동기시대, 초기철기시대, 원삼국시대, 삼국시대 등이 사용되고 있다. 다만 초기철기시대와 원삼국시대를 대신하여 일부 연구자들은 철기시대나 삼한시대를 사용하기도 한다. 한편 역사학계에서 인정하고 있는 고조선의 실체를 고고학에서 어떻게 받아들일 것인지에 대한 논의도 이루어지고 있다. 즉 고조선 이후에는 고고학 시대구분에서 벗어나 역사학과 같이 사용할 수 있는 시대구분이 되어야 한다고 주장이 극히 일부에서 제기되었다. 뒤이어 기존의 고고학 시대구분을 따르던 국립중앙박물관은 2009년에 연표와 전시실을 새로 개편하면서 초기철기문화와 원삼국문화를 제외하는 대신에 철기문화로 통합하면서 고조선을 비롯한 여러 나라의 등장을 병기해서 표기한 바가 있다〈그림 2〉.

이러한 국내 분위기의 변화와 함께 주변국의 시대구분에 대한 변화된 인식을 감안한다면 한국고고학의 시대구분에 대한 재검토가 절실히 필요한 시점이다. 본고에서는 한국고고학 시대구분의 문제점을 파악하

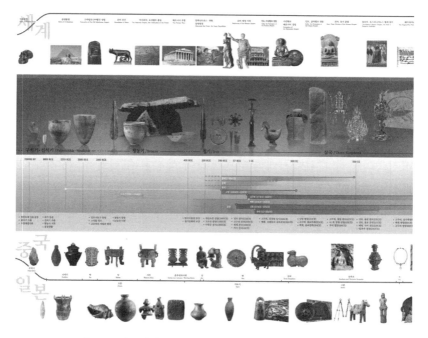

<그림 2> 국립중앙박물관의 연표(국립중앙박물관 홈페이지 자료)

고, 이를 개선하는 방안을 제시해 보고자 한다.

2. 한국고고학 시대구분의 문제점

한국고고학의 시대구분은 톰센의 삼시대법을 기반으로 하고 있으나 그 개념에서 유럽의 삼시대법과 다르게 적용되고 있다. 그 중에서도 최근 논란이 되는 것은 바로 초기철기시대이다. 이 시대는 서기전 3세기부터 청동제품이 급증하고, 청동 기술이 크게 발전하지만 실질적으로 철기가 사용되는 단계로 정의되었다. 다시 말하면 초기철기시대는 원삼국시대가 본격적인 철기시대이기 때문에 그 이전인 초기의 철기시대라는 의미에서 지칭된 것이다. 이 시대의 연대는 서기전 300년부터 서력기원 전후로 설정되었으나 최근 원삼국시대의 시작연대를 올려보면서 하한연대가 서기전 100년으로 수정되었다.

그런데 초기철기시대의 대표적인 문화요소인 원형점토대토기, 세형동검, 철기 등이 일시적으로 시작한 것이 아니라 연차적으로 등장한 것이다. 최근 한 연구자는 원형점토대토기의 시작을 서기전 500년경으로 비정하면서 초기철기시대를 세형동검이 등장한 서기전 400년경부터 서기전 100년까지로 설정하여야 한다고 주장하였다. 이 주장은 뒤이어 나타난 초기철기시대의 개념에 대한 논란의 불씨를 제공하게 된다. 즉 원형점토대토기뿐만 아니라 세형동검의 등장시기를 청동기시대 후기에 포함시키고 철기의 출현 이후를 초기철기시대로 보아야 한다는 주장들이 제기된 것이다. 다시 말하면 이들은 철기의 유입과 삼각형점토대토기의 등장을 초기철기시대로 정의하면서 그 연대를 서기전 4세기 전반 혹은 300년에서 서기전 100년경으로 비정하고 있다.

그러나 이러한 주장에는 초기철기시대의 개념에 문제가 있다고 인식되고 있지만 본질적인 의문을 제기하지 못한 채 기존의 시대구분을 따르면서 자신들의 견해를 제시하고 있을 뿐이다. 따라서 이러한 문제점을 해결하기 위해서는 한국고고학의 시대구분에 대한 근본적인 문제와 함께 그 대안을 찾아보아야 할 것이다.

그 동안 사용되어 온 한국고고학의 시대구분은 크게 두 가지 문제점을 내포하고 있다. 먼저 삼시대법의 개념을 충분하게 이해하지 않았다고 볼 수 있다. 내용적으로 보면 유럽고고학 보다는 오히려 일본고고학과 유사하게 토기중심의 시대구분이 되고 있다는 점을 부정할 수 없다. 신석기시대와 청동기시대가 즐목문토기시대와 무문토기시대로 구분되기도 하였듯이 빗살문(櫛文)토기인가 혹은 민무늬(無文)토기인가에 따라 시대를 구분되는 것이 현실이다. 지금도 일부에서 청동기시대를 무문토기시대로 부르고자 하는 것은 역시 같은 맥락에서 이해될 수 있다.

다음으로 삼시대법은 역사시대 이전의 선사시대를 위한 시대구분이므로 역사시대 이후에는 역사학 시대구분을 따르는 것이 당연하다. 과거 한국고고학에서는 서기 300년경 삼국시대의 시작을 역사시대의 시작으로 보았고, 이를 전제로 시대구분을 하였다. 하지만 최근 역사학계에서는 고대국가의 등장을 고조선으로부터 보기 때문에 이때부터 역사학 시대구분을 시도하는 것이 바람직한 것이다. 하지만 한국고고학에서 이러한 인식의 부족으로 역사학 시대구분으로의 전환이 잘 이루어지지 않고 있다.

많은 연구자들이 초기철기시대의 문화양상을 파악하는데 혼란을 겪고 있는 이유는 오히려 초기철기시대와 원삼국시대라는 시대구분의 틀에서 벗어나지 못하는 데에서 기인한다. 초기철기시대의 개념을 염두에 두고 연구하기 보다는 청동기문화에서 철기문화의 변화과정을 그대로 연구한다면 문제가 없다. 따라서 이 시대가 하나의 독립적인 시대가 되기 위해서는 이 시대와 원삼국시대를 합쳐서 철기시대라고 하면 될 것이고, 이 시대의 문화를 철기문화로 부른다면 되는 것이다.

3. 한국고고학 시대구분의 개선방향

그런데 더 큰 문제는 철기가 유입되는 시기가 선사단계가 아니라 원사단계일 뿐만 아니라 역사단계로도 진입하였다고 볼 수 있다. 즉 이 시기는 이미 고조선이 존재하였고, 위만조선과 부여, 고구려, 동예 및 삼한이 등장하였다. 이러한 역사적인 배경을 한국고고학에서 인정하지 아니한다면 우리나라 고대국가의 등장이 주변 국가에 비해 너무 늦게 된다. 따라서 이제 한국고고학의 시대구분은 변화되어야 한다. 왜냐하면 고고학에서 시대구분은 고정된 것이 아니라 변화될 수 있는 것이며 또 변화되어야 할 이유를 국내적인 이유와 더불어 주변국가의 시대구분에서도 찾아볼 수 있다.

먼저 중국의 경우, 王朝의 등장이 이른 관계로 구석기시대와 신석기시대를 지나면 바로 고대국가로 연결된다. 즉 夏, 殷(商), 周, 秦, 漢 등의 王朝로 시대구분을 하고 있다. 이는 과거 商周로부터 역사시대가 시작되었으나 근래에는 夏왕조를 추가하여 역사시대의 시작을 이르게 보고 있다. 이와 같은 현상은 북한고고학에서도 찾아볼 수 있다. 반면 일본고고학에서는 삼시대법과는 다르게 先土器時代(구석기시대)에 뒤이어 繩文時代, 彌生時代, 古墳時代 등으로 선사단계와 원사단계를 고고학적 시대구분을 하고 있다. 다만 이러한 고고학 시대구분을 고고학계뿐 아니라 일반사회 모두가 함께 사용하고 있어 문제가 없는 것이다.

한편 국내적으로도 한국사 개설서와 중고등학교 국사교과서에서는 과거 불확실하였던 고조선의 존재가 점차 역사의 실체로 인정되어 기술되고 있다. 최근 중·고등학교의 역사교과서에 나타나는 일반적인 시대구분은 선사시대(구석기시대-신석기시대)에 뒤이어 고조선과 여러 나라의 성장(청동기시대-고조선-철기문화의 유입과 여러 나라의 성장) → 삼국시대 등으로 기술되어 있다. 이와 같은 변화된 상황을 인식하지 못하고 한국고고학계가 기존의 고고학 시대구분만을 고집한다는 것은 삼시대법의 원칙에도 벗어나는 것이지만 다른 분야 연구자나 일반인들과의 원활한 소통에 지장을 줄 뿐만 아니라 고고학의 대중화에도 역행하는 것이다.

이러한 관점에서 필자는 한국고고학의 시대구분의 방향을 다음과 같이 제안하고자 한다. 먼저 필자는 원사단계인 초기철기시대와 원삼국시대를 철기시대로 보고자 한다. 한국고고학에서 현재와 같이 삼시대법을 그대로 유지하고자 한다면 삼시대법의 원래 의미에 따라 청동기시대에 뒤이어 철기시대로 하는 것이 합리적이라고 판단한다.

그러나 철기시대가 역사성의 부족으로 적절하지 못하다면 현재와 같은 혼란을 극복하기 위해서는 역사학계와 공통적으로 쓸 수 있는 새로운 시대구분을 사용하는 것이 바람직하다. 과거 고고학에서 제안된 원삼국시대는 일종의 통합적 시대구분이었으나 역사학계로부터 긍정적인 반응보다는 많은 비판이 제기됨에 따라 역사학계에서 이를 수용할 것이라는 기대가 거의 불가능하다. 이것은 어디까지나 고고학에서만 유용하게 쓰이고 있는 시대구분일 뿐이다. 고고학과 역사학의 두 분야에서 서로 다른 시대구분을 사용함에 따라 나타나는 혼란을 줄이기 위하여 원사단계를 역사적 시대구분으로 하자는 것이다. 역사학계는 이미 원사단계의 고조선을 역사의 실체로 받아들이고 있다. 따라서 고고학계도 원사단계의 고조선을 시대구분에 포함시켜야 한다.

이러한 경우에 고조선의 시작을 청동기시대의 어느 시기부터 잡을 것인지는 앞으로 더 논의하여야 할 문제이다. 하지만 통상 비파형동검과 미송리식 토기를 표지로 하는 고조선문화는 기원전 1000년기 전반기까지 소급할 수 있기에 청동기시대와 병기하거나 아니면 청동기시대에 뒤이어 고조선시대를 설정하고, 그 다음으로 삼국시대 전기(형성기) 및 삼국시대 후기(정립기) 등으로 구분하는 것이 하나의 방안이 있다.

결론적으로 이제는 한국고고학의 시대구분이 변화되어야 할 때가 되었다. 더구나 한국고고학에서 고조선의 실체를 인정한다면 역사학계와 공동으로 사용할 수 있는 통합적 시대구분, 즉 고조선 이후에는 역사적 시대구분으로 하는 것이 최선일 것이다. (이 글은 「한국고고학 시대구분의 문제점과 개선방향」, 『한국사 시대구분론-외부전문가 초청포럼』 (2012. 2. 21, 국립문화재연구소 고고연구실)에서 발표된 것을 요약한 글임)

참고문헌 (제2장 전체)

강인욱, 2007, 「두만강유역 청동기시대 문화의 변천과정에 대하여」, 『한국고고학보』62, 한국고고학회, 46-89.

강창화, 2002, 「제주도 초기 신석기문화의 형성과 전개」, 『해양교류의 고고학』, 한국고고학회.

고구려연구재단편, 2004, 『고조선 · 단군 · 부여』.

교육인적자원부, 2008a, 『중학교 국사』, 국사편찬위원회편.

_____, 2008b, 『고등학교 국사』, 국사편찬위원회.

국립중앙박물관, 2007, 『요시노가리 유적-일본 속의 한국문화-』(기획전 도록).

국사편찬위원회, 1977, 『한국사』3(청동기문화와 철기문화).

김권구, 2005, 『청동기시대 영남지역의 농경사회』, 학연문화사.

김양옥, 1976, 「한반도 철기시대 토기의 연구」, 『백산학보』20, 백산학회.

김영하, 2007, 「고대의 개념과 발달단계론」, 『한국고대사연구』46, 한국고대사학회.

김원용, 1973, 『한국고고학개설』(1판), 일지사.

_____, 1977, 『한국고고학개설』(2판), 일지사.

_____, 1986, 『한국고고학개설』(3판), 일지사.

_____, 2000, 「원삼국시대에 대하여」, 『고고학지』11.

김정배, 1979, 「한국고고학에 있어서 시대구분 문제」, 『한국학보』14.

_____, 1986, 「한국고대의 국가기원론」, 『한국고대의 국가기원과 형성』, 고려대출판부.

_____, 1996, 「'원삼국시대용어'의 문제점」, 『한국사학보』창간호, 나남출판.

김정학, 1967, 「웅천패총연구」, 『아세아연구』10-4, 고대 아세아연구소.

김철준, 1964, 「한국고대국가발달사」, 『한국문화사대계』1, 고려대민족문화연구소.

노중국, 1988, 『백제정치사연구』, 일조각.

노태돈, 2000, 「역사적 실체로서의 단군」, 『한국사 시민강좌』29, 일조각.

노태돈 외, 1999, 『시민을 위한 한국 역사』, 창작과 비평사.

노혁진, 1994, 「한국 선사문화 형성과정의 시대구분」, 『한국상고사학보』15, 한국상고사학회.

박순발, 1993, 「한강유역의 청동기 · 초기철기문화」, 『한강유역사』, 민음사.

_____, 2004, 「요령 점토대토기문화의 한반도 정착 과정」, 『금강고고』창간호, 충청문화재연구원.

_____, 2005,「토기상으로 본 호남지역 원삼국시대 편년」,『호남고고학보』21. 호남고고학회.

박진일, 2007,「점토대토기, 그리고 청동기시대와 초기철기시대」,『한국청동기학보』1, 한국청동기학회.

배진성, 2007,『무문토기문화의 성립과 발전』, 부산대학교 박사학위논문.

변태섭, 1986,『한국사통론』, 삼영사.

서길덕, 2011,「초기철기시대의 고고학적 연구성과」,『조유전박사고희기념논총』.

성정용, 2006,「중서부지역 원삼국시대 토기 양상」,『한국고고학보』60, 한국고고학회.

송호정, 2000,「고조선 중심지 및 사회성격 연구의 쟁점과 과제」,『한국고대사논총』10, 한국고대사회연구소.

_____, 2002,『한국고대사 속의 고조선사』, 푸른역사.

_____, 2007,「기원전 시기의 사회 성격과 시대구분」,『한국고대사연구』46, 한국고대사학회.

신경철, 1995,「삼한·삼국시대의 동래」,『동래군지』, 동래군지편찬위원회.

안승모, 2002,「"전환기 고고학의 의미와 과제"에 대한 토론」,『전환기의 고고학Ⅰ』(학연문화사).

안재호, 1994,「삼한시대 후기와질토기의 편년」,『영남고고학』14, 영남고고학회.

_____, 2006,『청동기시대 취락연구』, 부산대 대학원 박사학위논문.

윤무병, 1972,「한국 청동유물의 연구」,『백산학보』12, 백산학회.

윤무병, 1990,「청동기시대 및 초기철기시대의 한·일관계」,『고대한일문화교류연구』, 한국정신문화연구원.

이건무, 1992,「한국 청동의기의 연구」,『한국고고학보』28, 한국고고학회.

이기동, 1984,「한국고대국가기원론의 현단계」,『한국상고사의 제문제』, 한국정신문화연구원.

이기백, 1976,『한국사신론』(개정판), 일조각.

_____, 1981,「한국사의 시대구분문제」,『한국사연구입문』, 지식산업사, 44-60.

_____, 1982,『한국사신론』(개정판), 일조각.

_____, 1988,「고조선의 국가형성」,『한국사시민강좌』2, 일조각.

이기백·이기동, 1982,『한국사강좌』(고대편), 일조각.

이남규, 1982,「남한 초기철기문화의 일고찰」,『한국고고학보』13, 한국고고학회.

_____, 2003a,「삼불선생님과 원삼국시대 연구」,『삼불과 한국고고학·미술사학 -고삼불김원용교수 10주기 추모학술대회-』.

_____, 2003b, 「"철기시대 전기의 중국 동북과 한반도 지방의 금속기 문화"를 읽고」, 『동북아시아 선사 및 고대사 연구의 방향』(2003년도 한국정신문화연구원 학술대회).

_____, 2006a, 「한반도 서부지역 원삼국시대 철기문화-지역성과 전개양상의 특성」, 『원삼국시대 문화의 지역성과 변동』, 제29회 한국고고학전국대회.

_____, 2006b, 「고등학교 국사교과서(7차) 고고학 서술의 제문제-선사·원사시대를 중심으로-」, 『역사문화논총』2, 역사문화연구소.

이동주, 2002, 「우리나라 초기 신석기문화의 원류와 성격」, 『전환기의 고고학Ⅰ』(한국상고사학회편), 학연문화사.

이민진, 2007, 「남한지역 농경사회의 성립과 전개」, 『요시노가리 유적-일본 속의 한국문화-』(기획전 도록), 국립중앙박물관.

이백규, 1974, 「경기도출토 무문토기·마제석기」, 『고고학』3, 한국고고학회.

이병도, 1958, 『국사대관』, 보문각.

이선복, 1988, 『고고학개론』, 이론과 실천.

_____, 1997, 「최근의 '단군릉'문제」, 『한국사 시민강좌』21, 일조각.

이성주, 1998, 「한반도 철기시대에 대한 개념화의 시도」, 『동아시아의 철기문화』, 국립문화재연구소.

_____, 2007, 『청동기·철기시대 사회변동론』, 학연문화사.

이종선, 1989, 「오르도스 후기 금속문화와 한국의 철기문화」, 『한국상고사학보』2, 한국상고사학회.

이종욱, 1999, 『한국의 초기국가』, 아르케.

이창희, 2010, 「점토대토기의 실연대-세형동검문화의 성립과 철기의 출현연대」, 『문화재』43-3, 국립문화재연구소.

이청규, 1982, 「세형동검의 형식분류 및 그 변천에 대하여」, 『한국고고학보』13, 한국고고학회.

_____, 1998, 「"철기시대 주거지를 통해 본 사회상"을 읽고」, 『동아시아의 철기문화』, 제7회 국립문화재연구소 국제학술대회.

_____, 2003, 「철기시대 전기의 중국 동북과 한반도 지방의 금속기문화-세형동검문화를 중심으로-」, 『동북아시아 선사 및 고대사 연구의 방향』, 2003년도 한국정신문화연구원 학술대회.

_____, 2007, 「선사에서 역사로의 전환-원삼국시대 개념의 문제-」, 『한국고대사연구』46, 한국고대사학회.

이헌종, 2002, 「우리나라 후기구석기 최말기와 신석기시대로의 이행기의 문화적 성격」, 『전환기의 고고학Ⅰ』(한국상고사학회편), 학연문화사.

이현혜, 1993, 「원삼국시대론 검토」, 『한국고대사론총』5.

이형구, 1988, 「발해연안 석묘문화연구」, 『한국학보』50.

이형원, 2011, 「중부지역 점토대토기문화의 시간성과 공간성」, 『호서고고학』24, 호서고고학회.

이희준, 2004, 「초기철기시대·원삼국시대 재론」, 『한국고고학보』52, 한국고고학회.

임효재, 1995, 「한·일문화교류사의 새로운 발굴자료」, 『제주 신석기문화의 원류』, 한국신석기연구회.

정징원, 1989, 「초기철기시대와 원삼국시대」, 『한국상고사』(한국상고사학회편), 민음사.

정한덕, 1999, 「흔암리유형 형성과정 재검토에 대한 토론」, 『호서고고학』창간호, 호서고고학회.

정한덕편, 2000, 『중국고고학연구』학연문화사.

천관우, 1976a, 「삼한의 국가형성(上)」, 『한국학보』2.

──────, 1976b, 「삼한의 국가형성(下)」, 『한국학보』3.

천선행, 2007, 「조기설정과 시간적 범위」, 『발표요지』, 한국청동기학회 제1회 학술대회.

최몽룡, 1984, "A Study of the Yongsan River Valley Culture- The Rise of Chiefdom State", 동성사.

──────, 1987, 「고고학 시대구분에 대한 약간의 제언」, 『최영희선생화갑기념한국사학논총』.

──────, 1989, 「역사고고학연구의 방향」, 『한국상고사』(한국상고학회편), 민음사.

──────, 1990, 「전남지방 삼국시대 전기의 고고학 연구현황」, 『한국고고학보』24, 한국고고학회.

──────, 1992, 「한국 철기시대의 시대구분」, 『국사관논총』50, 국사편찬위원회.

──────, 1993, 「철기시대-최근 15년간의 연구성과」, 『한국사론』23, 국사편찬위원회.

──────, 1996, 「한국의 철기시대」, 『동아시아의 철기문화-도입기의 제양상』, 국립문화재연구소.

──────, 1997, 「철기시대의 시기구분」, 『한국사』3, 국사편찬위원회.

──────, 2006, 「다원론의 입장에서 본 한국 청동기·철기시대의 새로운 연구방

향」, 『한국고고학 · 고대사의 신연구』, 주류성출판사.

최몽룡 · 최성락편, 1997, 『한국고대국가형성론』, 서울대학교 출판부.

최성락, 1989, 「한국고고학에 있어서 연대문제」, 『한국고고학보』23, 한국고고학회.

_____, 1991, 「한국 철기문화의 형성과정에 대한 연구-남부지방을 중심으로-」, 『발표요지』, 제5회 한국상고사학회 학술발표회.

_____, 1993, 『한국 원삼국문화 연구-전남지역을 중심으로-』, 학연문화사.

_____, 1995, 「한국고고학에 있어서 시대구분론」, 『아세아고문화-석계황용훈교수정년기념논총』, 학연문화사.

_____, 1996, 「와질토기론의 비판적 검토」, 『영남고고학』19, 영남고고학회.

_____, 1997, 「톰센과 삼시대법」, 『인물로 본 고고학사』, 한울 아카데미.

_____, 1998, 「철기시대의 설정과 문제점」, 『박물관연보』7, 목포대학교 박물관.

_____, 2000a, 「고대사연구와 고고학」, 『지방사와 지방문화』2, 역사문화학회.

_____, 2000b, 「마한론의 실체와 문제점」, 『박물관연보』9, 목포대학교 박물관,

_____, 2002a, 「전환기 고고학의 의미와 과제」, 『전환기의 고고학 I』, 학연문화사.

_____, 2002b, 「철기시대 토기의 실체와 연구방향」, 『지방사와 지방문화』5-2, 역사문화학회.

_____, 2004, 「"초기철기시대 · 원삼국시대 재론"에 대한 반론」, 『한국고고학보』54, 한국고고학회.

_____, 2008, 「한국고고학 선 · 원사 시대구분 재론」, 『한국고고학보』67, 한국고고학회.

_____, 2012, 「초기철기시대론에 대한 비판적인 검토」, 『21세기의 한국고고학』 (최몽룡편), 주류성.

최복규, 1974, 「한국에 있어서 중석기 문화의 존재가능성」, 『백산학보』16, 백산학회.

_____, 1983, 「중석기문화」, 『한국사론』12, 국사편찬위원회.

최정필, 1997, 「신진화론과 한국상고사 해설의 비판에 대한 재검토」, 『한국고대국가형성론』(최몽룡 · 최성락편), 서울대학교 출판부.

최종규, 1991, 「무덤으로 본 삼한사회의 구조 및 특징」, 『한국고대사논총』2(한국고대사연구소편), 가락국사적개발연구소원.

하인수, 1997, 「영선동식토기 소론」, 『영남고고학보』21, 영남고고학회.

_____, 1988, 「영남지방 단도마연토기의 신고찰」, 부산대석사학위논문.

한국고고학회, 2007,『한국고고학강의』, 사회평론.

_____, 2010,『한국고고학강의』(개정판), 사회평론.

한병삼, 1992,「동북아 고대문화에 있어서의 원삼국 초기문화-창원 다호리유적을 중심으로-」,『동북아 고대문화의 원류와 전개』, 제11회 마한·백제문화국제학술대회.

한영우, 2004,『다시 찾는 우리의 역사』, 경세원.

한영희, 1983,「철기시대-주거생활」,『한국사론』13, 국사편찬위원회.

한우근, 1970,『한국통사』, 을류문화사.

사회백과사전출판사, 1977,『조선고고학개요』.

中村大介, 2008,「청동기시대와 초기철기시대의 편년과 연대」,『한국고고학보』68, 한국고고학회.

トムセン(田淵義三郎譯), 1969,「異敎的古物の時代區分」,『古代學』8-3.

春成秀爾·今忖峯雄編, 2004,『彌生時代の實年代 炭素14年代をめぐって』, 學生社.

西谷正, 1982,「韓國考古學の時代區分について」,『考古學論考』, 小林行雄古稀記念論文集.

中國社會科學硏究院, 1984,『新中國的考古發現和硏究』, 文物出版社.

Champion, Timothy et al, 1984, *Prehistoric Europe,* Academic Press, Inc.

Flannery, K.V., 1967, "Culture History vs Culture Preocess: A debate in American Archaeology", *Scientific American* 217: 119-122.

Milisauskas, Sarunas, 1978, *European Prehistory,* Academic Press.

Nelson, S.M., 1993, *the Archaeology of Korea,* Cambridge University Press.

Phillips, P., 1980, *The Prehistory of Europe,* Allen Lane, London.

Graslund, Bo, 1994, *The Birth of Prehistoric Chronology,* Cambridge University Press.

Willey, G.R. and P. Philips, 1958, *Method and theory in America Archaeology,* University of Chicago Press.

제 3 장
한국고고학의 제분야

해양고고학의 연구현황과 방향

1. 머리말

海洋考古學(Maritime Archaeology 혹은 Marine Archaeology)이란 선박, 바닷가 시설물, 선박의 짐, 인간의 흔적 및 바닷속 환경 등의 연구를 통해 바다, 호수 및 강과 인간과의 상호작용을 연구하는 분야이다. 이 중에서도 특히 수중고고학(underwater archaeology)은 수중의 잔존물을 통해 과거를 연구하는 분야이고, 선박고고학(nautical archaeology)은 선박의 구조와 용도에 대한 연구이다[21].

그런데 필자가 생각하는 해양고고학은 상기한 개념과 약간의 차이가 있다. 해양고고학이란 바다와 관련된 모든 고고학적 연구활동을 의미한다. 즉 바다와 관련된 사람들의 삶을 연구하거나 바다를 통한 교류에 대한 연구도 포함되어야 할 것이다.

따라서 해양고고학의 연구분야는 크게 세 가지로 구분해 볼 수 있다.

---

21) 인터넷 백과사전 Wikipedia 참조.

첫째, 도서와 연안지역에 분포하는 고고학 자료를 통해 바다에 의존하였던 과거 사람들의 삶, 즉 문화상에 대한 연구이다. 둘째, 바다를 통해 이루어진 교류에 대한 고고학적 연구이다. 이를 '해양교류의 고고학'이라고 부른다. 셋째, 바다 속에 남아있는 고고학 자료에 대한 연구이다. 이를 '수중고고학'이라 하며 수중발굴을 통해 인양된 선박을 기반으로 고대선박에 대한 연구도 포함된다.

본고에서 필자는 각 분야별로 연구현황을 살펴보고, 앞으로의 연구 방향을 제시보고자 한다.

2. 도서지역의 고고학적 연구현황

최초의 도서지역에 대한 조사는 1957년 국립박물관에 의해 실시된 서해도서에 대한 조사이다. 이후 1968년 서울대학교 동아문화연구소에서 실시한 남해도서에 대한 고고학적 조사가 있다. 이후 도서지역은 일부 연구자들에 의해 간헐적으로 조사되었지만 본격적인 조사는 목포대학교 도서문화연구소가 설립된 이후에 이루어졌다. 도서문화연구소에서 실시한 조사에서 필자가 직접 참여한 현황은 다음과 같다.

  1) 신안 암태도(1982년) : 선사유적·유물 미확인.
  2) 진도 조도(1983년) : 지석묘, 입석, 고려고분 조사.
  3) 신안 장산도·하의도(1984-5년) : 도창리의 백제고분, 대성산성, 하의도의 지석묘조사.
  4) 신안 안좌도(1985년) : 방월리 지석묘, 읍동리 고분 조사.
  5) 신안 지도(1986-87년) : 신석기시대 패총(어의리) 발견, 지석묘, 석부 등 발견.
  6) 신안 흑산도(1987-88년) : 지석묘 및 패총 조사, 가거도 조사

포함.

7) 신안지역 선사문화 정리(1988년) : 각 분야의 조사에 대한 중간 점검.

8) 신안 보길도(1989년) : 패총 조사.

9) 완도 청산도(1990년) : 지석묘 및 고분 확인.

10) 완도 평일도(1991년) : 신석기시대 패총 발견.

11) 완도 소안도(1992년) : 보길도와 노화도의 조사를 포함하여 보고함.

12) 완도 약산도(1993년) : 고인돌 및 패총 조사.

13) 완도 노화도(1996년) : 민족지고고학을 시도.

14) 신안 흑산도 상라산성(1999년) : 도자기, 명문기와 등 다수의 유물 수습.

이후 다른 연구자(이영문, 이헌종, 김건수)들에 의해 도서지역에 대한 조사활동은 계속되고 있다. 즉 완도 고금도(1994), 완도 신지도(1995), 완도 체도(1997), 신안 압해도(1999), 완도 금당동(2000), 신안 비금도(2001), 신안 자은도(2002), 신안 임자도(2003) 등 신안지역과 완도지역에 대한 집중적인 조사가 이루어졌다. 그리고 2003년부터 2006년까지 도서문화유적 지표조사 및 자원화연구는 신안지역의 압해면, 비금면, 흑산면, 도초면, 안좌면, 지도읍, 증도면, 임자면, 하의면, 신의면 순으로 이루어졌다(목포대학교 도서문화연구소 2008).

그런데 도서문화연구소의 고고학적 조사는 그 성과가 적지 않지만 지표조사에 한정되었다. 앞으로 과거 사람들의 삶을 밝히기 위해서는 종합적인 발굴조사가 필요하다(이헌종 2008).

한편, 목포대학교 박물관의 도서 및 연안지역에 대한 주요 조사활동은 다음과 같다.

1) 해남 군곡리패총 발굴조사(1986-88년)

2) 신안군 문화유적 지표조사(1986년)

3) 진도군 문화유적 지표조사(1986년)

4) 완도군 문화유적 지표조사(1994년)

5) 진도 용장성 및 산성 발굴(1989년, 2004년)

5) 신안 신용리 시굴조사(2004년)

6) 완도 여서도패총 발굴조사(2005년)

7) 신안 신의도 안산성지 및 백제고분 지표조사(2008년)

8) 신안 흑산도 무심사지 시굴조사(2009년)

목포대학교 박물관에서는 지표조사와 함께 일부 발굴조사가 이루어 졌으나 역시 도서지역 주민들의 삶을 파악할 수 있는 충분한 발굴조사 가 이루어지지 못하였다.

그밖에 국립광주박물관을 비롯하여 다른 학술조사기관의 조사활동 도 일부 이루어지고 있다. 하지만 이러한 조사활동은 연속적이고 체계 적이지 못한다.

3. 해양교류에 대한 고고학적 연구현황

해상교류의 시작은 구석기시대에서 신석기시대로 전환되는 시기에 나타난 것으로 생각된다. 왜냐하면 구석기시대에는 한반도가 중국이나 일본과 서로 연결되었을 것으로 보기 때문이다. 해양교류와 관련된 고 고학적 연구현황을 각 시대별로 정리해 보면 다음과 같다(최성락 2005a, 2005b).

먼저 신석기시대는 조기부터 한국과 일본지역 간의 교류의 가능성을 보여주고 있다. 다만 12,000년 전의 해수면이 매우 낮았기 때문에 당시 제주도만 육지와 연결되었을 가능성도 있어 반드시 해상교류에 의한 것으로 설명할 수 없다. 만약 이미 육지로부터 분리된 시점에서 이들 유물이 사용된 것이라면 해상교류의 결과로 생각된다. 따라서 앞으로 해수면의 변동에 대한 연구가 심층적으로 이루어져야 한다. 하지만 신석기 조기에 해당하는 제주 고산리유적의 존재는 동아시아 신석기시대의 시작을 알려주는 중요한 유적임에 틀림없다.

한국 동남부지역과 일본지역 간의 해상교류는 신석기시대 전반에 걸쳐 이루어졌다. 이것은 공동의 생업환경인 어업과 해난사고로 인한 표류 등에 의해 자연적으로 접촉하였을 것으로 보고 있다. 또 두 지역이 서로 연결되어 있었던 곳으로 해수면이 점차 높아지면서 분리되었기 때문에 그 이전부터 교류하였던 관습에 의해 지속되었을 것으로 추정해 본다.

다음으로 한국의 청동기문화는 중국으로부터 새로운 청동기문화가 파급되면서 형성되었다. 일부 요령지역의 청동기문화는 서해안을 거쳐 서북한지역으로 파급될 가능성이 있다. 이 경우에는 연안항로를 통해 유입되었을 것이다. 또한 청동기와 함께 鳥靈信仰이 요령지역에서 유입되었을 것으로 본다. 반면 중국의 桃氏劍은 交易보다는 亡命客이나 표류에 의해 유입되었을 것으로 추정되며, 벼농사 역시 중국의 華中지역에서 바다를 통해 건너왔을 가능성이 많다고 한다.

그리고 기존의 농경문화를 바탕으로 한 청동기문화의 주민들이 남부지방에서 일본으로 건너가 새로운 야요이문화를 형성하는 계기가 되었다. 일본의 야요이문화는 한국 남부지역 일부 사람들이 눈앞에 보이는 대마도를 징검다리로 삼고, 현해탄을 건너 큐슈지역에서 생활하기 시작하였으며, 그 과정에서 재래의 죠몽인과 결합하여 창출한 것이 유우

스식토기 단계의 문화라고 보고 있다. 이후 야요이문화가 발전하는 과정에서도 한국의 청동기문화가 계속적으로 영향을 주었다고 볼 수 있다.

그리고 철기시대에 이르면 동아시아 전체적으로 이루어진 진정한 의미의 해상교류가 시작된다. 철기시대는 청동기시대와 다르게 중국으로부터 파급된 철기문화가 한국의 남부지역을 거쳐 일본지역으로 들어갔다. 기원후 3세기 후반경에 기록된『三國志』魏書 東夷傳에 의하면 帶方으로부터 일본에 이르는 海路가 기록되어 있고, 기원전 2~1세기부터 철기시대의 패총이 형성되면서 중국계 유물들이 나타나고 있다. 또한 樂浪과 帶方이 변한으로부터 철을 수입하였다는 기록도 있고, 남해안지역에서 일본계 유물이 발견되는 것은 두 지역이 지속적으로 해상교류가 이루어졌음을 알 수 있다.

이 시기에 처음으로 중국으로부터 일본에 이르는 海上航路(海路)가 만들어졌으며 한반도 남부지역을 경유하여 일본으로 새로운 철기문화가 유입되었다. 또한 이러한 해로상에 위치하는 대표적인 곳은 해남 군곡리패총과 사천 늑도패총이다. 해남 군곡리패총에서는 貨泉과 卜骨 등이 출토되었고, 사천 늑도패총에서는 半兩錢, 樂浪土器, 卜骨을 비롯하여 일본의 야요이토기가 집중적으로 출토되어 해로상의 중요한 거점이었음을 쉽게 짐작할 수 있다.

마지막으로 삼국시대는 중국과의 해상교류가 한층 활발하게 나타났다. 백제와 중국과의 교류는 3세기 대까지 주로 漢郡縣을 통해 교섭된 것이 일반적이나 4세기 대에 요동의 東夷校尉部를 통해 중국 본토 王朝와 교섭하는 한편, 백제가 국가적 성장과 더불어 점차 중국 南朝와 朝貢册封관계를 통해 문화적 욕구를 충족하였을 것이다. 이러한 해상교류는 주로 연안항로를 이용하였을 것으로 보지만 南朝와의 교류에는 황해를 횡단하는 航路가 이용되었을 것으로 본다.

일본과의 교류는 처음에 가야, 신라를 중심으로 이루어지다가 점차 백제를 중심으로 이루어지게 된다. 즉 5세기 전반까지 일본지역으로 일방적인 교류가 이루어졌으나 5세기 후반에서 6세기 후반까지 양 방향의 교류가 있었다고 한다.

일본의 문화요소가 한반도 서남해안지역으로 유입되는 예는 영산강 유역에서 발견된 前方後圓形古墳과 祭祀遺蹟에서 발견된 유물들이 있다. 전방후원형 고분은 이 지역에서 상당한 신분을 가진 자가 문화교류를 통해 알게 된 일본의 前方後圓墳을 모방하여 만들었을 것이다. 이 고분은 이 지역이 백제의 중앙정부로부터 간섭이 적었던 시기에 나타났다. 그밖에 남해안 일대와 일본지역에 분포하고 있는 祭祀遺蹟을 통해 해상교류가 활발하였을 보여준다.

이상에서 살펴본 바와 같이 해양교류의 고고학은 한국고고학에서 차지하는 비중이 적지 않다. 즉 한국과 중국과의 관계나 한국과 일본과의 관계가 바다를 통해 이루어지는 경우가 많기 때문이다. 특히 한국과 일본과의 관계는 모두가 해양교류를 통해 이루어졌다고 볼 수 있다. 따라서 해양교류에 대한 연구는 고고학적으로 꼭 필요한 부분이다.

4. 수중고고학의 연구현황

한국에서 수중고고학 연구의 중심은 바로 국립해양문화재연구소이다. 최초의 수중발굴인 신안 해저보물선의 발굴을 계기로 목포에 문화재보존처리소가 설립되었고, 인양된 선체의 보존처리와 함께 수중발굴작업이 꾸준하게 이루어졌다. 그 동안 이루어진 수중발굴 조사현황은 다음과 같다〈표 6〉.

수중발굴을 통해 얻어진 자료에 대한 연구는 주로 도자기에 대한 연구가 주류를 이루고 있다. 즉 무안 도리포 해저 출토품(김애경 2003), 완도 어두리 출토품(고경보 2004), 군산 비응도 출토품(박애리 2006) 등이 연구되고 있다.

한편 고대 선박에 대한 연구는 김재근, 이원식, 최근식 등에 의해 시작되었으며, 국립해양문화재연구소에서 선체를 인양하기 시작하면서 그 연구는 본격화되었다고 볼 수 있다〈표 7〉.

우리나라 최초의 배는 경남 창령군 비봉리유적에서 출토된 신석기시대의 통나무배이다. 이후 고대의 해상교류에 이용되었을 배는 獨木舟나 통나무배가 알려지고 있으나 삼국시대의 조선술과 항해술은 중국과 접촉하면서 더 발전되었을 것으로 보고 있다(안재철 2004). 그러나 실제로 바다에서 인양되는 선체는 외국선이거나 국내선이거나 간에 주로 고려시대 이후의 것이다.

해저에서 인양된 선박에 대한 연구는 신안해저 침몰선(김용한 1993), 한선(안재철 2001) 등이 있다. 또 과거 중국선으로 보았던 진도선이 일본배일 수 있다는 주장이 나와 매우 흥미롭다. 즉 진도 고군면 벽파리에서 출토된 진도선의 구조분석을 통해 이 배가 중국선박제조기술이 일본으로 전달된 후에 만들어졌을 것임이 주장되었다(홍순재 2009).

지금까지 수중발굴은 국립해양문화재연구소를 중심으로 이루어지고 있으나 최근 해양문화재발굴전문기관도 설립되고 있다. 매우 제한적인 조사를 하고 있으나 점차 그 활동이 많아질 것으로 기대한다. 또한 수중고고학회도 이미 설립되어 있으나 몇 차례의 학술활동이 이루어진 연후에 최근에는 연구활동이 미미하다.

<표 6> 수중발굴 조사현황*

번호	발굴 연도	발굴유적	발굴기관	발굴문화재 격
1	1976~ 1984	신안 방축리 수중발굴 (전남 신안군 증도면 방축리)	문화재청, 해군합동	14세기 중국 무역선 1척,동전 28톤, 도자기 등22,000여점
2	1980, 1983, 1996	제주 신창리 수중발굴 (제주도 북제주군 한경면 신창리)	문화재청, 제주대학교 박물관	12~13세기 금제장신구류, 중국 도자기 등 인양
3	1981~ 1987	태안반도 수중발굴 (충남 보령군 태안반도 근해)	문화재청, 해군 합동	고려청자 40여 점, 조선백자 등 14~17세기 유물 인양
4	1983~ 1984	완도 어두리 수중발굴 (전남 완도군 약산면 어두리)	문화재청	12세기 고려 선박 1척, 도자기 3만여점, 선원생활용품 등
5	1991~ 1992	진도 벽파리 통나무배 발굴 (전남 진도군 고군면 벽파리)	국립해양유물 전시관	중국 13~14세기 통나무배 1척 출토
6	1995~ 1996	무안 도리포 수중발굴 (전남 무안군 해제면 송석리)	국립해양유물 전시관, 해군합동	14세기 고려상감청자 638점
7	1995	목포 달리도배 발굴 (전남 목포시 충무동 달리도)	국립해양 유물전시관	13~14세기 고려 선박 1척
8	2002~ 2003	군산 비안도 수중발굴 (전북 군산시 옥도면 비안도)	국립해양유물 전시관, 해군합동	12~13세기 고려청자 등 2,939점 인양
9	2003~ 2004	군산 십이동파도 수중발굴 (전북 군산시 옥도면 십이동파도)	국립해양 유물전시관	12세기 고려 선박 1척, 고려청자 등 8,122점
10	2004~ 2005	보령 원산도 수중발굴 (충남 보령시 오천면 원산도)	국립해양 유물전시관	13세기초 청자향로편 등
11	2005	신안 안좌도 고선박 발굴 (전남 신안군 안좌도 금산리)	국립해양 유물전시관	14세기 고려시대 선박 1척, 고려상감청자 등 4점
12	2006~ 2009	군산시 야미도 수중발굴 (전북 군산시옥도면 야미도리)	국립해양 유물전시관	12세기 고려청자 4,547점
13	2006	안산시 대부도 수중발굴 (경기도 안산시 대부도 서쪽해안)	국립해양 유물전시관	12~13세기 선체편 일괄 습수
14	2007~ 2008	태안군 근흥 대섬 수중발굴 (충남 태안군 근흥면 대섬 인근)	국립해양 유물전시관	12세기 중 고려선박 1척, 고려청자 등 23,640점
15	2008~ 11	태안군 근흥 마도 수중발굴 (충남 태안군 근흥면 마도 인근)	국립해양 문화재연구소	13세기 고려청자 3,733점 마도 1호, 2호, 3호 선박
16	2010	태안군 원안해역 수중발굴 (충남 태안군 원안해역)	국립해양 문화재연구소	12세기 고려청자 등 106점

* 국립해양문화재연구소 홈페이지 참조

<표 7> 수중발굴 선체현황*

번호	선박이름	시대 (세기)	잔존규모(m)	선형	참고문헌
1	신안선 (중국)	14	길이 28.4, 너비 6.6, 깊이 3.6 *용골 폭 71cm,두께50cm *외판 폭 40~60cm, 두께 12cm	尖底	문화재관리국 1988
2	완도선	12	길이 10, 너비 3.5, 깊이 1.7 *저판 폭 35cm, 두께 20cm *외판 폭 33cm, 두께 10cm	平底	문화재관리국 1985
3	진도선 (중국)	13~14	길이 14.3, 너비 2.3, 깊이 0.8 *외판 두께 10~23cm	통나무배	목포해양유물 보존처리소 1993
4	달리도선	14	길이 10.5, 너비 2.7, 깊이 0.8 *저판 폭 37cm, 두께 20~25cm *외판 폭 43cm, 두께 19cm	平底	국립해양유물 전시관 1999
5	십이동파 도선	12	길이 7.0, 너비 2.5, 깊이 0.8 *저판 폭 73cm, 두께 33cm *외판 폭 29cm, 두께 12.5cm	平底	국립해양유물 전시관 2005
6	안좌선	14	길이 14.5, 너비 6.1, 깊이 0.9 *저판 폭 54cm, 두께 24cm *외판 폭 43cm, 두께 18cm	平底	국립해양유물 전시관 2006
7	대부도선	12~13	길이 6.62, 너비 1.4 *저판 폭 46cm, 두께 25cm *외판 폭 33cm, 두께 15~20cm	平底	국립해양유물 전시관 2008
8	태안선	12	길이 8.21, 너비 1.5	平底	국립해양유물 연구소 2009
9	마도선	13	길이 10.8, 너비 3.7 (1호) 길이 12.6, 너비 4.4 (2호)	平底	국립해양유물 연구소 2010, 2011

* 국립해양문화재연구소 홈페이지 참조

5. 앞으로 연구방향에 대한 제언

해양고고학이란 바다와 관련된 모든 고고학적 연구활동을 말한다. 여기에는 도서 및 연안지역의 고고학적 연구, 해양교류의 고고학, 수중고고학 등으로 세분될 수 있다. 각 세부 분야별 연구현황을 간략히 살펴보았지만 해양고고학의 연구가 잘 이루어질 수 있는 곳은 바로 목포지역이다. 이것은 해양고고학과 관련된 연구기관이 함께 있고, 관심을 가진 연구자들도 많기 때문이다. 따라서 목포지역을 중심으로 해양고고학에 대한 활발한 연구활동이 이루어지기를 바라면서 해양고고학의 연구방향에 대한 몇 가지 의견을 제안해 보고자 한다.

첫째, 도서지역에 대한 연구와 더불어 바다에 의존하였던 연안이나 내륙에 살던 사람들에 대한 연구가 필요하다. 이를 위해서는 지표조사만으로는 부족하다. 본격적인 학술조사인 발굴조사가 이루어져야 하며 대학박물관이나 발굴전문기관의 적극적인 참여가 필요하다.

둘째, 해양교류의 고고학은 모든 시기, 모든 연구자들이 관심을 가지고 연구하고 있다. 앞으로 한·일관계뿐만 아니라 한·중관계에 대한 연구도 이루어져야 한다. 한편으로 해양교류의 고고학에 대한 연구성과를 집대성할 필요성이 있다.

셋째, 수중고고학의 연구는 국립해양문화재연구소의 독보적인 활동에 의해 진전되었다. 앞으로 수중고고학과 관련된 기관과의 연합이 필요하다. 즉 최근 설립되고 있는 해양문화재 발굴기관들과 함께 공동적인 작업이 이루어져야 하고, 나아가서 최근 침체된 수중고고학회의 활성화가 이루어져야 한다.

이상과 같이 해양고고학의 연구방향을 언급해 보았다. 해양고고학을 포함한 "해양문화학"이 자리잡을 수 있도록 많은 연구성과와 진전이 있기를 진심으로 바란다.

(「해양고고학의 연구방향」, 『연구자 네트워크 구축을 위한 해양문화학 학술대회 자료집』 1, 목포대학교 도서문화연구원, 2009)

참고문헌

고경보, 2004, 「완도 어두리 해저유물에 대한 연구」, 우석대학교 석사학위논문.
국립해양문화재연구소, 2009, 『고려청자 보물선』.
───────────, 2010, 『태안마도 1호선』.
───────────, 2011, 『태안마도 2호선』.
국립해양유물전시관, 1999, 『목포 달리도배』.
───────────, 2005, 『군산 십이동파도 해저유물』.
───────────, 2006, 『안좌선』.
───────────, 2008, 『안좌 대부도선』.
김병근, 2012, 「수중발굴 고선박의 하물적재 분류와 성격」, 『자료집 2』, 제3회 전
　　　국해양문화학자대회.
김애경, 2003, 「고려말기 상감청자 연구-무안 도리포 해저 출토품을 중심으로」,
　　　목포대학교 석사학위논문.
김용한, 1993, 「신안해저 인양 침몰선의 구조연구」, 영남대학교 석사학위논문.
목포대학교 도서문화연구소, 2008, 『국립목포대학교 도서문화연구소 25년사』.
목포해양유물보존처리소, 1993, 『진도 벽파진 통나무배』.
문화재관리국, 1985, 『완도해저유물』.
───────, 1988, 『신안해저유물』.
박예리, 2006, 「군산 비응도 해저출토 고려청자 연구」, 목포대학교 석사학위논문.
안재철, 2001, 「한선의 구조와 변천」, 목포대학교 석사학위논문.
─────, 2004, 「우리나라의 고대선박」, 『고대 문물교류와 경기도』, 제32회 한국상
　　　고 사학회 학술발표대회.
이헌종, 2008, 「서남해안 도서지역 고고학연구와 연구방법론」, 『도서문화』32, 목
　　　포대학교 도서문화연구소.
최성락, 2005a, 「고고학에서 본 동아시아의 해상교류」, 『도서문화』25, 목포대학
　　　교 도서문화연구소.
─────, 2005b, 「고고학에서 본 고대 한일 문화교류의 쟁점」, 『북방사논총』8, 고
　　　구려문화재단.
홍순재, 2009, 「진도선의 구조와 성격-모형제작실험을 중심으로-」, 목포대학교
　　　석사학위논문.
Pinney, roy, 1970, "Underwater Archaeology: treasures beneath the sea",
　　　Hawthorn Books, Inc. Publishers, New York.

한국에서 실험고고학의 추이와 최근 연구동향

1. 머리말

서양고고학에서 실험고고학에 대한 관심은 고고학의 성립과 거의 같이 시작되었다. 이것은 유적과 유물이 어떻게 형성되었고 만들어졌을까 하는 단순한 의문에서 시작되었다고 볼 수 있다. 하지만 본격적이고, 체계적인 실험고고학은 1960년 이후에 나타났다.

반면 한국고고학에서 실험고고학은 그 역사가 짧은 편이다. 석기의 제작, 토기의 제작, 청동기 및 철기의 제작, 가마 및 취사도구의 제작과 지석묘의 상석 운반 등 극히 개인적인 차원에서 실험고고학이 진행된 바가 있었으나 최근에는 토기소성의 실험이나 취사실험 등 집단적인 연구가 진행된 바가 있다. 특히 국립나주문화재연구소는 나주 오량동 가마의 발굴조사와 더불어 대형옹관 제작복원 프로젝트를 진행하면서 대형옹관의 가마 및 옹관 제작을 시도하고 있다. 이러한 작업은 학술기관에서 실시한 체계적인 실험고고학의 첫 시도로 평가되고 있다. 그 작업의 하나로 준비된 이번 학술대회에서 실험고고학에 대한 현황과 연구방향에 대하여 검토해 보는 것도 의미가 있을 것이다.

따라서 본 발표에서는 고고학에서 실험고고학의 정의와 연구동향을 살펴보고, 한국고고학에서 실험고고학의 사례를 통해 앞으로 연구방향을 검토해 보고자 한다.

2. 실험고고학의 개념과 연구동향

1) 실험고고학이란?

실험고고학은 고고학적으로 제기된 문제를 실험적인 방법을 통해 조사하고, 연구하는 분야이다. 즉 고고학 자료들을 설명하기 위하여 과거와 동일한 조건에서 실험적으로 그 용도를 연구하는 것이다. 실험고고학은 현재 광범위하게 추구되고 있는 고고학에서의 상사성을 관찰할 수 있는 중요한 방법론이다. 즉 인위적으로 조절된 상황에서 나타나는 상사성을 관찰하는 노력인 것이다. 실험고고학에서는 도구의 용도, 획득, 제작, 사용, 폐기 등을 연구한다. 나아가 실험고고학은 과거와 같은 조건에서 유적의 형성과정이나 사회 복원도 연구하게 된다(최성락 2005; 이성주·김종일역 2010).

한편 일본에서 사용되는 용어 개념을 살펴보면 中口裕(1982:19)는 실험고고학이란 출토된 유물이 과거 세계로부터 포함하고 있는 정보를 해독하는 것을 목적으로 하고, 실험이 그 정보를 해독하는 첫 번째 수단이라고 하였다. 또 堤隆(2000)은 실험고고학이란 "정적인 과거 유물과 유적을 소재로 실험적 연구에 의해 동적인 과거 인간활동의 복원을 시도하고, 또한 고고자료가 받은 인적·자연적 영향 과정을 검증"하는 과학적 방법론이라고 인식하고 있다.

그런데 고고학자들은 실험고고학이라는 용어를 고고학의 문제를 풀어내기 위한 모든 실험을 통칭하는 말로 보면서 이 개념에서 체험학습을 분리시키려 하거나 체험이 가지고 있는 고고학적인 방법으로서의 효과를 무시하기도 하였다. 하지만 체험과 관련된 연구는 분명 '실험에 의한 고고학'의 한 부분임에 틀림없다. 따라서 체험학습도 실험고고학과 관련된 한 부분으로 보려는 경향이 적지 않다.

2) 실험고고학의 방법론

먼저 고고학 연구에서 실험고고학이 차지하는 위치를 살펴보면 다음과 같다. 고고학연구는 考古學 資料의 수집, 분석, 해석이라는 세 단계를 거쳐 이루어진다. 첫 단계인 고고학 자료의 수집단계에는 지표조사와 발굴조사가 있다. 發掘은 단지 유물을 찾아내어 채집하기 위한 것이 아니라 유물과 유구의 상태, 공반관계, 층서관계 등을 찾아내어 당시 사람들의 행위나 생활방식 등을 규명하고자 함이다. 다음 단계인 고고학 자료의 분석은 먼저 시간, 공간, 형태 등 3차원에 대한 연구로 이 과정에서 많은 考古學 方法이 요구된다. 마지막 단계인 고고학 자료의 解釋은 분석의 결과를 종합하고, 類推를 통해 과거 문화를 복원하고 나아가서 이들 문화의 변천을 설명하는 것으로 다양한 考古學 理論을 필요로 하다〈그림 3〉.

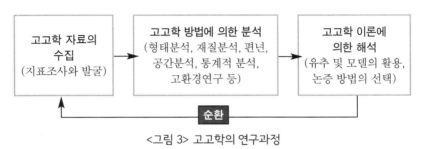

<그림 3> 고고학의 연구과정

여기에서 類推(analogy)란 과거의 인간행위를 알려진 자료(즉 出處)들에 의해 推論(inference 혹은 reasoning; 주어진 자료에서 결론을 도출하는 논리적 과정)하는 과정이다. 고고학에서는 직접 과거 인간들의 행위를 볼 수 없기 때문에 이와 같은 유추를 통해 과거의 행위를 추정하며, 과거 문화를 복원하는 과정의 하나이다. 여기에서 유추의 종류는 크게 두 가지 형태, 즉 특수역사적 유추와 일반비교 유추 등으로 나누어진다. 특수역사적 유추(specific historical analogy)는 동일 지역 내에서 고고학적 문화의 내용과 현존하는 사회가 역사적으로 연속성을 유지하고 있는 경우에 활용될 수 있다. 반면 일반비교 유추(general comparative analogy)는 민족지적 혹은 역사적으로 연계되는 주민들이 더 이상 전통적인 삶을 영위하지 않는 지역이나 민족지 기록이 불완전한 지역에 적용된다. 이러한 類推의 과정에 이용되는 出處(sources)에는 문헌자료, 민족지 자료, 실험고고학 등이 있다. 결국 실험고고학은 고고학 자료를 해석하는 과정에서 인간의 행위를 밝히기 위한 유추에 필요한 출처 중의 하나로 볼 수 있다(최성락 2005).

그런데 실험고고학은 빈포드(L. R. Binford)가 신고고학을 제창하면서 중시하는 중범위이론(middle range theory)과 관련된다. 빈포드는 고고학 이론을 2차원으로 나누어 일반이론(general theory)과 중범위이론(middle range theory)으로 분류하고 있다. 일반이론은 진화론과 전파론 등 문화인류학의 문화이론을 비롯하여 사회학 또는 철학 등에서 연구되고 있는 이론들이다. 한편 중범위이론은 오늘날의 고고학 자료와 과거에 일어났던 행위 사이의 간격을 좁히는 여러 이론들이다. 즉 중범위이론은 민족지고고학이나 실험고고학 등을 이용하여 고고학 자료로부터 과거 행위를 유추하는 과정인 추론(reasoning)과 유적형성과정(site formation process) 등에 대한 이론을 말한다.

또한 실험적인 연구는 칼 포퍼(Karl Popper)의 과학에 대한 命題를 따르게 된다. 즉 이론 또는 가설이란 주의깊은 관찰과 측정을 동반한 실험이라는 수단을 통해 검증되어야 한다는 것이다. 실험의 결과는 가설로 제기된 생각을 반증할 수도 있고, 이론적인 제안을 다듬어 낼 수도 있다. 실험의 결과를 통해 가설을 완벽히 증명해낼 수는 없겠지만 타당함의 가능성은 보여줄 수 있다(이성주·김종일역 2010).

그리고 中口裕(1982:22-26)는 실험고고학의 구조를 다음과 같이 설명하고 있다. "현재와 과거 사이에는 눈으로 볼 수 없지만 깊은 深淵이 존재한다. 고고학은 유적과 유물을 매개로 과거 사람들의 역사를 연구하는 학문이다. 실험고고학은 그 深淵에 다리를 놓는 것으로 과거의 정보를 얻는 수단이라는 것이다. 즉 과거 유물 A로부터 정보를 얻어 이를 기초로 유물 B를 만들어 보는 과정을 반복한다면 이는 二重證明이 된다. 이러한 과정 통해 과거와 현재 사이에 二重證明이라는 다리가 생긴다."〈그림 4〉

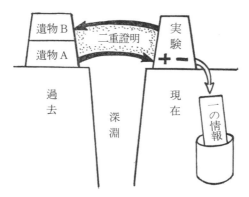

<그림 4> 실험고고학의 구조(中口裕 1982:23)

한편으로 실험고고학에서 실험의 과정은 완벽하게 기록되어야 한다. 이와 같은 완벽한 기록을 통해 다음 실험들이 이전의 연구를 재현해 볼 수 있도록 해주어야 한다. 이 방식으로 무엇이 부적절한 전제이며 무엇

이 부정확한 가설인지 판단할 수 있게 해 준다. 이러한 절차를 통해 실험고고학은 이론과 방법론을 다듬어 나갈 수 있도록 해주는 중요한 도구가 될 수 있다. 또한 고고학의 문제가 과연 무엇인지 그것을 어떻게 풀어야 하는지에 대해 명료하게 파악되고 정의되어야만 그에 합당한 실험이 가능하다. 그리고 실험에 영향을 미치는 변수나 요인에 대해서도 잘 검토해 두는 것이 필요하다. 그 중 어떤 것은 변화되고 또 다른 것들은 상수처럼 변하지 않으므로 측정과 변화의 관찰에 대한 기록이 유지되어야 한다.

실험고고학은 눈에 보이는 문제, 너무나 사실적인 문제를 다루는 분야로 흔히 여겨지지만 실은 비법이나 불가사의한 문제를 해명하는데 공헌할 수도 있다. 이를테면 어떤 실험고고학 연구는 環狀列石과 같은 선사시대 거석기념물을 설계하는 방법을 탐구하고, 도구사용의 기원을 설명하기 위한 아이디어를 제3의 대상을 통해 얻어내려고 보노보 침팬지의 도구사용능력을 조사하며, 뼈 피리의 음정조절과 관련되는 체계가 존재했던가 하는 문제를 분석해 볼 수도 있다(이성주·김종일 역 2010).

그런데 실험고고학에 대한 비판도 없지 아니하다. 즉 佐原眞은 실험고고학을 비판하면서 "실험적 연구에 종사하는 사람은 많은 가능성 중에서 선택된 방법으로 실험하여 성공하면 그 외의 다른 방법이 없다고 착각하고, 그것이 어디까지나 실험의 범위를 벗어나지 않는 것을 망각하고 마는 것이다."고 말하였다(中口裕 1982:39에서 재인용).

결국 실험고고학은 주어진 변수, 즉 상황을 비교적 정확히 파악할 수 있을 뿐만 아니라 변화의 과정을 일목요연하게 관찰할 수 있다는 이점이 있으나 주어진 모델이 꼭 고고학적인 현상을 그대로 반영한다고 할 수 없는 약점도 있다.

3) 실험고고학의 연구동향

실험고고학은 일찍부터 고고학의 관심대상이 되었다. 고고학자들은 고고학 자료의 편년이나 기본적인 성격이 파악되고 나면 당연히 제작기술이나 용도에 관심을 가지게 된다. 그래서 서양고고학에서 실험고고학에 관심을 가진 것은 고고학이 형성된 초기부터이다.

존 콜스(J. Coles)는 실험고고학을 크게 3분야로 분류하고 있다. 즉, 식량의 생산, 중공업, 경공업 등이다. 식량생산과 관련된 실험에는 숲의 제거와 곡물, 경작, 수확, 음식물의 저장, 음식의 준비와 소비 등이 있고, 중공업에는 집의 건축과 파괴, 땅일과 침식, 석재의 운반과 세움, 배와 여행 등이 있으며, 경공업에는 돌 작업, 목제 작업과 무기, 골각기와 패류, 금속기, 가죽과 직물 등의 실험을 언급하고 있다(Coles 1973).

그리고 일본에서의 실험고고학은 비교적 일찍 20세기 초엽부터 시작되었다. 특히 승문토기의 제작과정과 청동기의 제작과정에 대한 실험 등이 처음으로 시도된 바가 있다. 中口裕은 일본에서 실험고고학의 내용을 잘 소개하고 있다. 즉 석기의 穿孔과 磨研, 방추차의 발명, 토기의 발명, 옥의 제작, 청동기와 다뉴경의 제작, 동과와 동탁의 제작, 거울의 제작 등 다양한 유물에 대한 제작실험이 주류를 이루고 있다(中口裕 1982).

그런데 대규모적이고, 체계적인 실험고고학 연구는 1960년대 유럽에서 이루어졌다. 그 대표적인 예가 영국 남부 오버튼 다운(Overton Down)에서 실험적으로 건설된 토루를 들 수 있다〈그림 5〉. 이 토루는 백악과 토탄으로 길이 21m, 너비 7m, 높이 2m로 쌓은 견고한 둑이며 그와 더불어 도랑 하나가 나란히 파졌다. 실험의 목적은 시간의 흐름에 따라 둑과 도랑이 어떻게 변하는지와 1960년 토루에 묻은 토기, 가축 구리고 직물 같은 물질들이 어떤 일이 일어나는지를 평가하는 데 있었다. 1960년 이후 2, 4, 8, 16, 32, 64, 128년 간격으로(실제 연도로는

1962, 1964, 1968, 1976, 1992, 2024, 그리고 2088년) 둑과 도랑을 가로지르는 절개작업을 하였거나 할 예정이라고 한다. 그 결과 둑의 높이가 낮아지고, 도랑이 아주 급속하게 메워졌으며, 묻혔던 물질도 점차 변화됨을 알 수 있었다(이희준역 2006:57).

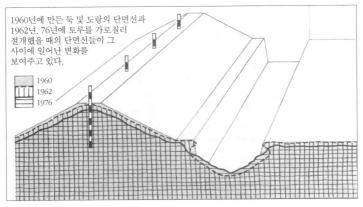

<그림 5> 영국 남부지역 오버튼 다운에서의 실험적인 토루(이희준역 2006:57)

또 다른 사례로는 덴마크의 대규모 테마파크인 라이예(Lejre)가 있다. 이것은 철기시대 주거지의 발굴을 토대로 1964년 주거의 화재실험을 위해 실험고고학 세트를 설치한 것이 시초였다. 이후 실험고고학을 위한 장소로 꾸준히 이용되어 지금은 실험적 연구에 관심을 가진 각 분야의 고고학자들을 위한 대규모 복합실험장이 되었다. 각종 실험고고학을 위한 세트가 마련되어 있고, 라이예에서는 전통기술을 지닌 장인으로부터 플린트석기 제작자까지 실험의 전문가들을 만날 수 있다. 그리고 지금은 다양한 소재의 체험장과 생태경관, 그리고 복원된 선사유적 등이 도입되어 아름다운 덴마크의 전원풍경을 배경으로 약 43ha에 걸친 교육, 체험, 관광의 명소로 발전하였다(이성주·김종일역 2010).

3. 한국에서 실험고고학의 사례

1) 실험고고학

실험고고학과 직접 관련되지는 않지만 한국고고학에서 최초의 실험적인 작업은 1965년에 실시된 소사 두개총의 발굴조사라고 볼 수 있다. 당시 서울대학교 고고인류학과의 김원용교수와 4학년생들은 소사 제일신앙촌의 문화복원을 위하여 당시에 형성되어 있었던 쓰레기터인 두개총을 발굴조사하고, 이를 분석하였다(조유전 1976). 이러한 작업은 문화복원을 위한 최초의 실험적인 연구라고 볼 수 있다. 이것은 제외한다면 한국고고학에서 실험고고학에 대한 관심은 아주 늦게 시작되었다. 즉 1990년대에 들어서면서 유물과 유구의 제작방법이나 복원에 관심을 가지게 된다. 실험고고학의 대상은 주로 석기, 토기, 기와, 청동기 등 유물과 화덕 및 가마 등 유구가 거의 전부라고 볼 수 있다.

먼저 석기는 주로 구석기에 대한 제작실험이다. 석기에 대한 제작실험은 여러 차례 시도된 바가 있으며 한편으로 석기제작과정과 관련된 실험적인 연구들(장대훈 2007; 박성탄 2008)이 시도된 바가 있다. 특히 장대훈은 거창 정장리 구석기유적에서 확인된 광범위한 석기제작소내에서 확인된 다양한 석기군들과 접합유물자료들을 통해 석기제작소 내에 이루어진 역동적인 구석기인들의 행위로 복원하고자 실험고고학적 방법을 시도하고 있는데, 특히 접합석기를 통해 유물의 제작기법과 분포 범위를 검토하였다.

다음으로 토기의 제작방법과 복원에 대한 연구가 가장 집중적으로 이루어졌다. 즉 선사시대 토기의 제작방법의 복원(김희찬 1996; 임학종·이정근 2006), 태토 및 첨가제가 소성품에 미치는 영향 규명(김미란 1995; 김희찬 1996), 토기 소성시 생산품에 확인되는 다양한 소성흔 분석(庄田愼失 2006; 소상영 외 2007), 송국리형옹관의 소성과 사용방법

(손준호·庄田愼失 2004), 삼국시대 소성기술 연구(조성원·홍진근 2010) 등이 이루어졌다. 그리고 토기 소성유구 변화양상에 대한 실험 고고학적 접근(조대연 외 2010), 낙랑 盆形土器와 기와의 복원(정인성 2006), 아궁이틀의 복원(노미선 외 2010), 고려평기와의 제작실험(이 수경 2011) 등도 이루어졌다.

청동기의 복원에는 약간 특이한 연구가 있다. 즉 숭실대학교 한국기 독박물관에서 실시한 소장 청동기에 대한 종합연구에서 거푸집을 이용 한 가상주조이다. 이것은 청동기의 제작실험에 해당하는 것으로 실제 로 청동기를 제작하지는 않았지만 그 결과를 관찰할 수 있다는 점에서 새로운 시도이다.(조선진·이재욱 2011) 그밖에 호남문화재연구원에서 는 전주 갈동유적에서 출토된 청동거푸집의 모형을 이용하여 청동검을 제작하는 실험을 시도한 바가 있다.

이상의 연구는 개인적인 차원에서 이루어진 단편적인 것에 지나지 않 았다면 비교적 집단적이면서 계획적으로 이루어진 몇몇 사례가 있다. 첫 번째 사례로는 한국고고환경연구소에서 실시한 토기소성에 관한 실 험연구이다. 이것은 2005년 11월 국제학술대회와 관련된 행사에서 일 본 연구자들의 도움을 받아 토기소성실험을 한 바가 있는데 이를 발전 시켜 관련논문을 모아『土器燒成의 考古學』을 발간한 바가 있다. 이 책 에서는 먼저 일본고고학에서 야외소성 기술에 대한 실험고고학적 연구 사를 정리하면서 토기 성형에 나타나는 흑반의 문제, 토기소성실험의 성과보고, 무문토기와 경질무문토기의 소성방법 등이 다루어지고 있다 (한국고고환경연구소편 2007).

두 번째 사례로는 순수하게 우리 연구자들의 모임인 음식고고연구회 (구 식문화연구회)에서 2008년 몇 차례의 야외실험과 학술대회를 거치 면서 이루어진 성과를 하나의 단행본으로 엮어『炊事實驗의 考古學』을 출간하였다. 이 책은 그간의 여러 차례 실험을 정리한 것으로 부뚜막,

노지, 토기의 제작실험과 함께 장란형토기, 심발형토기, 시루의 조리실험에 대한 분석과 해석을 다루고, 끝으로 취락실험으로 본 삼국시대 취사와 음식문화에 대하여 다루고 있다(음식고고연구회 2011).

세 번째 사례로는 토기가마의 복원 시도이다. 즉 토기가마 복원실험연구회는 양산 호계동 삼국시대 토기가마 복원과 소성실험을 시도하였다. 실제로 가마를 제작하고 토기를 소성하면서 가마의 복원, 토기의 성형, 토기의 소성과정을 실험하였고, 토기 가마와 관련된 민족학적 연구도 함께하고 있다(토기가마 복원실험 연구회 2009).

그리고 가장 계획적이고 대규모적으로 이루어진 사례가 바로 국립나주문화재연구소의 "대형옹관복원 프로젝트"이다. 이 연구는 장기적인 계획에서 옹관가마의 복원과 더불어 대형옹관의 복원을 시도하고 있다. 지금까지 수 차례의 학술대회를 통해 복원방법에 대한 논의를 하였고, 또 직접 옹관가마를 만들어 대형옹관을 제작하는 실험도 하였다. 자세한 내용은 별도의 발표가 있기 때문에 여기에서 생략한다.

그밖에 후기 구석기시대 막집의 복원(박희현 1990)이 시도되었고, 지석묘의 복원실험(최성락·한성욱 1989), 선사시대 식생활의 복원연구(김건수 2003, 2009)가 시도된 바가 있다. 특히 식생활의 복원연구는 선사시대 도토리의 조리방법에 대한 연구와 전통적인 소금제조방법을 통해 선사시대 소금의 제조방법을 유추해 보고자 하는 연구이다.

이상의 실험고고학의 사례를 종합해 보면 실험의 대상이 극히 제한적임을 알 수 있다. 특히 실험고고학이 토기의 제작과 소성방법에 집중되었다고 볼 수 있다. 실험고고학이 과거 사람들의 문화를 복원하는 것이라면 다양한 분야에서의 연구가 필요하다고 생각한다.

2) 체험학습

체험학습은 국립박물관을 비롯한 각 박물관의 체험교실과 문화유산을 활용한 각 지역의 축제에서 시행되고 있는 선사체험 등이 있다. 각 박물관에 설치되어 있는 체험교실은 정적이고 엄격하게 통제되고 있는 전시실의 범주에서 벗어나 관람객이나 어린이들에게 직접 유물을 만지고 느끼게 하기 위한 공간으로 비록 복제된 유물이나 모형 등을 활용하지만 과거 유물을 쉽게 접하고 이해하게 하는 역할을 하고 있어 이를 참관하는 사람들에게 고고학을 간접적으로 알게 하는 역할을 하고 있는 것이 사실이다.

또한 각 지역에서 행해지는 문화유산과 관련된 축제로는 경기 연천 전곡리 구석기축제를 비롯하여 서울 강동 선사문화축제, 경기 도자기축제, 울산 장생포 고래축제, 인천 강화 고인돌 축전, 충남 부여 백제문화제, 공주 석장리 선사문화제 체험축제, 부여 송국리 선사놀이 축제, 경북 고령 대가야 체험축제, 전북 고창 고인돌 축제, 전남 화순 고인돌 축제, 강진 도자기 축제 등 10여 곳이 넘고 있다. 이러한 지역 축제의 프로그램 속에는 다양한 선사체험 프로그램이 포함되고 있다(정원기 2011).

이상과 같이 체험학습은 실험고고학과 직접 관련이 없이 별도로 진행되는 경우가 거의 전부이다. 다만 고고학적 지식을 활용하여 어린이들에게나 일반인들에게 흥미를 주고 대중고고학의 한 축을 담당한다는 점에서 의미가 있지만 학술적인 의미는 적다고 볼 수 있다. 일부 지역축제와 관련된 야외체험장이 설치된 곳이 있지만 그곳에서 이루어진 결과가 체계적으로 보고되지 못하는 것이 현실이다. 하지만 체험학습이 이루어지고 있는 실내공간이나 야외체험장 등 일정한 공간을 확보하고 있다는 점은 매우 유리한 부분이 많다. 따라서 이러한 공간을 활용하여 실험고고학 전문가가 직접 제작실험을 시도하고, 한편으로 참가자들에게 직접 보여줌으로써 체험학습을 겸한다면 그 의미가 더욱 커질 것이다.

4. 실험고고학의 연구방향

지금까지 한국에서 이루어지는 실험고고학은 매우 제한적이라고 볼 수 있다. 이를 극복하기 위해서는 몇 가지 방안을 제안해 보고자 한다.

첫째, 실험고고학을 연구하는 전문연구자가 필요하다. 한국고고학에서는 실험고고학 연구방법론의 확립이 필요하지만 이를 체계적으로 연구하는 전문연구자의 출현이 더 시급하다고 볼 수 있다. 또한 한국에서는 토기의 제작과 소성을 제외하면 다른 분야의 실험이 극히 부진하기 때문에 실험고고학의 대상과 범위를 더욱 넓혀야 할 것이다.

둘째, 실험고고학에서는 자연과학의 실험과 같은 성격을 가진 것으로 과학적 분석을 겸하여야 하고, 철저하게 기록을 남겨야 한다. 고고학에서는 과거 사람들과 유사한 방식으로 토기를 굽고, 석기나 청동기를 만드는 복원실험을 하게 된다. 이러한 복원실험을 하기에 앞서 그 방법에 관한 정보를 대상물의 과학적 분석이나 민족지고고학에서 얻는 경우가 많다. 그리고 복원실험에서 얻어진 결과물에 대한 과학적 분석을 통해 검증도 이루어져야 한다. 이와 더불어 복원 과정이 나타나는 모든 현상을 자세하게 기록해 두어야 한다. 왜냐하면 실험은 그 자체가 자연과학적인 방법으로 일정한 절차와 방법에 의해 동일한 결과를 낳아야 하기 때문이다.

셋째, 실험고고학은 체계적인 계획 하에 장기적으로 이루어질 필요가 있다. 한국고고학에서는 대부분의 실험고고학이 개인적인 차원에서의 이루어지고 있다. 실험고고학이 자리 잡기 위해서는 본격적으로 실험고고학을 위한 실내연구실이 만들어지거나 야외에서 상시 실험고고학이 이루어질 수 있는 일정한 공간의 확보가 필요하다. 따라서 개인 차원의 실험고고학도 필요하지만 연구단체나 학술연구기관의 차원에서 실험고고학이 실행되어야 한다.

넷째, 실험고고학은 고고학의 문화복원이라는 목적 이외에도 일반인 들에게 고고학을 널리 알리기 위한 체험학습으로도 유익하게 이용될 수 있다. 한국에서 체험학습은 실험고고학의 범주에서 벗어나 별도로 준비되고 지역축제와 더불어 하나의 행사로 진행되는 경우가 대부분이다. 이러한 체험학습이 좀 더 내실화하기 위해서는 실험고고학의 방법론에 기초하여야 한다. 역으로 말하면 실험고고학은 고고학을 검증하는 과정과 함께 대중화를 위한 과정이 포함되어야 한다는 것이다(이헌종 2006). 한국고고학이 지니고 있는 큰 문제점은 발굴현장이 일반인 들에게 거의 공개되지 못하고 있는 등 고고학의 대중화에 어려움이 많다. 만약 실험고고학에 기초를 둔 체험학습이 활성화된다면 이를 통해 고고학의 대중화에게도 크게 기여할 수 있을 것이다.

5. 맺음말

이상과 같이 실험고고학의 개념과 연구동향을 살펴보면서 한국에서 이루어지는 실험고고학의 현황과 앞으로의 연구방향을 검토해 보았다. 실험고고학은 고고학적으로 제기된 문제를 실험적인 방법을 통해 조사하고, 연구하는 분야이다. 즉 고고학 자료들을 설명하기 위하여 과거와 동일한 조건에서 실험적으로 그 용도를 연구하는 것이다. 서양에서의 실험고고학은 고고학이 형성되면서 시작되었으나 체계적이고 본격적인 연구가 1960년대 이후에 이루어졌다.

한국에서 실험고고학은 아직 초보적인 단계에서 크게 벗어나지 못하고 있다. 이를 극복하기 위해서는 실험고고학 연구방법론의 확립과 더불어 이를 연구하는 전문연구자가 필요하며 이와 더불어 그 대상과 범위가 한층 넓어져야 할 것이다. 실험고고학은 자연과학의 실험과 마찬

가지로 과학적인 분석과 철저한 기록이 요구된다. 또 실험고고학을 전문적으로 실시하기 위한 공간의 확보가 요구되는 데 가장 이상적인 것은 실험고고학과 체험학습을 겸할 수 있는 장소가 마련되는 것이다. 이것은 고고학 연구뿐만 아니라 고고학의 대중화에도 필요한 일이다. 이러한 일을 국립나주문화재연구소에서 시작할 수 있을 것이라는 예상은 필자만의 지나친 기대가 아니길 바란다. (「한국에서 실험고고학의 추이와 최근 연구동향」, 『실험고고학에서의 대형옹관 제작기법』, 제4회 고대옹관 국제학술세미나, 국립나주문화재연구소, 2011)

참고문헌

김건수, 2009, 「소금의 민족지고고학적 접근」, 『도서문화』34, 목포대학교 도서문화연구소.

김건수, 2003, 「견과류 식과 보존에 관한 일고찰」, 『목포대학교박물관 20주년 기념논총』, 목포대학교 박물관.

김미란, 1995, 「원삼국시대의 토기 연구-토기의 제작실험 및 분석을 통하여」, 『호남고고학보』2, 호남고고학회.

김희찬, 1996, 「빗살무늬토기의 소성에 대한 실험적 분석」, 『고분화』49, 한국대학박물관협회.

노미선·조희진·하진영, 2010, 「삼국시대 아궁이틀의 연구-아궁이틀의 제작과 사용실험을 바탕으로-」, 『호남고고학보』35, 호남고고학회.

박성탄, 2008, 「영산강유역 중기-후기 구석기시대 과도기 석기제작기법 연구」, 목포대학교대학원 석사학위논문.

박희현, 1990, 「창내의 후기 구석기시대 막집의 구조와 복원」, 『박물관기요』6.

소상영 외, 2007, 「신석기시대 토기 제작과정에 대한 실험적 연구」, 『야외고고학』3, 한국문화재조사연구기관협회.

손준호·庄田慎失, 2004, 「송국리형옹관의 소성 및 사용방법 연구」, 『호남고고학보』11, 호남고고학회.

음식고고연구회, 2011, 『炊事實驗의 考古學』, 서경문화사.

이성주·김종일역, 2010, 『考古學의 主要槪念』, 도서출판 고고(Renfrew, C. and P. Bahn ed. 2005, *Archaeology The Key Concepts*, Routledge).

이수경, 2011, 「영산강유역 고려시대 평기와 연구」, 목포대학교대학원 석사학위논문.

이헌종, 2006, 「선사생활체험과 문화생태 교육 및 축제」, 『선사시대로의 초대』, 목포대학교다도해문화콘텐츠사업단.

이희준역, 2006, 『현대 고고학의 이해』, 사회평론(Renfrew, C. and P. Bahn 2004, *Archaeology: Theories, Methods and Practice*, Thames and Hudson).

임학종·이정근, 2006, 「선사토기 제작실험」, 『한일선사시대의 고고학』, 영남고고학회·구주고고학회 제7회 합동고고학대회.

장대훈, 2007, 「거창 정장리 구석기유적의 석기제작소 연구」, 『영남고고학보』48, 영남고고학회.

정원기, 2011,「문화유산을 활용한 지역축제 활성화」, 목포대학교대학원 석사학위논문.

정인성, 2006,「복원실험을 통해 본 樂浪 盆形土器와 평기와의 제작기법」,『한국상고사학보』53, 한국상고사학보.

조대연 · 김진 · 정현, 2010,「신석기시대 및 청동기시대의 토기 소성유구 변화 양상에 관한 일고찰–실험고고학적 접근을 중심으로–」,『호서고고학』23, 호서고고학회.

조선진 · 이재욱, 2011,「숭실대학교 한국기독교박물관 소장 거푸집을 이용한 가상주조」,『거푸집과 청동기』, 숭실대학교 한국기독교박물관.

조성원 · 홍진근, 2010,「燒成實驗을 통해 본 三國時代 소성기술 연구」,『야외고고학』9, 한국문화재조사연구기관협의회.

조유전, 1976,「두개총 발굴을 통한 소사 제일신앙촌의 문화복원」,『문화재』10, 국립문화재연구소.

최성락, 2005,『고고학입문』, 학연문화사.

최성락 · 한성욱, 1989,「지석묘 복원의 一例」,『전남문화재』2, 전라남도.

토기가마 복원실험 연구회, 2009,「양산 호계동 삼국시대 토기가마 복원과 소성실험」,『갈등과 전쟁의 고고학』, 제33회 한국고고학 전국대회.

한국고고환경연구소편, 2007,『土器燒成의 考古學』, 서경문화사.

中口裕, 1982,『實驗考古學』, 雄山閣.

堤隆, 2000,「實驗考古學」,『用語解說 現代考古學의 方法과 理論』Ⅱ(安齊正人編), 同成社.

北野博司, 2007,「토기 야외소성 기술에 대한 실험고고학적 연구의 발자취」,『土器燒成의 考古學』, 서경문화사.

庄田慎失, 2006,「청동기시대 토기소성방법의 실증적 연구」,『호남고고학보』23, 호남고고학회

Coles, Jone, 1973, *"Archaeology by Experiment"*, Scribners.

제3절 고고학에서 영상의 필요성과 영상고고학

1. 머리말

오늘날 우리는 디지털 테크놀로지 기반의 정보화시대를 살아가고 있
다〈그림 6〉. 인류 문화와 시각의 연장으로서 영상[22]은 디지털 테크놀

---

22) 영상(映像, Image)이란 단어는 원래 그림과 같이 실재하는 대상의 닮은꼴이나 마
음에 떠오르는 심상 등의 의미로 쓰였다. 근대에 이르러서 그 뜻이 변하여 사물의
모습이 반영된 상이라는 의미를 지니게 되었다. 어쨌든 영상의 의미는 매우 광범
위한 것으로 우리나라에서 영상이라는 용어가 일반화되기 시작한 것은 대체로
1960년대에 TV가 본격적으로 보급되면서부터라 하겠다. 엄밀한 의미에서 '영상'
이라는 표현을 사용할 때에는 소리의 요소가 배제된 '시각적 요소'만을 의미하지
만 오늘날에는 소리의 요소를 포함하는 개념으로 사용되고 있다. 또한 영화와 TV
프로그램과 같은 동영상(Moving Image 혹은 Motion Picture)만으로 한정하여 영
상의 개념을 사용하는 경우도 많지만, 본래는 정지영상(사진, 2D 그래픽 등)까지
를 포함한 개념이다. 이 글에서는 영상의 개념을 대체로 동영상에 초점을 두고 기
술한다.

로지와 결합하면서 사회 변화를 이끌어냈다. 다. 자연과학, 사회과학뿐 아니라 인문학에도 영상매체의 영향과 잠재력은 빠르게 투영되어 흥미로운 학제적 연구 방법으로 부상하게 되었다(Pink 2007).

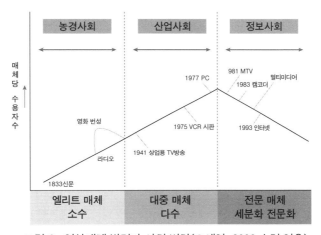

<그림 6> 영상매체 발전과 사회 변화(오세인, 2006 수정 인용)

대표적으로 문자라는 기록 자료에 의존해 왔던 역사학 분야에서는 디지털 영상기술의 발전으로 인해 역사 기록이 더 이상 역사가만의 몫이 아니며 일반인도 역사 기록의 주체가 되는 새로운 시대의 출현을 선언한 바 있다(김기덕 2005: 37). 또 인류학에서는 사진과 영화의 출현과 함께 영상을 주체적 서술수단이자 학문적 도구로서 입체적인 연구에 활용하고 있으며(임영상·방일권 2004: 122), 민속학에서는 소멸되어가는 보존 가치가 높은 문화적 전통을 기록화 한다는 측면에서(김기덕

---

23) 국립문화재연구소에서는 매년 중요무형문화재들을 영상물로 제작·배포 하고 있다. 고고학에 있어서도 유적의 경관적 가치 및 기록유산으로서 영상물 제작에 관한 검토와 이에 따른 제작 지원이 있어야 할 것이며, 각각의 지방문화재연구소에서 수집되고 있는 중요 유적의 영상자료를 종합적으로 처리하기 위한 방안이 수립될 필요가 있다.

2002: 16) 일찍부터 영상을 주목하여 이를 기록 자원으로 효과적으로 아카이브하기 위한 실천적 노력을 기울이고 있다[23].

최근 고고학 분야에서도 진일보하고 있는 영상장비에 대한 접근과 편리의 향상에 따라 발굴조사에 대한 기록적 수단으로 영상을 활용한 방안들이 제시되고 있다(박순홍 2005: 1-2). 하지만 그 범위는 여전히 제한적이거나 단편적이며, 방법론적 고찰이 부족한 실정이다. 더욱 우려되는 것은 고고학에서 영상기록과 영상아카이브 방안의 부재이며, 미디어 문해력 부족이다. 이는 시급하게 검토해 보아야 할 사항이다. 영상기록과 매체에 대한 인식의 부족은 한국 고고학의 연구 영역의 확장과 연구의 다양성 부족과 같은 근본적인 체제에 기인하고 있어 아쉬움이 크다 하겠다.

따라서 이 글에서는 고고학에서 영상기록(광의적 비주얼 도큐멘테이션)의 필요성을 알아보고, 영상고고학의 정의 및 이를 학문적으로 형성·발전하기 위한 연구방향을 제시해 보고자 한다.

2. 고고학에서 영상의 필요성

1) 기록 수단, 즉 영상매체의 변화

영상은 사회 지향적이고 동시대적이며 현재 우리들의 생활과 삶에서 떼어 놓을 수 없는 하나의 문화이다(Silverstone 1994: 159). 오늘날 우리가 접하는 모든 미디어 형태는 기능적으로 움직이는 畵像의 형태로 진화하고 있으며, 표현·제작·유통의 보편성과 복제나 활용의 유연성을 바탕으로 점차 적용 범위가 넓어지고 있다. 이러한 매체의 중심에 우리가 흔히 캠코더라 부르는 장치가 있다. 캠코더는 카메라와 비디오 카세트 레코더(VCR)의 합성어로 비디오 카메라와 녹화, 재생 장치를 일체화한 것을 의미 한다(오세인 2006: 325). 휴대성과 편의성이 향상된 캠코더의 보급을 통해 우리 생활의 많은 부분은 변화되면서 정보 수용자로서의 수동적 개인의 삶을 능동적인 정보 전달자로 변화시켜 주었다. 카메라로 연상되는 사진이 "결정적 순간"[24]을 가장 극명하게 보여주는 매체라면 캠코더로 대변되는 동영상은 결정적 순간을 음성을 포함하여 연속된 과정으로 표현하는 매체이다〈그림 7〉.

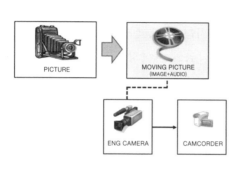

<그림 7> 기록 수단과 장치의 변화

인류학·사회학 등에서는 영상을 연구 자료로서 일찍부터 관심을 가지고 활용해 왔다(박경하 2002: 46). 특히 학술조사 업무에 있어서 영상과 그 장비의 폭넓은 활용이 두드러지는데, 흔히 볼 수 있는 사례로 현지조사에 있어 정보를 담아내는 영상장비(흔히 카메라, 캠코더로 통칭되는 촬영도구)를 가지고 다니는 일은 너무나도 당연한 것이다(칼 하이더 1992). 인문학 연구에 있어 영상에 관한 이러한 관심은 효과적인 자료수집과 유용한 현장조사 기록 수단으로부터 시작한다. 영상은 현장조사에서 글로 표현하기 어려운 사건의 전체적 상황을 시각 이미지로 담아내고, 전체 장면(scene)을 그려내고, 사람들 감정의 흐름을 포착하기에 나중에 글로 쓰는 것보다 맥락(context), 아우라(aura) 등을 표현하기에 유용하기 때문이다(조경만 2003). 영상장비를 활용한 영상작업은 조사기록과 기록물 제작뿐 아니라 조사과정 전반의 질을 높이는 수단

24) 프랑스의 사진가 앙리 카르티에 브레송(Henri Cartier-Bresson)의 사진집 『Image a la Sauvette』에서 유래된 말로 현대 사진의 영향력과 메세지를 강렬하게 나타내는 표현이다.

으로도 사용되고 있다(김영훈 2002: 75). 김영훈(2002: 50)의 견해에 따르면 현지조사에서 영상의 도입은 명백한 이점을 지니고 있는데, 영상은 현장의 모습을 사실적으로 그려내고 무엇보다 사라져가는 현장의 역사를 오래도록 담아 놓을 수 있으며, 인간행동을 시청각을 통해 직접 관찰하는 것은 장문의 묘사를 읽는 것보다 월등한 생동감을 느끼게 한다는 것이다.

현재 동영상은 뛰어난 기동성과 가용성을 보유하면서도 조사의 객관성을 유지하며, 조사 대상이 지닌 지리적, 색채적, 물리적 환경 등을 재연해 낼 수 있으며, 훗날 이를 광범위한 지식정보로 제공할 수 있는 자료인 것이다. 이러한 자료는 향후 학술적으로 활용될 수 있는 것이며, 우리의 문화유산이나 전통 혹은 의미 있는 유무형적 가치와 경관을 알리고 보존할 수 있는 '수준 높은 영상콘텐츠'의 배경이 될 수 있을 것이다[25].

따라서 영상장비의 발달과 미디어 환경의 변화로 인해 유적의 발굴과정에서 그 동안 사용되었던 사진에 의한 기록만으로는 한계에 다다랐다고 본다. 이제 동영상에 의한 기록도 병행되어야 할 시기가 온 것이다.

2) 발굴과정의 콘텐츠화

고고학은 과거 인류가 남긴 물질자료의 세밀한 발굴과 기록을 통해 연구가 이루어진다. 대체로 기록이라고 하는 것은 객관성을 지니는 것

---

25) 최근 3D · VR(Virtual Reality) · AR(Artifical Reality) 등을 응용한 문화유산의 복원 프로젝트가 전시콘텐츠를 중심으로 활발히 이루어지고 있다. 향후 현장의 조사과정뿐만 아니라 문화유산의 창출 및 활용 그리고 보존 분야에서도 영상을 이용한 작업은 활발해 질 전망이다. 다만 이러한 작업에 임함에 있어 해당 분야의 전문가의 철저한 자문(가능하면 크로스 체크의 형태)은 물론이고 그 근거를 분명히 밝혀야 할 것이다.

으로 간주되고 다양한 기록의 방법들은 그 사회와 학문적 범주 내에서 일정한 보편성과 규칙성을 지닐 것을 요구받고 있다.

현장조사를 통해 자료를 획득하는 고고학의 특징으로 볼 때, 발굴과정의 기록이라는 것은 고고학 연구의 출발이다. 특히 발굴 과정에 있어 유구나 유물이 출토되는 경우, 모든 과정은 철저히 기록되어야 한다(최성락 2005: 123). 왜냐하면 정확한 기록은 고고학자들의 의무이며, 고고학 연구자들에게 있어 기록은 (조사 결과의 보고서를 통해) 연구 성과를 입체화시키는 필요조건이자 과제이다. 또한 기록은 자료의 분석과 해석을 제공하는 필수적인 요소로서 소홀히 할 수 없는 것이며 더불어 고고학의 연구 목적 재현을 위해서는 충실한 시각 자료가 필수적이다. 이 때문에 시각자료의 기록과 보존을 위한 연구는 고고학 분야에서도 필요한 것이다.

고고학 발굴조사에서의 기록은 현장조사일지, 유구와 유물의 사진 및 실측도면, 그리고 유적의 조사과정과 분석한 자료를 함께 묶은 발굴보고서 등이 있다. 이 중에서도 조사과정을 촬영한 사진자료는 객관적인 시각에서 만들어진 기록이다. 즉 조사의 전후에 촬영하는 항공사진을 포함하여, 유적 전경, 유구 및 유물의 노출상태, 조사모습 등의 사진은 측량도면, 실측도면 등과 함께 조사 당시의 상황을 면밀히 살펴볼 수 있는 중요한 자료로 평가받고 있다(최성락 2005: 124).

사진은 해석에 따라 주관적으로 판단되기도 하지만 기계론적으로 카메라는 렌즈를 통해 사물의 화상을 최대한 주관을 배제한 채 묘사하고 있다는 것이 사실이다. 하지만, 기록 방식에 있어서는 사진과 동영상은 다른 조건하에 있다. 이에 대해 박순홍은 현장의 여러 제약조건을 고려하여 사진과 동영상의 대비되는 구별은 조사 '과정'에 있어서 생략 유무로 제시한 바 있다(박순홍 2005: 24-25). 즉 동영상은 사진이 가진 결정적 순간을 기록함은 물론이고, 전체적인 조사과정을 비교적 상세하게 기록할 수 있을 뿐만 아니라 누구도 의문을 제기할 수 없는 확실한 증거로서 역할을 하며, 가장 신뢰할 수 있는 자료이다(Ruby 1996; 심재석 2006). 그럼에도 불구하고 여전히 고고학 발굴현장에서의 동영상기록은 사진만큼 필수적인 것으로 취급받고 있지 않다.

유적의 발굴과정을 담아내는 영상은 또한 콘텐츠로서 얼마든지 가치 있는 문화자원이 될 수 있는 것이다. 특히 고고학 유적을 시각화하는 것은 지식 생산의 맥락에서 앞으로 더욱 중요한 일이 될 것이다 (Molyneaux 1997).

최성락(2001: 239)은 지난 2000년 제24회 전국고고학대회 '21세기 한국고고학의 연구방향' 발표를 통해 다음과 같이 고고학에서 영상 기록의 중요성을 언급한 바 있다.

> "21세기는 디지털시대이므로 유적의 발굴 과정이 영상으로 제작 되어야 하고 활용되어야 할 것이다. 유적의 발굴과정에 대한 영상자 료도 귀중한 문화자원이기 때문에 '수준 높은 영상'자료의 체계적 제작과 활용이 중요한 것이다."

상기 언급처럼 동영상기록은 기록 그 자체에 머무르는 것이 아니라 고고학 조사와 연구라고 하는 행위가 이루어지는 현재형 서술이라는 측면에서도 오늘날의 삶과 문화를 고스란히 담아내는 기록 유산이 된다. 따라서 그 과정에 대한 풍부한 기록은 고고학의 발굴과정에 반드시 도입해야 하는 당위성을 지니고 있다.

3) 고고학의 대중화

우리나라에서 고고학에서 영상의 도입, 즉 영상고고학의 필요성은 고고학 자체가 접근하기 난해하다는 측면에서 제기되었다[26]. 임세권

(2002: 167-185)은 고고학 비전공자들에게 지나치게 이해하기 힘든 고고학 보고서의 도면과 텍스트, 그리고 참고자료만으로 쓰이는 시각자료의 문제점을 예로 들면서 이를 극복하기 위한 새로운 서술 수단으로서 영상고고학을 제안하였다.

고고학의 특성상 그 자료를 수집하기 위한 방법으로서의 시/발굴조사 등을 수행하는 인원들이 전문가 집단으로 이루어져 있고, 비공개 원칙이 일반화되고 있어 조사 현장의 접근이 어려운 점 등을 부인할 순 없지만(박순홍 2005) 무엇보다도 조사 후 발표된 보고서나 책자들에서 나타나는 난해함과 용어의 생소함은 새로운 서술 수단의 필요성을 제기하게끔 하였다. 이러한 주장의 또 다른 배경에는 열린 정보로의 접근을 원하는 대중의 목소리가 존재하기 때문이며, 각종 국토개발이 당연시 되는 시대에 요구되는 고고학의 사회적·학문적 의무를 충실히 하려는 것에 있다. 대중은 학문적으로 쉽게 기술된 보고서를 요구하는 것이 아니라 대중에게 친화적인 표현방법의 창출을 고고학에 바라는 것이 아닐까?〈사진 1〉

주지하는 것처럼 오늘날의 고고학 조사는 갈수록 기계적 테크놀로지의 진보와 더불어 두드러지는 이미지화를 이루어내고 있다. 또 이와 같은 프로세스를 통해 수집된 자료, 즉 고고학 자료(혹은 물질적 자료)의 이미지는 디지털화되어 계측되고 분석되며 나아가 해석의 도구로 사용되고(Hodder 1999: 117-129) 있다[27]. 예를 들어 현재 고고학 조사 현장에서 3차원 스캔 데이터(이재욱 2007)에 기반한 AR(Artifical Reality)

---

26) 한국 고고학에 있어 영상고고학은 지난 2000년 전국역사학대회에서 故권학수의 「정보화 시대와 고고학」 발표를 통해 최초로 언급되었다.

27) 이안 호더(Ian Hodder)가 차탈휘위크 유적을 통해 구현하고자 하는 고고학 시각자료의 아카이브와 고고학적 과정에 대한 서술은 웹사이트 Misteries of Çatalhöyük!(http://www.smm.org/catal)와 프로젝트 아카이브(사진 2 참조)를 통해 상세히 구현되어 있다.

<사진 1> 2009년 5월 11일 KBS '역사추적'
- 영산강 아파트형 고분의 미스터리 방송 화면 캡쳐

또는 사진실측(허의행·안형기 2009)과 같이 광학 장비와 인공 지능화한 소프트웨어 등을 연동한 진화된 조사기록을 실시하고 있는 것은 더이상 낯선 일이 아니다. 하지만 첨단화된 응용조사기법들이 시간과 비용의 편리와 신속을 추구하고, 어쩌면 이러한 것이 요구되는 조사 환경 속에서 고고학 도면 생성의 분야 등과 같이 제한된 영역이나 지나치게 수치화된 접근 수단으로 사용되고 있다는 것은 재고해야 할 것이다.

3. 영상고고학이란?

흔히 서구권에서 영상고고학(Visual archaeology)은 'Video archae-ology', 'TV archaeology', 'Televisual archaeology', 'Archaeo-historic documentary', 'Media archaeology' 등으로 다양하게 불리고 있으며, 아직 고고학 연구에 있어 영상고고학은 수사적 표현의 하나로서 아직 성숙한 단계에 위치한 것은 아니다[28]〈그림 8〉.

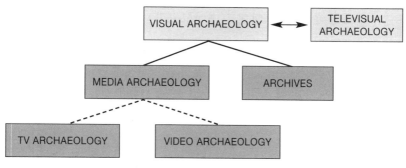
<그림 8> 영상고고학의 범주(category)

　영상고고학은 문화인류학 연구영역 중 하나인 영상인류학[29]의 연구
성과와 영상인류학자의 영상 작업이 고고학에 영향을 서로 주고받아
출현한 응용고고학적 연구 분야로서, 서구 고고학에 있어서는 영상 기
록을 통해 연구적 대상이 되는 영상자료를 수집하고 이를 영상물로 제
작·보관하는 것을 통한 조사 방법적 도구 내지 조사과정의 경험과 노하
우를 전달하는 교육적 목적으로 활용되는 것으로 한정할 수 있다. 하지
만 고고학과 관련된 이슈와 아이디어를 시각적으로 다양한 미디어 형
태로 표현하고 상호 반응을 분석하는 연구 분야로 확장해 나아갈 수 있

---

28) 제시한 여러 표현들이 나타내고자 하는 의미는 어휘가 표상하고자 하는 본질적인
　　차이를 발생시킨다고 보기는 어렵지만, 그 중 'Visual archaeology'는 다양한 용어
　　들 가운데 이 글에서 서술하고자 하는 영상고고학의 학문적 의미의 복합성을 대표
　　하고 어휘라 하겠다. 이 글에서 사용하는 'Visual archaeology'라는 표현은 'Ar-
　　chaeology of visual communication'의 의미까지 포함한다.
29) 독립된 학문적 연구영역으로서 영상인류학의 전통이 깊은 미국의 경우 영상인류
　　학 연구자의 모임은 AAA(American Anthropological Association)의 연구 분과 중
　　하나인 SVA(Society for Visual Anthropology)를 중심으로 이루어진다. '민족지영
　　화의 죽음(The Death of Ethnographic Film)'이라는 영상인류학자 제이 루비의 표
　　현(Jay Ruby, 1998, AAA발표)이 진정 민족지영화의 종말을 말하는 것이 아니듯, 점
　　차 대안적 매체(최근 영상인류학자들이 가장 빈번하게 이용하는 웹이나 CD/DVD
　　와 같은 매체 환경)속에서 공존하고 있다. 민족지영화는 로버트 플래허티(Robert
　　J. Flaherty)의 '북극의 나누크 Nanook Of The North' 이래 아직까지도 영상인류학
　　의 주류(mainstream)를 관통하는 하나의 코드이다.

는 여지 또한 충분하다. 대체로 영상고고학은 '시청각적 도구와 장치(Audio-Visual tool & device)를 사용하여 고고학 자료를 수집·아카이브(기록관리)하고, 이를 바탕으로 하여 고고학 혹은 고고학적 현상에 대한 미디어적 연구'라고 정의할 수 있을 것이다.

고고학과 인류학이 서로 많은 부분을 학제적으로 공유하며, 대체로 인문학이 인간의 시각을 학문적 매개로 하였을 때 연구적 관련성이 높아진다는 점을 유추해 볼 때 영상인류학과 영상고고학은 상호 밀접한 유사성을 지니고 있다고 할 수 있다. 가장 먼저 두드러지는 두 분야 간의 유사성은 영상을 통해 자료를 획득하며, 기록을 기반으로 한 구제(救濟)적 접근 수단이라는 점이다. 표현방식에 있어서도 이러한 점은 발견된다. 견해에 따라 오해가 있을 수 있지만 그것은 바로 다큐멘터리라는 요소이다. 보편적으로 다큐멘터리는 '보이는 그대로의 재현'이라는 기록적 속성과 정보 전달에 의거하며, 기본적으로 극영화나 드라마가 가지는 시각적 즐거움과 같은 엔터테인먼트 요소보다는 리얼리티를 중심으로 논리적 사고와 상대적 객관성에 바탕을 둔 관찰을 특질로 하고 있다. 또한 두 분야는 표현의 구성적 측면 즉, 문화 또는 문화적 현상을 서술함에 있어 시나리오나 스토리텔링30)과 같은 이야기 방식을 적극적으로 이용한다는 면에서도 연구적 유사성이 깊다.

하지만 영상인류학과 영상고고학은 영상에 관한 커뮤니케이션 표현방식이나 표현기법에서 세부적 차이가 존재할 수밖에 없다. 영상인류

---

30) 점차 시나리오나 스토리텔링은 문화적 현상의 이해를 돕기 위한 수준 높고 정치한 접근 방법으로 대두되고 있다. 최근 이를 고고학적으로 활용한 사례로는 2009년 6월 22일부터 24일까지 EBS "다큐프라임"을 통해 방영된 3부작 '한반도의 인류'를 들 수 있다. 이 다큐멘터리 프로그램은 기존의 역사 다큐멘터리와는 일부 차별화된 내용 전개와 구성을 보이는데, 한반도의 구석기 인류와 신석기 인류의 삶을 흥미롭게 가공한 스토리 전개 이후에 고고학적 설명을 뒷받침함으로써 시청자의 이해를 높이려는 시도가 이루어졌다.

학은 인류학적 연구 방법론에 충실한 표현방식, 예를 들자면 민족지영화와 같은 구성만으로도 훌륭한 연구적 표현방식이 될 수 있으며 아주 기본적인 관찰과 표현기법을 통해서도 현장감을 살리고 관찰자가 현상 속에 개입하지 않는 것 같은 '최대한의 리얼리티'를 구현하면서 연구의 객관성이나 설득력을 높인다고 말할 수 있는 것이다. 가능한 윤색이 없는 인류학적 영상 자료의 수집을 통한 서술이나 과정이 오히려 주제를 더욱 부각시킬 수 있고 신뢰감을 형성하는 표현방식이자 기법이며 인류학자가 전달하고자 하는 메시지를 성공적으로 전달하는 고찰이 될 수 있을 것이다.

반면에 영상고고학에서는 유물이나 유구와 같은 서술이 따르지 않으면 의미전달이 어렵거나, 경우에 따라 리얼리티에 바탕을 둔 내레이션이나 인터뷰 또는 추가적 영상 구현(컴퓨터그래픽 등을 이용한 VR 혹은 AR)이 효과적인 표현기법으로 사용될 때가 많다. 고고학은 현상을 보여줌으로써 의미전달이 불분명한 자연과학적 요소와 낯선 물질자료에 대한 충분한 서술과 설득을 필요로 하는 학문 분야이기 때문이다.

두 연구 분야 간의 더욱 분명한 차이는 연구의 대상적 소재와 주제에서 드러난다. 영상인류학적 연구의 소재 역시 사회나 집단의 문화를 이해하는 보편적 직관성을 강조할 수 있는 반면, 영상고고학적 연구 소재는 유적에서 나타나는 예기치 못한 형상인 유구나 유물인 경우에는 서술이 없다면 이는 소통 불가능한 것에 불과하기 때문이다. 영상인류학이 현지조사의 자료 수집을 통해 '영상 혹은 시각문화에 관한 인류학적 접근' 방법으로 의례나 제의 또는 생활상과 같은 인류의 문화에 관한 '현재형 서술'이라면, 영상고고학은 그 포커스가 과거의 인류의 삶과 문화를 향하고 있으며 물질자료를 기반으로 '과거 읽기'적 측면이 부각 된다는 점에서 양자 간의 접근 방법의 차이가 발생한다.

추가적으로 이러한 구분은 화면 구성이나 줄거리를 포함한 영상 문법의 차이를 유발시킴으로 영상인류학은 수용자의 현상의 이해를, 영상고고학은 논리적 설득을 각각 극대화하게 된다. 물론 역사학 등을 포함한 인문학 제 분야로 비교 대상을 확장해보면 개별 학문 간의 연구 영역과 경계가 천편일률적이지 않으며 점차 학제간(Interdisciplinarity) 연구의 성격이 짙어지는 것은 부인할 순 없다. 하지만 해당 학문이 본질적인 연구 목적에 따라 구별되고 연구적 특징이 발생하는 것처럼 인간과 문화를 영상 커뮤니케이션을 통해 연구하는 각각의 인문학 연구 분야는 해당 학문별로 연구적 목적과 방향이 달라질 수밖에 없는 것이다.

따라서 영상고고학은 고고학 연구의 한 분야이며, 영상고고학에서의 '영상'의 의미가 고고학의 발굴과정을 단순히 화상으로 기록하는 것으로 제한되어서는 안 될 것이다. 고고학을 이해하는 입장에서, 즉 고고학의 관점에서 기록하는 영상이 되어야 할 것이다. 마치 민족지고고학 (Ethnoarchaeology)이 민족지학자나 인류학자에 의한 연구가 아닌 고고학자에 의해 직접적으로 이루어지는 연구를 말하는 것과 같다. 인류학에서 영상인류학의 발현을 통해 도전 가능한 새로운 학문적 가능성들이 동적으로 모색된 것처럼 영상고고학은 고고학의 새로운 학문 분야로서 향후 인간학으로서의 고고학의 다채로운 가능성을 실험해 볼 수 있는 연구 분야가 될 것이다.

앞으로 이루어질 영상고고학의 연구 방향은 크게 두 가지로 예측해 볼 수 있다[31]. 첫째는 고고학 연구에 있어 영상기록과 영상아카이브에 대한 연구이다. 둘째는 커뮤니케이션 도구, 즉 미디어로서의 연구이다

---

31) 미국의 신고고학자인 스투아트 스트뤠버(Stuart Struever)는 이러한 부분을 일찍이 예견한 바 있다. 그는 자신의 고고학적 현장 경험을 통해 현대 고고학에서 영상의 커다란 두 가지 역할을 (1) to document field research 현장조사를 도큐멘트 하는 것과 (2) to communicate the activities and results of archaeological research to a broader audience 고고학적 조사 결과와 성과를 보다 많은 사람들에게 전달하는데 있다고 주장했다.

(Struever 1995: 193~199). 두 가지 연구 방향을 결합하여 표현하자면 낮은 단계인 고고학적 현상을 기록한 영상에서 출발하여 이를 고고학 콘텐츠로서 변환하고 궁극적으로 문화를 서술하는 것을 통해 대중과 소통하는 것이라 하겠다.

4. 영상고고학의 연구 방향

1) 고고학 영상기록과 영상아카이브

영상고고학은 고고학 조사 과정을 영상매체를 이용하여 기록하는 것에서부터 시작한다. 시각 자료를 기계적 특성이 아닌 수집하는 이의 관점에서 구분하자면 고고학 연구자에 의해 직접 기록되어 수집된 시각 자료와 이를 가공하거나 자료나 미디어에 의해 기록·수집되어 제작된 자료로 분별할 수 있다. 하지만 영상자료는 누구에 의해 수집되었는가의 문제가 중요한 것이 아니라 어떻게 연구 자료로서 가공되고 활용하는가에 있다. 고고학 현장 조사를 기록하거나 이와 관련된 연구 행위를 기록한 자료를 모두 1차 영상자료(박성미 2002)로 규정할 수 있는 것이다[32].

물론 지금의 연구 환경에서는 고고학 연구자에 의해 직접 수집되는 1차 영상자료는 정당한 평가를 받지 못하고 있으며, 그 중요성은 미디어에 의해 가공되기 이전에는 큰 빛을 보지 못하고 있는 것이 사실이다. 그동안 고고학에서 영상에 관한 언급은 대부분 방송국과 같은 미디어매

---

32) 박성미는 고고학의 발굴현장 기록이나, 인류학의 현지답사, 민속학에서 현장 답사 등을 시간 순서에 따라 기록하는 것도 순수 기록적 영상자료이며 학문연구과정에서 생성된 영상자료를 1차 영상자료라고 명명하고 이것을 주제에 맞게 압축하고 재배열하는 편집구성을 거쳐 제작이 되면 2차 영상자료로 분류해야 한다고 말했다.

체에 의해 제작된 2차 영상자료를 중심으로 이루어져 왔다. 하지만 현장에서 연구자에 의해 직접 수집된 1차 영상자료는 기록과 기록관리적 측면 그리고 기록자원으로서 중요하다는 사실에는 변함이 없다. 이제는 현장 조사에 있어 연구자 스스로 기록할 준비가 되어 있어야 하겠다.

영상고고학의 연구 자료는 보통은 고고학 현장에 상주하거나 발굴조사원과 사전 촬영이 약속된 상태 혹은 고고학 조사원 스스로의 필요에 의해 수집되어 진다. 사진과 도면이라고 하는 기록 행위 자체는 이미 활발한 반면 동영상의 경우에는 조사 과정이나 조사 내용에 맞춰 구체적 매뉴얼이 제시된 바 없으며 "있으면 좋지만 없어도 그만"(박순홍·전병호 2006)이라는 인식하에 있다. 앞서 제기한 것처럼 고고학 연구자 입장에서 조사 과정 중 우선적으로 중요하게 생각해야 하는 것은 정확한 기록과 고고학 자료를 철저히 기록한 1차 영상자료이다(조우택 2009).

자료수집의 단계에서 향후 제작 혹은 콘텐츠화를 염두에 둔 유연한 자료(OSMU:One Source Multi Use)를 수집하는 것이 가장 이상적이겠지만, 긴박한 조사 현장에서 영상문법이나 화면 구성과 같은 부가적 요소 등을 요구하는 것은 분명 무리가 따를 것이다. 무엇보다 먼저 고고학에서 1차 영상자료가 중요한 것은 영상기록의 '시급성'과 '지속성'의 관점에서이다. 현장에서 기회를 놓치면 다음 기회가 없다는 것을 우리는 너무나도 잘 알고 있지 않은가? 영상고고학의 연구 방향은 우선 발굴의 과정을 기록하고 수집하는데 설정해야 하며 이를 바탕으로 학술적 영상 표현이 가능하도록 하는 것이다. 즉 영상고고학의 구체적인 연구 방법은 현장에서 어떻게 자료를 수집할 것인가에 있고 이러한 자료에 관한 아카이브33)하는 데에 있다.

영상자료가 아카이브를 통해 이용되기 위해서는 자료의 수집과 기록·제작에서부터 보관 및 보존에 이르기까지 세심한 주의가 있어야 한다. 영상아카이브의 구축은 적지 않은 비용과 시간을 투자해야 하는 만큼 초기단계에서 발생 가능한 오류를 예측하고 수정해야 할 것이다. 또한 아카이브내의 자료들은 궁극적으로 활용될 것을 염두에 두어야 하며 이 경우 영상아카이브 이용자들의 편의를 도모하기 위한 하드웨어 혹은 소프트웨어 제공이 이루어져야 할 것이다. 직접 기록물 복제나 저작 등과 같은 기본적인 사항 역시 아카이브 구축단계에서 고민할 필요가 있다. 자료의 분류와 해제에 있어서도 일시, 장소, 촬영 장소 등과 같은 기본적 정보를 포함하여 가능한 추가정보를 기재하는 것이 자료적 가치를 높이는 방법이 된다.

또 이를 위해서는 직접 기록되거나 수집된 자료를 기록매체별로 항목화하거나 디렉토리화 할 필요가 있으며, 직접 현장을 관찰하지 못한 사람들도 이해할 수 있도록 내용과 의미를 자세히 부연한 문자텍스트가 첨부되어야 한다. 영상자료는 문자기록의 한계를 뛰어넘는 많은 장점을 가지고 있으나 영상자료 역시 촬영자나 편집자의 시각에 의해 단계적으로 걸러진 것들이다. 일단 영상으로 기록되면 시청자들은 카메라에 기록된 것만을 볼 수 있을 뿐이다. 이를 보완하는 것이 바로 문자텍스트인 것이다. 문자텍스트를 참고하면서 영상자료를 볼 때, 자료 이용자들은 발굴과정에 참여한 사람의 설명이 없더라도 자료의 내용이나 영상의 문맥을 쉽게 이해할 수 있을 것이며 영상의 의미전달이 혼란스

---

33) 아카이브(archives, Archives)의 의미는 광범위할 뿐 아니라 모호하기도 하다. 아카이브(archives)는 공문서나 역사적으로 중요한 문건 또는 그런 것을 보관하는 곳을 가리키는 개념으로, 우리나라에서는 문서관, 문서보관소, 고문서보관소, 기록보존소, 기록관리소 등으로 번역되고 있다. 이에 따라 아카이브는 '기록물 그 자체' 또는 '기록물을 일정한 관리체계에 따라 보존, 보관하는 장소' 등 문맥에 따라 2가지의 의미로 사용되고 있다. 아카이브의 구성은 책이나 문서, 그림 등의 형태로 만들어진 기록물뿐만 아니라 도면, 카드, 사진, 영상필름, 녹음테이프 등 다양한 종류와 범위로 이루어진다. 이 논문에서는 말하는 동영상 아카이브는 매체나 형식의 구분에 따른 기록관리의 의미에 가까우며, 방송시스템(broadcasting-system)을 기반으로 한 영상 아카이브와는 차이가 있다.

러운 경우 참고가 될 것이다.

고고학의 경우 발굴조사 보고서가 대표적인 문자 텍스트라 하겠다. 이미 많은 발굴전문기관이나 연구기관은 CD 등과 같은 비교적 제작이 쉬운 광학기록매체로 활용하여 보고서를 PDF파일 형태로 첨부하고 있다. 나아가 해상도 높은 사진이나 동영상을 첨부하여 시각 효과와 정보의 효과를 동시에 고려할 수 있는 어도비 아크로바트(Adobe® Acrobat), 어도비 플래쉬(Adobe® Flash)와 같은 소프트웨어를 이용한 e-book이나 DVD-book 형태로 텍스트의 형태 즉, 전자보고서의 형태로 변화하고 있다. 향후 이러한 전자보고서의 활용과 더불어 조사의 포함되지 않는 생생한 장면을 담은 영상자료를 첨부하는 형태도 활용될 수 있을 것이다. 이와 더불어 중 가장 능동적인 아카이브 형태의 자료제공 방법으로는 VOD(Video On Demand)형태의 웹 서비스 역시 고려해 볼 수 있다. 이는 미디어서비스를 기본적으로 제공할 수 있는 서버라는 장치가 필요한 경우이며 홈페이지를 통해 영상자료를 업로드하여, 이를 사용자들이 다운로드하거나 스트리밍(Streaming)하여 시청하는 형태이다 34)〈그림 9〉.

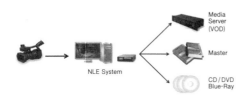

<그림 9> 목포대학교 박물관 영상자료 Work-flow

문서자료는 그것 자체로서 보존하게 되면 기록적 가치를 충실하게 가진다. 하지만 영상자료의 경우는 그 가치를 지니려면 최종 영상 결과물(Master)의 보

---

34) 목포대학교 박물관은 홈페이지를 통해 영상자료의 VOD서비스를 제공하는 웹과 미디어 서버 구축하고 있다. 또한 1999년부터 영상제작실을 두고 전남지역에서 이루어진 중요 발굴유적을 동영상으로 기록하고 이를 아카이브 하는 노력을 지속하고 있다.

존뿐만 아니라 그것의 제작을 위해 촬영되었던 자료, 즉 1차 영상자료가 우선 보존되어야 한다. 동영상 아카이브 구축의 의미를 충실히 하기 위해 자료를 필요로 하는 사람들의 접근이 가능하도록 구축되어야 한다. 그러나 1차 영상자료의 양은 원천적으로 아카이브하기에는 현실적 공간 내지는 물리적(서버) 용량의 한계가 따르기 마련이며 적지 않은 비용이 지출되는 것이 사실이다. 이는 선행연구에서 드러나듯이 고고학에서 동영상 기록과 제작의 장애요소 중 가장 현실적인 요인이 이러한 처리절차의 수고로움과 전문성에 있다고 하겠다(박순홍 2005: 44-45).

이와 함께 영상자료의 최대 난점은 보존대책이다. 현재의 영상자료는 현 시대는 물론 미래의 연구자들에게도 중요한 자료가 될 수 있으므로 그 보존 대책에 만전을 기해야 한다. 우선 온도와 습도를 잘 고려하여 되도록 자료에 손상이 가지 않는 곳에 보관해야 한다. 또한 비디오테이프의 경우 오랫동안 방치해두면 필름이 접착되어 화질에 손상이 우려되므로 가끔씩 필름을 감아주어야 한다. 영화필름과는 달리 흔히 사용하는 비디오테이프의 경우 손쉽고, 싸게 이용할 수 있으나 반영구적인 보관이 불가능하다[35]. 따라서 이것을 반영구적으로 보관하려면(알 둘아지즈 아비드 2005; 김상국 2009) 레이저디스크 혹은 CD(Compact Disc), DVD(Digital Video Disc 혹은 Digital Versatile Disc), 블루레이(Blue-Ray) 등으로 옮겨놓아야 한다[36]. 예산이나 시간상의 이유로 이러한 작업이 불가능하다면 우선 자료 가치가 높고 화질 손상의 우려가 큰 것부터 우선적으로 영구 보존 대책을 세우는 것이 바람직하다. 하지만 상기한 보존대책만으로는 영상자료를 완벽하게 보존하기는 어렵다

---

35) 종이, B&W필름, 광디스크 등은 일반적으로 온도 18~22℃, 습도 40~50% 정도로 보관하는 것이 무난하며 칼라필름의 경우에는 더욱 낮은 온도와 습도를 유지하는 것이 바람직하다(최정태 2001: 446-449).

는 사실을 염두에 두어야 한다. 어떠한 자료이건 개별적 보관은 열화 및 파손으로 인한 자연적인 망실의 위험이 상존하고 있다는 점을 기억하고 있어야 한다.

또한 영상자료는 영상아카이브를 통해 많은 연구자들이 이용할 수 있도록 해야 하며, 각 개인들이 소장한 자료들도 자료적 가치가 큰 것들은 영상아카이브에 수집되어 널리 이용될 수 있어야 한다. 자료는 항상 공유되고 활용될 때 그 가치가 충분히 발휘될 수 있다〈사진 2〉.

교육적 활용에도 1차 영상자료뿐만 아니라 2차 영상자료도 널리 이용될 수 있으며 이들 영상자료는 관련학과의 학생들에게 교재로서의 높은 활용성을 지

<사진 2> Tukey의 신석기 유적 차탈휘위크(Çatalhöyük)
Project Archive (http://www.smm.org/catal)

니고 있다(김덕묵 2002). 과거에는 고고학을 비롯한 인문학 교재로서 수업에서 영상자료가 충분히 이용되지 못했으며 그 가치를 평가절하 하였지만(이문웅 1997), 이제는 영상매체를 활용한 커리큘럼의 효과와 교육적 효율성은 충분히 검증되었다. 다만 2차 영상자료를 통한 교육

---

36) 최근 연구 자료에 의하면 DVD 저장매체의 데이터 보존능력은 DVD-R계열보다 DVD+R계열이 우월하다는 결과가 있다. 하지만 궁극적으로 디지털 저장 매체 역시 영구적이지 못하다. 미국 국회도서관이나 BNF와 같은 유산 기관들의 연구된 자료에 따르면 마스터 디스크에서 복제된 오디오 CD, CDI, 사진 CD 및 CD-ROM들을 만드는 데 사용된 플라스틱은 보존과 이용의 평균적 조건하에서 10년에서 25년 정도의 수명만을 가질 것으로 보인다. 디스크들은 버닝(burning) 되기 이전에는 3년 정도의 수명을 지니며, 버닝 된 이후에는 5년에서 10년 정도의 수명만을 가질 것이다. 따라서 전자 문서용으로 쓰이는 매체는 이전의 매체보다 훨씬 더 취약하고 짧은 수명을 가진다.

방법 역시 보여주기 식의 획일적인 수업 방식에서 탈피한 새로운 방식 (예를 들자면 텍스트와 영상의 차이/상호 이해하게 유도하는 방식)이나 직접 영상자료를 수집하고 이를 콘텐츠화 하는 과정과 같이 다양한 커리큘럼을 고안하고 활용해야 할 것이다.

또한 2차 영상자료는 멀티미디어적 형태로 박물관 전시콘텐츠로도 활용될 수 있다. 최근의 박물관 전시는 유물의 전시만으로 이루어지지 않는다. 디지털화된 방식을 통해 문자, 소리, 영상을 결합하여 유물의 전시와 함께 유물의 출토상황이나 사용방법 등의 2차 영상자료 즉 멀티미디어 자료가 전시되고 있다(이정호 2001). 예를 들어 박물관에서 실시하는 발굴유물 특별전에서 유적의 발굴과정을 동적인 영상으로 보여준다면 관람객의 문화적 이해의 수준을 높일 수 있을 것이며, 사이버박물관 혹은 가상박물관을 통해 소통 가능한 미디어 형태로 변환하여 활용하는 것은 앞으로 더욱 일반적인 현상이 될 것이다.

2) 미디어로서의 영상고고학

미디어(Media)는 매스 커뮤니케이션 또는 커뮤니케이션의 중개자를 의미하지만, 흔히 텔레비전을 통해 송출되는 방송을 일컫기도 한다. 대중 미디어로서 영상을 통해 고고학의 연구를 다루는 대표적 사례는 TV를 통해 방영되는 방송프로그램이다[37]. 우리가 익히 알고 있는 KBS의 '역사스페셜'과 같은 방송프로그램이 아주 대표적인 예이다[38]. 이와 같은 프로그램의 기획·제작의 눈높이/시청자의 인구학적 특성(Audience's profile)에 대한 고려는 분명히 대중 지향적이지만 광고 수익이

---

37) 방송프로그램은 일본에서 '番組'로, 중국에서는 '節目'으로 표현하고 있지만 우리말로는 아직 적절한 표현이 없어 프로그램으로 통칭되고 있다. 프로그램이란 방송 커뮤니케이션의 메시지이며, 메시지 내용을 기호화해서 수록한 하나의 작품이라고 할 수 있다(최충웅 2006).

나 시청률에 의존하는 상업방송과는 거리가 먼 공익적 성격의 프로그램으로 규정할 수 있을 것이다. 이러한 방송프로그램과 같은 영역에 관한 학문적 접근은 넓은 시각에서 역사학자 김기덕의 지적과 같이 인문학의 대중화코드 관점에서 살펴볼 필요가 있을 것이며, 지나친 학문적 잣대로 프로그램의 성격이나 구성을 규정하려 하기 보다는 미디어를 통한 대중과의 학문적 관심과 반응의 소통으로 이해하는 것이 옳을 것이다.

또한 앞서 언급한 매스 미디어에서 제작된 영상물 혹은 방송콘텐츠는 고고학 교육에서 영상을 주·부 교재로 한 커리큘럼에서 활용되고 있는 훌륭한 텍스트이기도 하다. 영상매체를 활용한 커리큘럼의 근저에는 2차 시각자료 혹은 영상매체가 지닌 이미지로서의 효과 내지는 교육적 효율성에 대한 보편적이면서도 충분한 가치의 검증(김민정 1999)이 있기 때문이다. 'The Ax Fight'로 유명한 민족지영화 감독이자 영상인류학자인 티모시 애쉬(Timothy Asch)의 민족지영화 방법론이 인류학 수업과 떼놓을 수 없는 것(이기중 2005)과 같이 영상이 제공하는 문화적 간접 경험은 지대한 교육적 효과를 가지는 것이다.

하지만 분명한 것은 앞서 서술한 가치 평가(방송 프로그램의 대중화 코드 또는 영상의 교육 텍스트의 효과)의 요소들 역시 본질적으로 영상 고고학의 연구 분야에서 다뤄야 할 것이다. 다만 이러한 영역들은 매체 기술적 특성상 고고학 연구자가 완벽하게 이해하기 어려운 절차가 많

---

38) KBS의 〈역사스페셜〉은 1998년 10월 17일 첫 방송을 시작으로 214회, 이후 기획된 〈HD역사스페셜〉은 2005년 5월 6일을 시작으로 2006년 9월 29일까지 64회가 방송되었다. 최근 〈역사추적〉이 〈역사스페셜〉로 이름을 바꾸고 프로그램의 포맷이 일부 변화하였다. 역사스페셜 이전의 영상역사물로는 同社의 〈역사추리〉, 〈TV역사저널〉, 〈역사의 라이벌〉, 〈조선왕조실록〉 등이 있었다. 이와 유사한 포맷의 프로그램으로는 2000년 3월부터 현재까지 방영중인 일본 NHK의 〈その時歷史が動いた〉가 대표적이다.

고 또 이를 직접 제작하기는 사실상 어려운 것이 사실이다. 또 방송프로 그램의 제작 과정에 있어 앞에서 언급한 자문과 인터뷰라는 요소가 반영되어 있으나, 관점을 달리하자면 어디까지나 고고학은 수용자의 입장에 노출되어 있는 것에 불과하다.

<사진 3> 필 하딩(Phil Harding)이 발굴한 Tudor 양식의 벽 난로 앞에서 카메라 리허설을 하고 있는 '타임팀' 제작진과 제작자 토니 로빈슨(Tony Robinson)

이에 필자들은 이러한 영역을 영상고고학의 연구 분야로 받아들여야 하며 이에 대한 체계적 연구 방법론이 모색되어야 한다고 본다. 특히 우리 고대사와 같이 고고학적 관점의 차이에 따라 해석의 논란이 있는 부분은 '고고

학에 의한 비평'이라고 하는 요소의 반영이 반드시 이루어져야 한다. 피드백이 없는 TV 다큐멘터리는 연출자나 작가의 해석을 고고학이 일방적으로 수용할 수 있는 위험이 야기될 수 있기 때문이다. 비단 이 뿐만이 아니라 철저한 고증이나 자문이 없는 현상의 나열과 보여주기 식의 화면전개 역시 문제점을 내포할 수 있다. 어떤 방식으로 자문을 받아 추정하였으며, 그러한 추정에 어떠한 문제가 있었고, 그것을 어떻게 처리하였는지에 대한 분명한 언급이 없다면 대중들은 미디어에 의해 만들어진 허구(fabrication)의 소산을 역사적 사실로 확신하거나 혹은 고고학적 현상의 리얼리티로 수용하게 되는 것과 같은 심각한 문제를 초래할 수 있기 때문이다(이도경 2001). 또 이와 관련하여 지나치게 호기심위주나 자극이 강한 타이틀 사용으로 인한 시청자들의 역사 인식에 대

한 오해나 지나친 드라마 재연 등의 문제는 어렵게 기획되고 제작·방영되는 프로그램의 본래 취지와 달리 역사학과 고고학의 대중화를 빌미로 한 에듀테인먼트(Edutainment)로 포장된 엔터테인먼트(Entertainment)에 그칠 우려 역시 적지 않게 제기되고 있는 것이다(김기덕 2005).

이를 극복할만한 대안적 사례로는 BBC 2의 'Meet the Ancestors' 시리즈나 'Horizons', 그리고 Channel 4의 'Time Team'과 같은 텔레비전 고고학 프로그램을 들 수 있다39)〈사진 3〉.

이 프로그램들은 콘텐츠 구성에 있어 고고학적 현상을 흥미본위의 단순한 이야깃거리로 구성하는 것이 아니라 고고학적 담론과 학문적 의문을 동시에 제기하고 있다는 점에서 의미가 있다. 또한 방송 기술적으로도 신선한 기획과 시도를 실험함으로서 고고학 연구 과정의 세밀한 부분까지 접근하고 있다. 특히 'Time Team'의 사례는 고고학이라는 학문적 연구 목적과 본질에 대한 다큐멘터리 제작자의 불간섭주의 및 실험고고학의 확대적용과 논리적 검증이라는 면에서 주목할 만하며(김사승 2001), 여기서 한 발 더 나아가 고고학 연구자나 대중에게 일방적으로 수용되는 다큐멘터리가 아닌 고고학자들에 의해 참여하고 주도하는 성숙한 고고학 서술방식으로 평가 받을 수 있는 요소를 충분히 갖추고 있다(Clark & Britten 2007). 텔레비전 고고학 프로그램이 보여주는 이러한 성과는 점진적으로 영상고고학이 새롭게 진화하고 있음을 보여

---

39) '타임 팀'은 영국(UK) 채널 4의 텔레비전 시리즈로서, 배우 토니 로빈슨(Tony Robinson)의 제작으로 1994년부터 방송되고 있다. 이 프로그램은 1991년 팀 테일러(Tim Taylor) 제작으로 처음 방영된 'Time Sign 타임 사인'을 모태로 탄생하였고, '타임 사인'에 출연한 고고학자 믹 애스톤(Mick Aston)과 필 하딩(Phil Harding)은 여전히 타임 팀에도 출연하고 있다. 타임 팀은 영국뿐 아니라 미국 PBS, 캐나다의 TVontario, 호주의 ABA1, ABC2, 스웨덴의 Kanal 9 등에서도 방영되는 국제적인 역사 다큐멘터리 프로그램이며 특히 네덜란드에서 높은 인기를 누린다(참조 http://en.wikipedia.org/wiki/Time_Team).

주고 있으며, 고고학의 사회적 순기능을 충분히 반영하는 사례이기도 하다. 이를 가능하게 한 요인이 바로 것이 '고고학에 의한, 또는 고고학 연구자에 의한 참여와 건전한 비평'에 있다. 다르게 말하자면 영상고고학의 연구 방법론에 반드시 이러한 비평과 참여가 필요하다는 것을 'Time Team'의 사례는 분명히 보여주고 있다.

5. 맺음말

영상은 정확한 기록성뿐만 아니라 인간 행위자들의 눈에 보이는 부분, 혹은 눈에 보이지 않는 정서적인 면까지도 함께 담아두고 기록해둘 수 있는 면에서 인간을 대상으로 연구하는 인문학에 새로운 지평을 열어주었다. 이러한 인식은 오래전부터 있었으나 그동안 접근에 있어 많은 제약(기술적 혹은 인식적)이 발생한 것이 사실이다.

하지만 최근에 이르러서는 영상은 영상매체의 획기적 발달과 함께 디지털화가 이루어지면서 현지조사에도 활발히 사용되고 있다. 특히 현장조사를 통해 물질적 자료를 획득하는 고고학의 특징으로 볼 때 영상의 활용은 앞으로 더욱 늘어날 것으로 보인다. 고고학에서 발굴과정도 하나의 콘텐츠로 볼 수 있다. 이 뿐만 아니라 유적이나 유구의 입지적 환경, 불가피한 개발로 인한 경관 보존의 기록적 수단이자 인류의 기록유산으로서 영상은 탁월한 효용성과 가치를 지니고 있다. 그리고 영상은 고고학이 지닌 사회적·학문적 기능을 충실히 하기 위한 대중고고학으로의 전환에 있어서 새로운 접근 방안이 될 수 있을 것이다.

이러한 점들을 고려한다면 고고학에서 시각자료의 기록과 보존을 위한 연구는 필수적이라고 할 수 있다. 이에 필자들은 영상고고학을 적극적으로 제창한다. 영상고고학은 고고학의 관점에서 영상이 만들어지고 연구되어야 한다. 영상고고학의 연구 방향은 크게 두 가지로 압축할 수 있다. 첫째는 조사과정의 영상기록과 영상아카이브에 관한 연구이며, 둘째는 커뮤니케이션 수단인 미디어로서의 연구이다. 보다 구체적이고 체계적인 연구방법은 고고학 연구자들에 의해 고고학 이론과 방법의 영역에서 심도 있게 다뤄져야 할 것이다. 앞으로 고고학 연구자들뿐 아니라 고고학을 하고자 하는 많은 학생들이 이 분야에 관심을 가져주길 희망한다. (이 논고는 "최성락·조우택의 「고고학에서 영상의 필요성과 영상고고학」, 『文化財』42권 3호, 국립문화재연구소, 2009"를 일부 수정한 것임)

참고문헌

김기덕, 2002, 「영상역사기록의 의미」, 『역사민속학』14.
_____, 2005, 「정보화시대의 역사학 : '영상역사학'을 제창한다」, 『영상역사학』, 생각의 나무.
김기덕·김덕묵·김현숙·이문웅·임세권, 2002, 『우리 인문학과 영상』, 푸른역사.
김민정, 1999, 「영상자료를 통한 역사 이해의 유형과 특성 : 영화를 이용한 역사수업의 사례를 중심으로」, 서울대학교대학원 석사학위논문.
김사승, 2001, 「영국 채널 4의 〈Time Team〉 : 교양과 재미−고고학에 대한 불간섭주의」, 한국영상산업진흥원.
김상국, 2008, 「전자기록 보존매체 관점의 DVD+R과 DVD−R의 비교」, 『기록물 보존복원』, 국가기록원.
김영훈, 2002, 『문화와 영상』, 일조각.
박경하, 2002, 「영상기록 현황과 역사민속학에서의 활용」, 『역사민속학』14.
박성미, 「기록보존소로서의 영상실록 아카이브」, 『역사민속학』14.
박순홍, 2005, 「영상제작을 활용한 고고학 조사 기록에 관한 연구」, 공주대학교대학원 석사학위논문.
박순홍·전병호, 2006, 「고고학 기록을 위한 영상제작 활용 방안」, 『게임&엔터테인먼트 논문지』, 한국콘텐츠학회.
심재석, 2006, 「박물관 전시콘텐츠에 대한 시각인류학적 접근」, 『고문화』67.

알둘아지즈 아비드, 2005,「디지털 유산의 보존 : UNESCO의 관점에서」,『한국기록관리학회지』제5권 제2호.

이기중, 2005,「티모시 애쉬의 민족지영화 방법론과 도끼싸움의 분석」『한국문화인류학』38-1.

이도경, 2001,「디지털미디어의 리얼리티에 관한 연구 -TV다큐멘터리 〈역사스페셜〉의 가상재현을 중심으로」, 홍익대학교대학원 석사학위논문.

이문웅, 1997,「인류학교육에서의 영상자료의 이용」,『제29차 한국문화인류학회 학술대회 논문집』.

이재욱, 2007,「건물지 유구 3차원 스캔 활용에 대하여」,『한국매장문화재 조사연구방법론3』, 국립문화재연구소.

이정호, 2001,「大學博物館과 情報化」,『고문화』57.

임영상·방일권, 2004,「고려인 연구와 영상물, 영상아카이브」,『인문콘텐츠』제4호.

조경만, 2003,「문화를 영상화하기: 인류학자와 필름메이커의 착각」제35차 한국인류학회 정기학술대회 자료집.

조우택, 2008,「영상기록의 가치 및 영상아카이브에 대한 小考」,『박물관연보』17, 목포대학교박물관.

최성락, 2001,『고고학여정』, 주류성.

———, 2005,『고고학입문』, 학연문화사.

최이정, 2006,『영상 제작론』, 커뮤니케이션북스.

최정태, 2001,『기록학개론』, 아세아문화사.

최충웅, 2006,『텔레비전 제작실무론』, 나남출판.

칼 하이더 지음(이문웅 옮김), 1992,『영상인류학에의 초대(Ethnographic Film)』, 일신사.

콜린 렌프류·폴 반 지음(이희준 옮김), 2006,『현대 고고학의 이해(Archaeology : theories, methods and practice)』, 사회평론.

한국고고학회, 2006,『'고고학과 시민사회' 발표요약문』, 한국고고학 발전방향을 위한 워크숍(Ⅳ).

허의행·안형기, 2008,「야외조사에 있어 사진실측의 적용과 활용방안」,『야외고고학』4.

Clark, Timothy and Britten, Marcus(ed), 2007, *Archaeology and the Media*, London, Left Coast Press.

Collier, John and Collier, Malcom, 1986, *Visual anthropology : photography as a Research Methods,* University of Mexico Press.

Hodder, Ian, 1999, *The Archaeological Process,* Blackwell.

Molyneaux, Brian L.(ed), 1997, *The cultural life of images : Visual Repre-
   sentation in Archaeology,* Routledge.

Pink, Sarah, 2007, *The Future of Visual Anthropology : Engaging the
   Senses,* Routledge.

Ruby, Jay, 1996, *Visual anthropology,* Henry Holt and Company.

Silverstone, Roger, 1994, *Television and Everyday Life,* Routledge.

Struever, S., 1995, *The Role of Film in Archaeology,* In Hockings, Paul(ed),
   Principles of Visual Anthropology(2nd ed), Berlin · New York : Mou-
   ton de Gruyter.

Sturken, Marita and Cartwright, Lisa, 2001, *Practices of Looking : An Intro-
   duction to Visual Culture,* Oxford University Press,

http://astro.temple.edu/~ruby/ruby/cultanthro.html

http://en.wikipedia.org/wiki/Time_Team

http://mnun.mokpo.ac.kr/media

http://www.kbs.co.kr/1tv/sisa/tracehistory

http://www.cha.go.kr

http://www.channel4.com/history/timeteam

http://www.nrich.go.kr/

http://www.smm.org/catal

제 4 장
한국고고학의 몇 가지 문제

제1절 **일본 야요이시대 연대문제에 대하여**

1. 머리말
2. 야요이시대 연대
3. 반론과 변화
4. 새로운 연대관에 대한 문제점
5. 맺음말

1. 머리말

2005년 4월 하순 10여 일간 일본지역을 답사하면서 가장 관심을 끌었던 것은 일본고고학계에서 논의되고 있는 야요이시대 연대문제였다. 즉 2003년에 國立歷史民俗博物館팀(이하 歷博팀)은 새로운 ¹⁴C연대측정법에 의거해 야요이시대 조기와 전기의 시작연대를 기존의 연대보다 500~400년 올려볼 수 있다는 연구결과를 내어놓았다. 이에 일본 고고학계는 놀라움과 함께 찬반양론으로 나누어져 논란이 이루어지고 있었으며, 일부에서는 야요이시대 연대에 대하여 혼란을 일으키고 있었다.

예를 들면, 國立奈良博物館에서 열리고 있었던 특별전('曙光의 時代 -독일에서 開催된 日本 考古展-')에서 야요이시대 시작연대를 기원전 900년으로 올리고 있는 점은 이해가 되었다. 그러나 유물의 설명문에 한국 출토 세형동검의 연대를 기원전 600~400년으로, 일본의 세형동검 연대를 기원전 900년으로 표기되어 있었다. 만약 이것이 일본의 청동기문화가 한국의 청동기문화보다 빠르다는 것을 보여주기 위한 의도적인 것이 아니라고 한다면, 일본 연구자(적어도 국립나라박물관 학예연구원)들이 연대문제에 얼마나 혼란을 느끼고 있는지를 보여주는 단적인 증거일 것이다.

또한 야요이시대의 시작연대를 기원전 10세기경까지 올려보게 되면 한일고대문화의 관계뿐 아니라 동아시아에서 농경을 토대로 하는 청동기문화의 형성과 변천을 해석하는데 있어서 큰 변화가 나타나게 된다. 즉 한국의 청동기문화가 형성된 이후에 일본지역으로 넘어간 것이 아니라 대륙의 청동기문화가 한국을 경유하여 바로 일본지역으로 넘어갔다는 설명이 가능하게 된다.

따라서 일본 야요이시대의 연대는 결코 일본고고학자들만의 관심사항이 아니라 한국고고학자들이 관심을 가져야할 문제이기도 하다. 본고에서는 새롭게 제시된 야요이시대 연대의 타당성과 그 문제점을 알아보고, 앞으로의 전망을 살펴보기로 하겠다.

2. 야요이시대 연대

1) 기존의 야요이시대 연대

1884년에 도쿄도 분쿄구 야요이정(東京都 文京區 彌生町)에서 처음으로 야요이토기(彌生土器)가 발견되자 유적의 지명을 따라 토기가 명명되었고, 다시 야요이시대(彌生時代)라는 명칭으로 만들어졌다. 고바야시(小林行雄 1951)와 스기하라(杉原莊介 1955) 등은 漢鏡의 연대와 옹관, 동검, 동모의 고고학 자료를 통해 야요이시대의 연대를 기원전 300~200년경부터 기원후 200~300년경으로 보았고, 전기, 중기, 후기 등 3 시기로 구분하였다.

1960년대 후반 오카자키(岡崎敬 1971)는 ^{14}C연대를 근거로 죠몬 만기를 기원전 5~4세기, 야요이 전기를 기원전 4~3세기로 비정하였고, 이후 하시구치(橋口達也 1979)는 옹관을 세밀히 편년하고, 부장된 漢鏡에 의거하여 야요이시대 전기 아타즈케 1식(板付 1식)의 상한연대를 기원전 300년 전후로 보았다.

이후 1977~78년 이타즈케유적(板付遺蹟)에서 유우스식기(夜臼式期) 水田이 발견되었고, 1980~81년 사가현(佐賀縣) 나바다케(菜畑)유적의 발굴조사를 통하여 그 때까지 죠몬시대 만기로 설정되었던 돌대문토기 단순기에 해당하는 논 유구가 확인되었다. 이에 따라 사하라(佐原眞 1983)은 돌대문토기 단계인 조몬 만기를 야요이 조기로 부르면서 야요이 조기를 기원전 5~4세기로, 야요이 전기의 시작을 기원전 300년경으로 보았다.

다만 다케스에(武末純一 2002)는 한반도 비파형동검의 연대를 근거로 야요이 조기를 기원전 6세기 중엽~5세기, 전기를 기원전 4~3세기, 중기를 기원전 2~1세기, 후기를 기원후 1세기 초~250년으로 제시하면서 한국지역의 토기편년과 연결시켰다. 이보다 앞서 고분시대의 시작 연대를 점차 이르게 보면서 야요이시대의 하한연대가 기원후 250년경으로 설정되었다〈그림 10〉. 최근 한국에서도 돌대문토기가 다수 발견됨으로써 양 지역의 평형관계를 어느 정도 인식할 수 있게 되었다(千羨幸 2005).

그런데 한 가지 주목할 점은 야요이시대의 편년은 철저하게 상대편년을 중심으로 연대를 비정하고 있으며, 연대 비정 시에 방사성탄소(14C) 연대를 이용하지만 나이테 연대에 의한 편차수정을 하지 않은 것이 특징이다. 그 이유는 먼저 상대편년에 근거를 둔 일본 야요이시대 연대가 대체로 14C 연대와 일치되었기 때문이고, 조몬시대의 14C 연대가 기원전 10,000년 이전까지 지나치게 올라갔기 때문에 편차수정의 필요성을 느끼지 못하였을 것이다.

	縄文土器		弥生土器					
	晩期		早期		前期		中期	
日本	広田式	黒川式	夜臼I式	夜臼II式	板付I式	板付II式 a　b　c	城ノ越式	須玖I式
朝鮮半島	渼沙里式 (突帯文)	可楽里式	欣岩里式	先松菊里式	松菊里式		水石里式	勒島式
	早期	前期	中期				後期	
	無文土器							

<그림 10> 북부 큐슈와 한반도 남부지역의 토기편년의 병행관계(武末純一 2004)

2) 새로이 제시된 연대

歷博팀은 1997년부터 새로운 방법인 AMS(Accelerator Mass Spec-trometry: 질량분석이온빔가속기)에 의한 방사성탄소연대측정법을 이용한 조몬시대 및 야요이시대 편년에 관심을 가지고 작업하였다. 특히 야요이시대의 ^{14}C 연대가 2002년부터 축적되자 2003년 3월에 처음으로 "彌生時代의 實年代"라는 주제로 1차 국제학술대회를 개최하였고, 5월에 이러한 결과를 日本考古學協會에서 발표하였다(春成秀爾 외 2003). 동년 12월에도 『彌生時代의 實年代』라는 주제로 2차 국제학술대회를 개최하였으며 그 결과를 정리하여 발간된 책이 『彌生時代의 實年代』(春成秀爾·今付峯雄 編 2004)이다. 그리고 2004년 12월에는 『彌生農耕의 起源과 東아시아』라는 주제로 국제학술대회를 개최하였고, 새로이 축적된 자료를 통해 중국, 한국, 일본의 연대를 재검토하였다(國立歷史民俗博物館 2004).

이러한 연대발표가 이루어진 이후 각 학회나 학술잡지에서도 야요이

시대의 연대문제를 특집으로 다루었다. 즉 『考古學ジャ-ナル』510 (2003, ニュ-サイエンス社), 『季刊考古學』88(2004, 雄山閣) 등이 있다.

새로운 연대를 주장한 歷博팀의 견해를 요약하면 다음과 같다. 그들은 ¹⁴C 연대가 새로이 개발된 AMS 방법을 사용하였다고 한다. 이 방법은 종래의 방법보다 적은 시료만으로 측정이 가능하고, 정밀성이 높다는 것이다. 또 일본에서는 나이테에 의한 편차수정이 검증되면서 補正曲線에 의한 편차수정도 가능하게 되었다. 이러한 배경을 바탕으로 죠몬시대와 야요이시대에 해당하는 토기의 표면에 남아있는 탄화물을 채집하여 이를 측정함으로써 새로운 연대를 얻을 수 있었다. 측정된 시료의 수는 2004년 초까지 573점이다. 그 결과, 야요이시대 조기는 기원전 10세기 후반경(930년)으로, 전기는 8세기 초, 중기는 5세기 전후에 각각 시작되었고, 한국 무문토기의 상한도 기원전 14~13세기경이라고 한다. 이를 토기편년에 적용한 결과는 〈그림 11〉와 같이 된다.

이와 같이 새로운 연대를 제시하면서 발표자들은 한국 청동기시대 연대(일본 연구자들이 말하는 무문토기시대의 연대)와의 공백을 매울 수 있다고 만족하고 있고, 나아가서 일본 야요이문화가 동북아시아의 청동기문화를 설명하는데 일익을 담당할 수 있다는 자신감을 나타내고 있다(春成秀爾 2004a:244~245).

또한 1960~70년에 조몬시대 시작연대를 기원전 10,000년까지 올려보게 된 것을 1차 ¹⁴C 연대혁명이라고 한다면, 이번에 새로운 연대측정 방법에 의한 연대관을 2차 ¹⁴C 연대혁명이라 부르고 있다(春成秀爾 2004b).

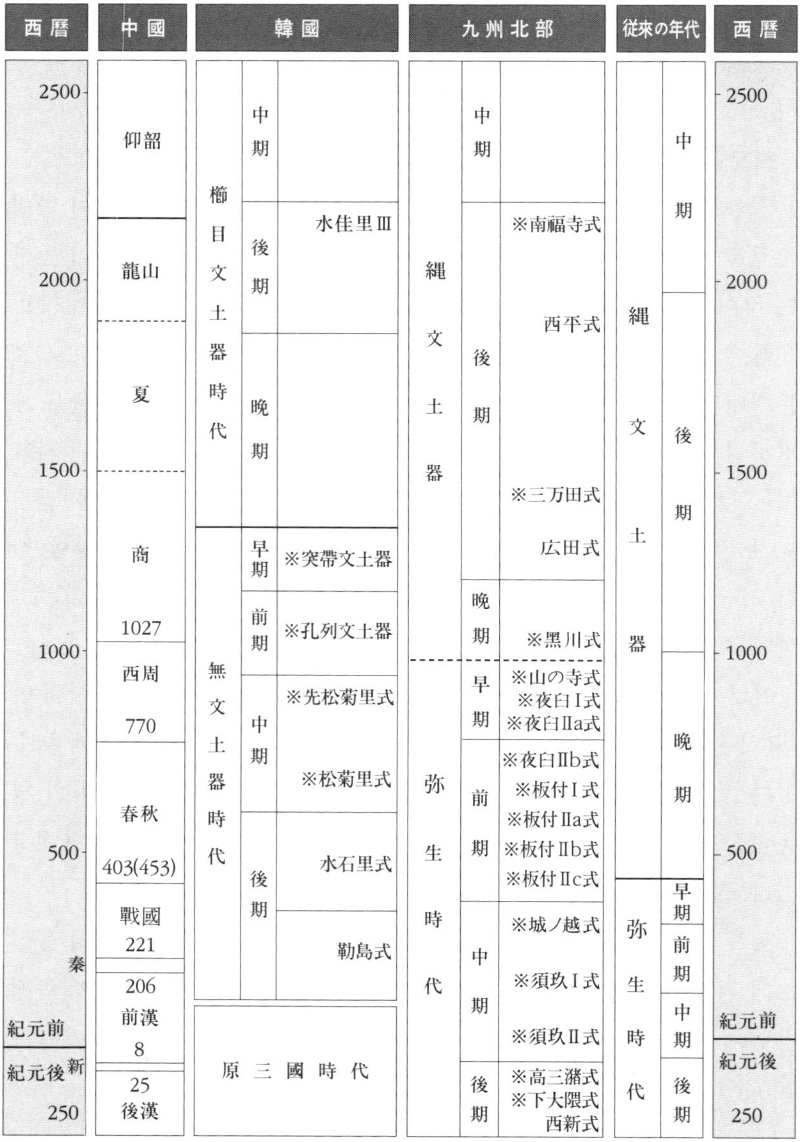

西曆	中國	韓國		九州北部		從來の年代	西曆
2500	仰韶	櫛目文土器時代 · 中期		繩文土器 · 中期		繩文土器 · 中期	2500
		後期	水佳里III	後期	※南福寺式		
2000	龍山				西平式	繩文土器 · 後期	2000
	夏	晚期					
1500					※三万田式		1500
	商	無文土器時代 · 早期	※突帶文土器		広田式		
	1027	前期	※孔列文土器	晚期	※黑川式		
1000	西周 770	中期	※先松菊里式	早期	※山の寺式 / ※夜臼I式 / ※夜臼IIa式	繩文土器 · 晚期	1000
			※松菊里式	前期	※夜臼IIb式 / ※板付I式 / ※板付IIa式 / ※板付IIb式 / ※板付IIc式		
500	春秋 403(453)	後期	水石里式			弥生時代 · 早期	500
	戰國 221		勒島式	弥生時代 · 中期	※城ノ越式 / ※須玖I式 / ※須玖II式	前期	
	206 前漢 8					中期	
紀元前	秦	原三國時代		後期	※高三潴式 / ※下大隈式 / 西新式		紀元前
紀元後 250	新 25 後漢					後期	紀元後 250

*은 연대를 계측한 토기형식

<그림 11> AMS방법에 의한 야요이시대의 실연대(國立歷史民俗博物館 2004)

3. 반론과 변화

1) 새로운 연대관에 대한 반론

歷博팀에 의해 야요이시대의 새로운 연대관이 발표되자 많은 연구자들이 관심을 보여주는 반면에 적극적인 반론도 제기되고 있다. 우선 다카쿠라(高倉洋彰 2003)는 방사성탄소연대를 무비판적으로 받아드리는 연구를 강하게 비판하였다. 그는 고고학적 방법에 의한 검토의 필요성을 주장하였으며 새로운 연대관을 받아들일 때 발생하는 세 가지 모순을 제시하였다. 첫째, 후쿠오카현(福岡縣) 마가리타(曲り田)유적의 야요이 조기 주거지에서 출토된 철기가 西周시기에 해당된다는 점, 둘째, 福岡縣 히가시오다미네 유적(東小田峯 遺蹟)에서의 墳丘墓가 동아시아에서 가장 이른 시기에 해당한다는 점, 셋째, 옹관군을 통하여 상정된 세대수를 감안할 때 한 세대의 기간이 너무 길어진다는 점이다.

하시구치(橋口達也 2003)도 자신이 발굴한 마가리타(曲り田)유적의 철기 출토상태가 확실히 주거지와 공반된 것이라고 주장하면서 연대의 재검토가 불가능하다고 주장하였다. 遼東半島 樓上墓에서 비파형동검과 明刀錢이 공반된 것을 기준으로 비파형동검의 연대를 낮추어보고, 야요이 전기에 해당하는 福岡縣 이마가와 유적(今川 遺蹟)에서 출토된 비파형동검 재가공품을 기원전 4세기 후반으로 비정하였다. 그리고 토기의 한 형식이 100년 혹은 200년 정도로 길어지는 것을 받아들일 수 없다고 주장하였다.

야나기다(柳田康雄 2004)는 마제석검을 분석대상으로 삼으면서 야요이 조기 연대를 여전히 기원전 4세기로 비정하였다. 한반도에서 북부 큐슈(九州)에 걸쳐 분포하는 유병식 마제석검의 조형을 비파형동검과 桃氏劍에서 구하였으며, 동검과 석검의 형식분류를 바탕으로 야요이 조기 연대를 기원전 4세기로 비정하였다.

니시다니(西谷正 2004)도 토기의 型式編年, 철기의 존재, 한국 청동기의 연대(요령식동검의 상한을 기원전 8세기로, 하한을 戰國竝行期로 봄)로 보아 야요이시대의 시작연대도 戰國 竝行期로 보고 기존의 연대관을 유지하였다.

다만 다케스에(武末純一 2004)는 비래동 1호 지석묘의 석촉을 무문토기시대(청동기시대) 전기 후반으로 보고, 小黑山溝 출토 비파형동검의 연대인 기원전 9세기가 무문토기 전기에 속하는 시기로 판단하였다. 또 송국리 동검에 관해서는 요령지방의 비파형동검 하한 보다 늦은 시기인 무문토기시대 중기 후반, 기원전 5~4세기로 비정하면서 야요이시대 조기를 기원전 6~5세기, 전기의 시작을 기원전 5세기대, 중기 시작을 기원전 3세기 후반으로 보고 있으나 AMS에 의한 ^{14}C 연대가 제시되기 이전의 견해를 그대로 유지하고 있다.

이를 종합하면 앞선 연구자들은 야요이시대 조기 및 전기에 출토하는 철기의 연대와 한국 청동기의 연대를 고려해 볼 때 새로운 연대관은 타당하지 않다는 것이다. 실제로 야요이시대 조기와 전기의 유적에서 몇 점의 철편이 발견된 사례가 있어 지금까지 이것이 야요이시대의 상한, 즉 기원전 4~3세기라는 설을 지탱하는 근거가 되어왔다. 또 일본 청동기의 연대는 한국 청동기의 연대와 깊은 관련이 있어 한국의 청동기 연대가 변화되지 않는 한 쉽게 연대를 올릴 수 없다는 것이다. 따라서 일본고고학계에서는 이들 문제를 풀어내지 않고서는 야요이시대의 상한을 올리는 작업이 불가능한 것이다. 이에 대하여 歷博팀은 이미 야요이시대 조기와 전기의 유구에서 출토된 철기들을 공반관계로 인정하지 않고 있다(春成秀爾 2004c).

2) 변화된 연대관

새로운 연대관이 제시된 이래 이를 적극적으로 지지하는 고고학자들도 없지 않으나 대부분은 기존의 연대관을 다소 변화시키는 입장을 보여주기 시작하였다.

이시가와(石川日出志 2003)는 마가리타(曲り田) 유적의 철기와 樓上墓의 明刀錢이 모두 원래 유구에 공반되지 않은 것으로 파악하여, 종래 연대관은 근거가 충분하지 않다고 주장하였다. 또한 遼西지방에서 비파형동검이 출토된 小黑山溝 M8501과 南山根 M101의 연대를 기원전 8세기로, 南洞溝 석관묘를 기원전 6세기로 보고, 부여 송국리 석관묘의 하한연대(즉 야요이 전기 연대)를 기원전 6세기로 보았다. 이후 그는 야요이시대 전기와 중기의 시작연대를 기원전 7~6세기로, 기원전 3세기로 각각 설정하였다(石川日出志 2004).

오누키(大貫靜夫 2003)는 종래의 야요이시대 연대관은 아키야마(秋山進午)에 의한 비파형동검의 연대관을 바탕으로 설정되었다고 지적하고, 기존의 연대관이 새로운 자료의 공개와 더불어 수정이 필요하였음에도 불구하고, 그 작업이 이루어지지 않았다고 주장하면서 송국리 석관묘 출토 동검을 기원전 8~6세기에 해당하는 것으로 보았다.

미야모도(宮本一夫 2004)는 과거 기원전 5세기로 파악하였던 한반도 비파형동검의 출현연대를 기원전 9세기까지 올려보면서 새로운 야요이시대 연대관을 긍정적으로 보려고 하였다.

오카우치(岡內三眞 2004)는 요령지방과 한반도 출토 청동기에 대한 재검토를 통하여 자신의 이전 견해를 수정하고, 한반도 비파형동검의 시작을 遼西지방과 같이 기원전 9세기로 보고, 세형동검의 개시연대를 기원전 5세기로 보았다.

쇼다(庄田愼矢 2005a, 2005b)는 야요이시대 연대의 상승을 인정하고 있으나 AMS에 의한 연대에도 모순이 있어 중국의 紀年銘에 의한 편년, 중국의 요령식동검 편년, 그리고 한국의 요령식동검과 무문토기 편년 등으로 본다면 야요이시대 개시연대를 기원전 8세기 중엽에서 7세기 중엽 사이로 설정할 수 있다고 주장한다.

한편 다나카(田中良之 2004)는 북부 큐슈의 옹관묘매장인골을 ^{14}C 연대측정하여 조기가 기원전 7~6세기, 전기 말이 기원전 400년 전후, 중기초두~중엽경이 기원전 4~3세기, 중기 후반이 기원전 2~1세기라는 결과를 제시하고 있어 歷博팀과는 상반된 결과를 보여주고 있다.

이상에서 살펴보았듯이 많은 연구자들은 歷博팀이 제시한 새로운 연대관을 따르기보다는 중국이나 한국의 편년을 참고하여 다소 연대를 올려보려는 경향을 보여주고 있다. 즉 일본의 편년과 관계가 깊은 것은 한국 비파형동검의 연대와 부여 송국리 석관묘의 연대이다. 최근 발굴된 대전 비래동 동검의 연대를 기원전 9세기로 보는 견해(성정용 1997)를 일본 연구자도 받아들이고 있고, 부여 송국리 석관묘의 연대를 기원전 8~6세기로 올려보는 등 다소 변화된 연대관을 보여주고 있다.

여기에서 주목할 것은 AMS의 방법을 쓰고도 다른 결과가 나타나는 경우이다. 토기의 표면에서 채집된 유기물과 인골의 측정결과가 각기 다르게 나타나는 문제는 앞으로 좀 더 검토되어야할 것이다.

4. 새로운 연대관에 대한 문제점

새롭게 제시된 야요이시대의 연대관을 받아들이기 위해서는 이 연대의 측정방법과 그 결과 얻어진 연대에 대한 정확한 이해가 필요하다.

먼저 AMS(질량분석이온빔가속기)에 의한 연대측정법을 살펴보자. 과거에는 시료의 ^{14}C이 방출하는 베타(β)선을 측정하여 연대를 계산하였으나 이와는 달리 AMS를 이용해 시료 속의 ^{14}C 원자를 바로 헤아려서 연대를 측정하는 방법이다. 이 방법은 1970년대 후반 그 원리가 발표되었고, 1980년대에 들어와서 실용화가 이루어졌다. 이에 대한 구체적인 설명은 다음과 같다.

"가속된 탄소 입자에 자기장을 걸어주어 질량에 따라 그 휘는 정도가 다름을 이용하여 동위 원소를 분리하는 것이 그 기본 원리이다. 흑연화된 시료에 Cs 양이온을 충돌시켜 나온 이온들 중 탄소 이온들만 4개의 자석으로 이루어진 Recombinator System을 통과하면서 180도 휘게 된다. 탄소 이온들 ^{12}C, ^{13}C, ^{14}C은 질량이 서로 다르지만 4개의 자석들을 적절히 배치하여 약간씩 다른 궤도를 가지며 모두 동일한 Beam Line을 동시에 통과하게 된다.

Recombinator 자석들을 통과한 탄소 동위 원소들은 다시 한 곳에 모이게 되어 가속관 안으로 입사된다. 가속관의 2.5 MV의 전압을 거치면서 10 MeV의 에너지를 얻은 탄소 입자들은 110도 자석을 통과하면서 분리되어 안정된 원소인 ^{12}C와 ^{13}C는 페러디 컵(Faraday Cup)에서 검출되고 방사성탄소 동위원소 ^{14}C는 계속하여 33도 정전 분리기와 90도 자석을 통과하여 이온 챔버 입자 검출기로 측정된다. 이 검출된 양들은 조정실에 있는 컴퓨터에 전달되어 동위원소들 간의 비가 계산되며 연대를 측정하는 기본적인 자료로 이용되어진다. 방사성 탄소 ^{14}C의 반감기는 5730년이며 가속기를 이용한 비율측정에서는 그 비가 10~15 한계까지 가능하다."[40]

AMS에 의한 ^{14}C 연대측정은 전세계적으로 90여개 기관에서, 일본에서는 8개 기관에서 실시하고 있으며, 한국에서도 1개 기관(서울대학교 기초과학공동기기원)에 AMS가 설치되어 있다. 이 방법은 이전의 측정법에서 획기적으로 개선된 것으로 더 적은 시료로, 짧은 시간에, 더 오래된 연대를 측정할 수 있다는 것이다. 즉 과거에는 몇 g의 시료가 필요하였으나 이 방법으로는 몇 mg이면 측정이 가능하고, 과거 며칠에서

---

40) 서울대 기초과학공동기기원 홈페이지에서 인용하였다.

몇 주에 걸쳐 측정되었으나 몇 시간이면 충분하며 6만년 이전까지도 측정이 가능하다.

다음으로 나이테 연대에 대한 편차수정을 알아보고자 한다. 측정된 방사성탄소연대는 바로 고고학 편년에 사용할 수 있는 것이 아니라 나이테 연대에 의한 편차수정을 해야 한다. 이것은 지구상에서 ^{14}C의 농도가 일정하지 못하고 변화되어 왔기 때문이다. 연대를 수정할 때는 補正曲線(일본에서는 較正曲線이라고 함)인 INTCAL98을 이용하여 수정하며, 기왕에 만들어진 컴퓨터 프로그램으로 옥스퍼드대학팀이 개발한 OxCal에 의거해 연대수정을 하고 있다(坂本稔 2004; 今村峯雄 2004b). 하나의 사례를 들면 다음과 같다〈그림 12〉.

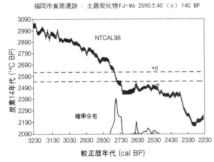

福岡市雀居遺跡 : 土器炭化物FJ-#6 2590±40 (σ) 14C BP

解析結果		
tm =		2730 cal BP
95% range		
830 cal BC ~		750 cal BC (69.3%)
680 cal BC ~		660 cal BC (8.2%)
640 cal BC ~		580 cal BC (11.9%)
580 cal BC ~		540 cal BC (5.9%)

<그림 12> 확률밀도계산에 의한 歷年代의 추정(『季刊考古學』88:32)

일본에서 새로운 연대관의 출현배경에는 나이테 연대에 대한 연구결과가 작용한다. 우선 일본에서의 나이테 연대가 樹種에 따라 기원전 900~1300년경까지 수립되었고, 이를 다시 방사성탄소연대를 측정하였을 때 대체로 미국에서 만들어진 補正曲線과 유사하게 나타났다〈그림 13〉.

야요이시대의 연대 연구에 기여한 하나의 사례로 1996년 오사카 이케가미소네 유적(大板府 池上曾根 遺蹟)의 대형건물 기둥에 대한 年輪

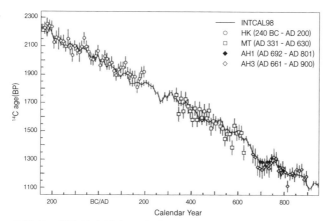

<그림 13> 일본의 木材 (HK: 信奈川縣, MT: 長野縣, AH: 秋田縣)과
INTCAL98과의 비교(『季刊考古學』88: 32)

年代가 알려진 것이다〈그림 14〉. 이것은 종래의 야요이시대 중기 후반
으로 추정되던 것으로 약 100년 빠른 기원전 52년이라는 연대가 확인
되어 일본고고학계를 놀라게 하였다(光谷拓實 2004). 이후 일본에서
2000년 이전에는 시도하지 않았던 나이테 연대에 의해 편차수정된 연
대를 고고학편년에 사용하게 되면서 고고학의 연대가 과거에 비하면
이르게 된 것이다.

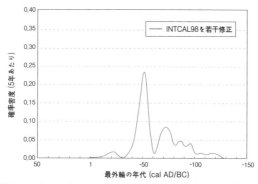

<그림 14> 池上曾根遺蹟의 52B.C.(年輪年代) 柱材의 방사성탄소
교정연대(春成秀爾·今村峯雄編 2004:23)

이와 같이 새로운 연대측정법에 의해 제시된 야요이시대 연대에 대하여 몇 가지 의문점이 제기되고 있다.

첫째, 측정된 시료상의 문제이다. 歷博팀이 주로 사용하였던 시료인 토기에 남아있던 탄화물의 연대는 동 시기의 구루미(クルミ)나 炭보다도 오래된 것으로 나타날 가능성이 있어 시료로서 적합하지 않다고 지적되었다(西田茂 2003). 이에 대하여 歷博팀은 유적의 입지나 소재지, [13]C의 농도 등으로 보아 "海洋 리세스(recess) 효과"를 반영할 가능성이 높을 수 있지만 실제 유적에서 실험한 결과 다른 시료와 별다른 차이가 없다고 반박하고 있다(藤尾愼一朗·今村峯雄 2004). 이와는 별개로 시료의 오염문제는 아무리 정확한 방법이라 하더라도 나타나는 것으로 실제 歷博팀의 573개 시료 중에 약 60개(10%)가 기대치보다도 200년 이상 틀린 연대가 나왔다고 한다. 따라서 연대측정 이전에 시료의 채집과정과 前處理에 각별한 주의가 필요한 것이다(小林謙一 2004).

둘째, 나이테에 의한 편차수정시 기원전 800~400년간에는 문제가 있다는 것이다. 즉 2400~2600 B.P.의 연대를 편차수정하면 모두 비슷한 결과가 나온다(김장석 2003). 따라서 야요이시대 전기의 시작연대 설정에는 얼마간의 문제가 있게 된다. 이에 대하여 歷博팀은 몇 가지 대책을 제시하고 있다. 즉 연륜법, 위글 매취(wiggle match)법, 토기편년과 대비, 정밀한 탄소연대측정 등을 통해 극복할 수 있다는 것이다(今村峯雄 2004b).

셋째, 歷博팀의 새로운 연대관의 주장은 다소 성급한 면이 없지 않다. 즉 많은 시료가 측정되었으나 정작 중요한 야요이시대 조기를 나타내는 시료의 수가 몇 개에 지나지 않는다는 것이다. AMS에 의한 연대측정법이 정확하다고 하더라도 그 결과 얻어진 연대는 역시 통계적이고 확률적인 의미를 지닌 연대이다. 이러한 연대를 사용하기 위해서는 지역적으로 넓게, 가능한 많은 시료가 측정되었을 때 그 신뢰성을 높일 수 있다.

넷째, 측정한 결과에서 연대의 중간값이 아니라 상한값을 사용함으로써 연대를 지나치게 올려보려고 하는 의도가 보인다. 예를 들면 야요이시대 조기에 해당하는 시료의 연대가 기원전 930~800년, 550~390년, 900~790년 등이 나왔는데 歷博팀은 여기에서 기원전 930년을 상한값으로 사용하였다. 그러나 가장 믿을 수 있는 연대는 3개의 중앙값인 기원전 865년, 470년, 845년 중으로 오차가 심한 기원전 470년을 포기한다면 나머지의 평균인 기원전 855년경으로 보는 것이 더 합리적인 연대일 것이다. 또 앞에서 지적된 補正曲線의 문제로 인하여 야요이시대 중기의 시작연대가 기원전 800년으로 설정된 것도 다소 의문이다.

다섯째, 또 다른 문제는 토기의 상대편년에 절대연대를 적용하고 있다는 것이다. 이는 토기형식간의 공존을 인정하지 않는 것으로 일본고고학이 '型式學的 方法'에서 출발한 '型式編年'에 매달려 있다는 것을 보여준다. 이를 바탕으로 한다면 당시의 문화해석이 단선적이 될 수밖에 없다. 사실상 방사성탄소연대를 적용한다면 기존의 형식편년도 재검토되어야 한다. 예를 들면 야요이시대 조기와 전기 연대가 올라가고, 조몬시대 만기의 연대가 낮게 나타나는 현상을 어떻게 설명할 수 있을지 모르겠다. 한국의 경우, 일본연구자들의 해석과 다르게 절대연대를 기초에 둔 한국 토기형식의 편년이 서로 중복되어 나타내듯이 일본의 편년방식과는 전혀 다른 면을 보여주고 있다(이홍종 2006)〈그림 15〉.

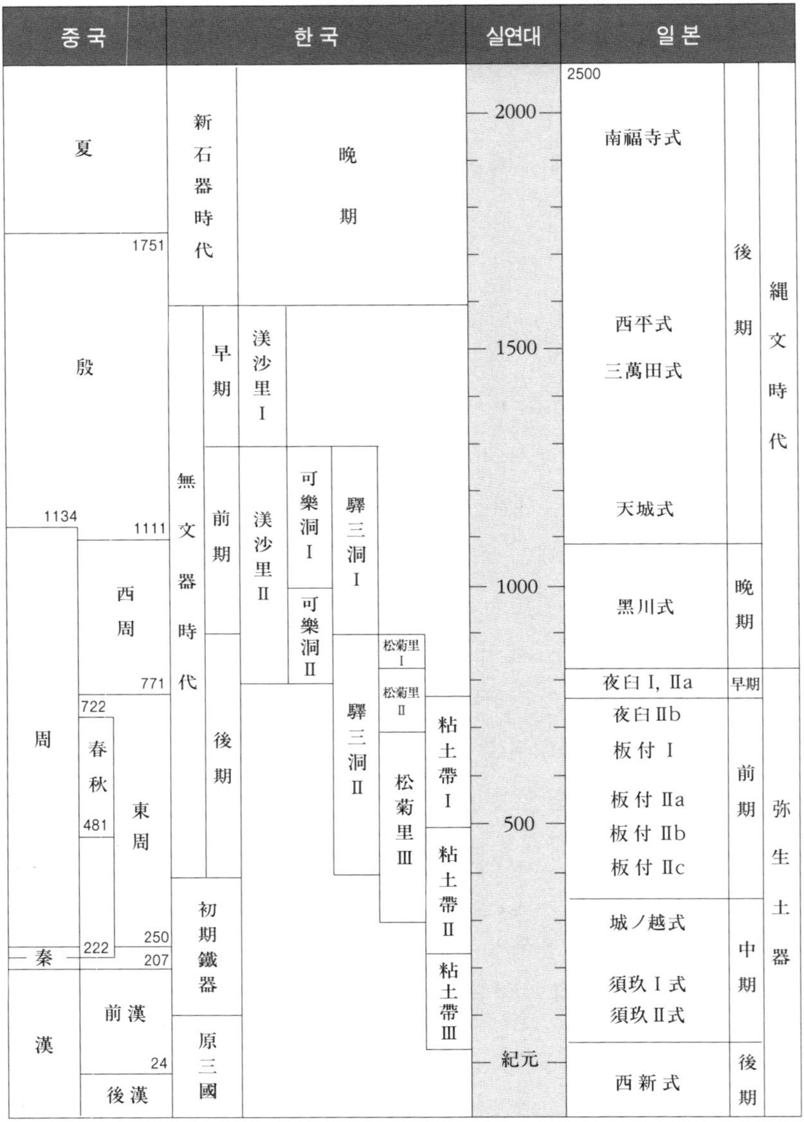

중 국	한 국	실연대	일 본
			2500
夏	新石器時代 / 晚期	2000	南福寺式
1751			
殷	早期 / 漢沙里I	1500	西平式 / 三萬田式
1134　1111	無文器時代 / 前期 / 漢沙里II / 可樂洞I / 可樂洞II / 驛三洞I		天城式
西周		1000	黑川式
771			
722 周 春秋 481 東周	後期 / 驛三洞II / 松菊里I / 松菊里II / 松菊里III / 粘土帶I	500	夜臼I, IIa / 夜臼IIb / 板付I / 板付IIa / 板付IIb / 板付IIc
秦 222　207 250　207	初期鐵器 / 粘土帶II		城ノ越式 / 須玖I式 / 須玖II式
前漢 24 漢 後漢	原三國 / 粘土帶III	紀元	西新式

일본 시대: 縄文時代 (後期 / 晚期), 彌生土器 (早期 / 前期 / 中期 / 後期)

<그림 15> 무문토기와 야요이 토기의 실연대(이홍종 2006)

그런데 절대연대결정법에 의한 연대와 상대편년에 근거를 둔 연대와는 바로 비교할 수 없다. 다시 말하면 일본에서 새로운 연대측정방법으로 얻어진 연대로 한국이나 중국에서 통용되는 연대와 비교하는 것은 무리이다. 일본과 동일한 조건으로 한국이나 중국의 시료를 측정하고, 그 연대를 비교하여야 한다. 일부 일본 연구자들은 과거 상대연대에 기초를 둔 연대와 절대연대결정법에 의한 연대를 바로 비교하여 새로운 방법에 의해 제시된 연대의 부정확성을 지적하고 있으나 중국과 한국의 연대도 같은 조건으로 측정하면 그 결과는 더 올라갈 수 있기 때문에 절대연대결정법의 사용이 큰 문제인 것은 아니다.

이미 중국에서는 1970년대부터 적극적으로 ^{14}C연대측정을 시도하였고, 이를 나이테 연대에 의거한 보정연대에 근거하여 고고학 편년을 하고 있다. 한국에서 신석기시대 연대는 ^{14}C연대를 받아들이지만 청동기시대 연대는 기존의 연대를 따르는 경향이 오래 지속되었다. 1980년 초에 한국 청동기시대의 시작연대를 기원전 1,300년으로 보아야 한다는 주장(최성락 1982)이 있었으나 당시에는 거의 받아들이지 못하였다. 최근에 들어와서 청동기시대의 연대를 절대연대에 근거하여 기원전 15~13세기경에 시작되었다는 주장이 나타나고 있다.

5. 맺음말

歷博팀에 의해 주장된 새로운 연대관은 점차 기존의 연대관을 수정하게 하고 있어 멀지 않은 시점에 일본 연구자들이 이를 받아드릴 것으로 예상된다. 새로운 연대관에는 아직도 몇 가지 문제점들이 노출되고 있으나 과거 죠몬시대 시작연대에 대한 논쟁[41]에서도 찾아볼 수 있듯이 연대관의 변화는 필연적이라고 볼 수 있다.

이 경우 유념하여야 할 것은 한국고고학자들도 기존의 청동기시대 연대관을 포기하고, ¹⁴C연대에 의한 편년을 받아들여야 할 것이다. 만약 한국고고학에서 기존의 연대관을 수정하지 않으면 國立奈良博物館의 전시에서와 같이 일본 야요이시대의 연대가 한국 청동기문화의 연대보다 이르게 표시됨으로써 청동기문화가 일본지역에서 한반도로 역류되었다는 엉뚱한 해석을 가져 올 수도 있다.

그리고 고고학에서의 편년은 과거 문화를 해석하기 위한 기초적인 작업에 불과하다. 합리적인 편년을 바탕으로 당시의 문화가 어떻게 형성되고 변천되었는가를 해석하여야 한다. 즉 야요이시대의 연대보다는 동북아시아에서 농경문화가 어떻게 형성되고 변화되었는지가 고고학에서 더 중요한 과제이다.

끝으로 이러한 연대문제를 해결하기 위하여 치밀하게 분석하고, 공동으로 연구하는 일본연구자들의 노력은 본받을 만하다는 것이다. 한국에서도 고고학자와 자연과학자가 공동으로 이러한 연구가 수행될 수 있기를 바란다. 이에 앞서 우선 서울대학교 기초과학공동기기원에서는 매년 측정된 ¹⁴C 연대를 정리하여 발표하였으면 좋겠고, 한국고고학회에서는 이러한 문제를 놓고 적극적으로 논의할 수 있는 기회를 마련해 주었으면 한다. (「일본 야요이시대 연대문제에 대하여」, 『한국고고학보』58, 한국고고학회, 2006)

---

41) 죠몬시대의 시작연대가 ¹⁴C연대에 의해 기원전 10,000년을 상회한다는 주장에 대하여 처음에는 일부 고고학자들이 강력하게 반발하였으나 얼마 후에 일본고고학계에서 수용되었던 바가 있다.

참고문헌

김장석, 2003, 「충청지역 송국리유형 형성과정」, 『한국고고학보』51, 33-55.

이홍종, 2006, 「무문토기와 야요이 토기의 실연대」, 『한국고고학보』60, 236-258.

성정용, 1997, 「대전 신대동·비래동 청동기유적」, 『호남고고학의 제문제』, 제21회 한국고고학전국대회.

최성락, 1982, 「방사성탄소측정연대 문제의 검토」, 『한국고고학보』13, 1-95.

千羨幸, 2005, 「한반도 돌대문토기의 형성과 전개」, 『한국고고학보』57, 61-97.

庄田愼矢, 2005a, 「호서지역 출토 비파형동검과 미생시대 개시연대」, 『호서고고학』12, 35-61.

_____, 2005b, 「일본 선사고고학의 시대구분과 연대문제-기원전 1천년기를 중심으로-」, 『선사와 고대』22, 57-70.

李弘鍾, 2004, 「韓國中西部地域における無文土器時代の實年代」, 『彌生農耕の起源と東アジア』, 國立歷史民俗博物館國際研究集會 2004-3.

國立歷史民俗博物館, 2004, 『彌生農耕の起源と東アジア』, 國立歷史民俗博物館國際研究集會 2004-3.

岡崎敬 1971, 「日本考古學の方法」, 『古代の日本』9, 角川書店.

高倉洋彰, 2003, 「彌生時代開始の新たな年代觀をめぐって」, 『考古學ジャーナル』510, ニューサイエンス社.

光谷拓實, 2004, 「彌生時代の年輪年代」, 『彌生時代の實年代 炭素14年代をめぐって』, 學生社.

宮本一夫, 2004, 「靑銅器と彌生時代の實年代」, 『彌生時代の實年代 炭素14年代をめぐって』, 學生社.

今村峯雄, 2004a, 「AMS炭素年代測定法 曆年較正」, 『季刊考古學』88, 雄山閣.

_____, 2004b, 「世界レベルの年代研究へ」, 『彌生時代の實年代 炭素14年代をめぐって』, 學生社.

大貫靜夫, 2003, 「松菊里石棺墓出土の銅劍を考えるための10の覺え書き」, 『第15回東古代史·考古學研究會交流會豫稿集』, 東北亞細亞考古學研究會.

藤尾愼一朗·今村峯雄, 2004, 「炭素14年代とリザーバー效果-西田茂氏の批判に應えて-」, 『考古學研究』50-4(200号), 考古學研究會, 3-8.

武末純一, 2002, 『彌生の村』, 日本史リブレット3, 山川出版社.

_____, 2004, 「彌生時代前半期の曆年代」, 『福岡大學考古學論文集-小田富士雄先生退職記念-』, 小田富士雄先生退職記念事業會.

柳田康雄, 2004,「日本·朝鮮半島の中國式銅劍と實年代論」,『九州歷史資料館研究論集』29, 九州歷史資料館.

西谷正, 2004,「考古學からみた彌生時代の始まり」,『科學が海き明かす古代の歷史-新世紀の考古科學』, 第18會「大學と科學」公開シンポジウム講演收錄集.

西田茂, 2003,「年代測定値への疑問」,『考古學研究』50-3(199号), 考古學研究會, 18-20.

石川日出志, 2003,「彌生時代曆年代論とAMS年代法」,『考古學ジャーナル』510, ニューサイエンス社.

_____, 2004,「炭素14年代の解釋」,『彌生時代の實年代 炭素14年代をめぐって』, 學生社, 167-172.

小林謙一, 2004,「試料採取と前處理」,『季刊考古學』88, 雄山閣.

小林行雄, 1951,『日本考古學概說』, 創元社.

岡內三眞, 2004,「東北式銅劍の成立と朝鮮半島への傳播」,『彌生時代の實年代 炭素14年代をめぐって』, 學生社.

衫原莊介, 1955,「彌生文化」,『日本考古學講座』4, 河出書房.

佐原眞, 1983,「彌生土器入門」,『彌生土器Ⅰ』, ニューサイエンス社.

春成秀爾, 2004a,「彌生時代の實年代-過去·現在·將來」,『彌生時代の實年代 炭素14年代をめぐって』, 學生社.

_____, 2004b,「炭素14年代と日本考古學」,『彌生時代の實年代 炭素14年代をめぐって』, 學生社.

_____, 2004c,「炭素14年代と鐵器」,『彌生時代の實年代 炭素14年代をめぐって』, 學生社.

春成秀爾·藤尾慎一朗·今村峯雄·坂本稔, 2003,「彌生時代の開始年代-C14年代の測定結果について-」,『日本考古學協會第69會總會研究發表要旨』, 日本考古學協會.

春成秀爾·今村峯雄編, 2004,『彌生時代の實年代 炭素14年代をめぐって』, 學生社.

田中良之 外, 2004,「彌生人骨を用いたAMS年代測定(豫察)」,『日·韓交流の考古學』, 九州考古學會·嶺南考古學會.

坂本稔, 2004,「AMSによる炭素14年代法」,『彌生時代の實年代 炭素14年代をめぐって』, 學生社.

橋口達也, 1979,「甕棺副葬品からみた彌生時代實年代」,『九州自動車道關係埋藏

文化財調査報告 31-中卷』, 福岡縣敎育委員會.

_____, 2003,「炭素14年代測定法による彌生時代の年代論に關連して」,『日本
考古學』16, 日本考古學協會.

제2절 東아시아에서의 茶戶里 遺蹟

1. 머리말

창원 다호리 유적은 1988년에서 1992년간에 국립중앙박물관에 의해 7차에 걸쳐 학술발굴이 이루어져 다수의 목관묘들이 조사되었다. 특히 제1호 목관묘는 통나무관을 사용한 무덤이고, 여기에서 출토된 漆鞘銅劍, 鐵劍, 板狀鐵斧, 붓, 小銅鐸, 星雲文鏡, 五銖錢 등이 알려지면서 고고학계의 주목을 받았다. 이 유적의 중요성이 인정되어 1988년 9월 3일에 다호리 유적 일대가 사적 제327호로 지정되었다. 이후 1997년에서 1998년에 걸쳐 한 차례 수습발굴이 이루어졌다. 여기에서는 목관묘, 무문토기 포함층, 삼국시대 무덤(석곽묘, 석실묘), 祭祀遺構 등이 조사되었다.

발굴 20주년을 맞이하여 이 유적의 성격을 재검토하는 작업은 그 의미가 매우 크다고 생각한다. 따라서 본고에서는 먼저 다호리 유적의 시·공간적 위치와 유적의 사회적 성격을 파악해 본 다음에 동아시아에서 다호리 유적의 位相을 찾아보려고 한다. 이를 위해서 여러 연구자들의 견해를 정리해 보고, 몇 가지 개인적인 의견을 덧붙이고자 한다.

2. 다호리 유적의 고고학적 위치

1) 유적의 시·공간적 위치

다호리 유적은 다호마을 뒷산과 주남저수지로 이어지는 저습한 평지 일대에 분포하고 있다. 이 유적은 해발 433m의 九龍山 북서줄기와 이어지는 해발 20m 정도의 야산에서 북쪽으로 뻗어 내린 야트막한 구릉이었던 곳에 위치하며, 북쪽으로 낙동강이 서에서 동으로 흐르고 있다 〈그림 16〉.

다호리 목관묘는 기원전 1세기 후반에서 기원후 1세기경의 원삼국시대 초기의 유적으로 인식되고 있다(이건무외 1989, 1991, 1993, 1995).

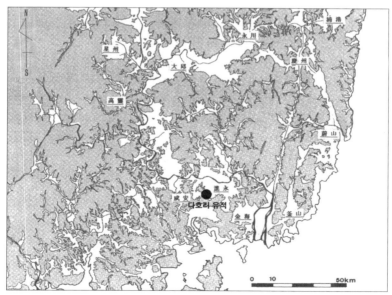

<그림 16> 창원 다호리 유적의 위치

또 다호리 유적의 연대에 대한 여러 연구자들의 견해(임효택 1993, 이청규, 1997, 정인성 1998, 안재호 2000)도 대체로 일치한다. 다만 다호리 1호 목관묘에서 출토된 星雲文鏡의 연대를 기원전 1세기 중엽경으로 보는 견해(이양수 2006)가 있지만 제1호 목관묘의 연대를 기원전 1세기 후반으로 보는 점에는 별다른 이견이 없다. 또 수습발굴된 유구나 유물과 발굴되지 않는 구릉상의 가야고분을 염두에 둔다면 다호리 유적의 전체적인 연대는 기원전 2세기 후반경에서 기원후 6세기경에 이른다.

2) 다호리 유적과 관련된 문제들

다호리 유적과 관련된 몇 가지 고고학적 문제들을 정리해 보면 다음과 같다.

첫째, 다호리 유적이 어느 시대에 속하는가 하는 문제이다. 여기에는 두 가지 관점이 있다. 하나는 기원전 300년의 획기를 중시하는 관점으로 바로 세형동검(한국식동검)문화의 시작을 중시하자는 것이다. 이러한 관점이 두드러진 것은 바로 三韓時代論이다. 삼한시대는 세형동검문화의 시작을 시점으로 하는데 기원전 300년에서 기원후 300년까지로 설정되고 있다(안재호 1994; 신경철 1995; 김영민 2007).

다른 하나는 기원전 100년을 획기로 보는 관점으로 기원전 300년경의 세형동검문화의 시작을 인정하지만 기원전 1세기경도 중요한 획기로 보자는 것이다. 즉 철기문화의 시작과 더불어 목관묘의 등장과 와질토기의 사용을 그 특징으로 삼고 있다. 이러한 입장은 시대구분을 初期鐵器時代와 原三國時代로 하면서 원삼국시대의 상한을 기원전 1세기로 보는 견해이다(이희준 2005). 다만 초기철기시대의 시작 연대를 방사성탄소연대에 근거하여 기원전 4세기경으로 수정하였다(박진일 2007). 이와 같이 시대구분을 달리하는 것은 삼한의 형성과정에 대한 인식의 차이에서 기인한 것이다[42].

둘째, 목관묘의 기원 문제이다. 목관묘는 기원전 2세기경에 등장하여 기원후 2세기 중엽 목곽묘로 변화되기까지 주로 사용된 무덤이다. 목관묘의 기원을 中國 華南지역에서 찾는 견해(한병삼 1992; 이재현 1992)와 중국 북부지역에 두는 견해(임효택 1992)가 있으나 청동기시대의 무덤에서 유래되었다는 주장(이주헌 1994)도 있어 논란이 되고 있다. 특히 주목되는 것은 제1호 목관묘가 통나무 목관이며 그 아래에 腰坑이 있다는 점이다[43]. 통나무 목관은 화순 대곡리 유적에서 이미 확인된 바가 있다. 또 다른 무덤인 합구식 옹관묘는 대체로 목관묘와 함께 나타나는데 기원전 2세기경 황해도 명사리 유적에서 처음으로 출현하였다. 이 무덤들은 모두 청동기시대에 없었던 것으로 당시 주민들에 의해 새로이 채용된 무덤양식이다.

셋째, 토기 문제이다. 다호리 유적에서는 무문토기와 와질토기가 공존하고 있다. 와질토기는 기원전 1세기경에 출현하여 기원후 2세기 중엽경 목곽묘의 등장과 함께 신식와질토기로 변화된다. 와질토기가 낙랑토기의 영향을 받았다는 견해(신경철 1982)와 재래의 무문토기 제작기술과 樂浪의 製陶技術이 결합되었다는 견해(이재현 2002)가 있는 반면에 戰國系 製陶技術이 서북한지역과 중부지역을 거쳐 남부지역으로 파급되었을 것으로 보는 견해(이성주 1998)와 중국계 灰陶의 영향을 직접 받았다는 견해(정인성 2008)도 제시되었다. 영남지역의 토기 편년은 여러 연구자들에 의해 비교적 자세하게 제시되었다. 다만 사천 늑

---

42) 시대구분의 문제와 더불어 다호리 유적이 변·진한에 속하는 유적인지 아니면 조기 가야의 유적인지도 논란이 될 수 있다. 이 역시 관점의 차이로 생각되나 가야의 시작을 대체로 기원후 1-2세기경으로 보고 있어 변·진한의 유적으로 보는 것이 일반적이다.

43) 목관에 요갱을 두는 전통은 조선시대에 이르기까지 지속되었음을 광주 덕남동 유적(송미진·장성일 2011)에서 확인되었다.

도패총의 무문토기(경질무문토기)를 와질토기에 앞서는 단계로 보는 것은 잘못된 시각이다. 이미 늑도패총의 하한연대를 기원후 1~2세기로 보는 견해(이재현 2002)도 있지만 와질토기가 보이지 않는 전남 동부지역과 경남 서부지역에서는 기원후 3세기경까지 무문토기(경질무문토기)가 사용되고 있음이 확인되었다.

넷째, 철기 문제이다. 영남지역에서 출토된 철기류는 대체로 漢代 鐵器로 보고 있고, 戰國時代의 철기와 관련된 기원전 2세기경의 鑄造鐵器는 주로 湖西·湖南지역에 분포하고 있다. 그런데 영남지역에 戰國系 철기의 유입여부가 논란이 되고 있다. 먼저 戰國系 鐵製技術이 製陶技術과 함께 들어왔다는 주장(이성주 1998)이 있었고, 뒤이어 구체적으로 기원전 2세기경 戰國系 철기가 유입될 가능성이 있다는 견해가 제시되었다. 즉 大邱 八達洞 유적에서 출토된 雙合范의 鑄造鐵斧와 71호 목관묘에서 나온 鐵劍을 예로 들고 있고, 東萊 萊城유적에서 발견된 鍛冶遺構와 철기를 기원전 2세기 후반경으로 추정하고 있다(송계현 2002). 이러한 견해를 반박하면서 樂浪 설치 이후에 철기가 유입되었다는 주장(이남규 2002)이 있지만 前漢系 鐵器에 앞서는 유물이 들어왔을 가능성은 매우 높다고 본다.

다섯째, 유물의 다양함이다. 銅鏡, 五銖錢, 漆器, 붓, 부채, 목기 등 다양한 유물은 피장자의 身分이나 中國과의 交易을 보여줌과 동시에 文字의 사용 등 이전 시기에 비해 한층 발전된 社會相을 보여주는 증거이다(이건무 1992, 1995, 1999).

3. 다호리 유적의 사회적 성격

1) 다호리 유적의 취락과 주민의 성격

　다호리 유적에서는 취락이 조사되지 않았으나 낙동강유역에서 발견된 당시의 취락을 통해 추정해 볼 수 있다. 최근 주거지에 대한 연구성과를 참고한다면 다호리 유적은 남해안지역에 속하므로 원형계 주거지와 방형계 주거지가 공존하는 지역에 포함되어 있다(김나영 2007). 하지만 동남부지역에서 단면삼각형 점토대토기가 공반되는 주거지가 원형계임(이수홍 2007)을 고려하고, 다호리 유적이 삼한시대 타원형 주거지가 분포하는 지역(공봉석 2008)임을 감안한다면 이 유적의 주거지 형태는 원형계일 가능성이 높다. 그리고 기원전 1세기경의 다른 지역 취락을 고려한다면 이미 일정한 규모 이상의 취락이 형성되었을 것으로 추정된다.

　다호리 유적을 형성한 주민들의 출자문제로는 이동설과 재지설이 있다. 먼저 주민 이동설로 목관묘의 원류를 중국 華南지역에서 구할 뿐 아니라 토광묘의 피장자도 중국의 移住民이라는 주장이 있었다(이재현 1992). 이에 반하여 낙동강 하류의 토광묘는 樂浪이 이전의 서북한지역 토광묘와 연결되고 이것은 북방지역 토광묘와 연결된다고 보면서 南下한 西北韓 주민들이 土着人과 결합하여 土着社會를 형성하였다는 견해가 있다(임효택 1992).

　또 문헌 자료인 『三國志』魏書東夷傳에는 辰韓이 秦役을 피해서 온 사람들로 구성되었다는 기록이 있어 衛滿朝鮮系 주민의 이동으로 해석되고 있다(이현혜 1984). 이와 같이 삼한의 형성기에 중국으로부터 일부 주민의 이동이 있었을 것으로 추정된다.

　그러나 어떤 문화의 형성은 주민의 이동만으로 설명될 수 없다. 왜냐하면 문화는 그 지역 주민들이 어떻게 문화를 수용하고, 발전시키느냐에 달려있기 때문이다. 고고학적 증거에 의하면 청동기시대 이래로 영남지역에 많은 사람들이 자리 잡고 살았다. 다호리 유적은 그러한 배경, 즉 청동기문화를 바탕으로 형성된 것이다. 또 기원전 1세기경에 새로이 많은 철기와 다양한 外來遺物들이 나타나는 것을 단순한 주민의 移動보다는 交易과 같은 다른 요인으로 설명될 수 있는 문제이다. 따라서 다호리 유적의 피장자들은 기원전 1세기경에 유입된 주민들이기 보다는 그 이전 시기, 즉 점토대토기가 유입되는 기원전 4~3세기경부터 이 지역에 자리 잡았던 주민들일 것이다. 또 다호리 유적에서 세형동검이 출토되었다는 사실과 더불어 원형계 주거지가 있었다면 이는 점토대토기 단계로부터 있었던 주거양식인 것이다.

2) 다호리 유적의 사회적 성격

삼한사회의 형성과정과 國의 출현에 대한 연구가 비교적 활발하게 이루어지고 있다. 먼저 다호리 유적의 발굴자들(이건무외 1989)과 마찬가지로 다호리 제1호 목관묘의 피장자를 가야 조기의 首長으로 보면서 이를 『三國志』魏書東夷傳에 나오는 國을 다스리는 君長으로 본 반면 이보다 약간 늦은 良洞里〈東〉제55호의 피장자가 蘇塗를 주관하는 天君으로 파악하고 있다(임효택 1993).

그런데 國의 출현을 가장 빠르게 보는 견해로 송국리 유적이나 비파형동검이 출토된 여수 적량동 유적 등과 같이 청동기시대 중기에는 國이 형성되었다고 주장하고 있다(武末純一 2002). 이보다는 늦지만 청동기를 통해 기원전 2~1세기경에 國이 형성되었음을 인정하면서 기원전 1세기 전반까지의 피장자는 祭儀를 주재하는 祭司長의 성격을 가진 首長이나 다호리 제1호 목관묘와 같이 기원전 1세기 후반부터는 그렇지 못하다고 하였다(이청규 2002a). 반면 한·일 多紐細文鏡의 분석을 통해 2區 細文鏡(九鳳里類型)은 政治的 首長을 의미하고, 3區 細文鏡

(東西里類型)은 祭司長을 의미한다는 주장도 있다(이양수 2004).

고고학 자료와 문헌 자료를 함께 살펴본 권오영(1996)은 國의 발전 과정을 3단계로 보고 있다. 즉 청동기문화를 가진 衆國(辰國)단계에서 는 靑銅儀器類를 통해 볼 때 최고 首長이 여러 邑落의 祭儀權을 장악한 司祭王의 모습이고, 다음으로 三韓의 國은 이와 달리 최고 지배자인 臣 智가 존재하며 전 시기와 달리 세속적이고, 정치적인 측면을 강화시켜 나가고 있으며, 국가 단계에 진입한 國들과 그렇지 못한 國들이 공존하 였던 것으로 이해하고 있다. 하지만 그는 三韓의 王이 4세기 이후 三國 鼎立期의 王과 그 성격이 달랐다고 보았다. 그런데 삼한 소국의 형성과 정을 취락의 발전과정, 즉 邑落의 형성과정으로 보아야 한다는 주장(이 희준 2000a)이 제기되었듯이 취락보다는 청동기 등 유물과 분묘 자료 에 의해 國의 형성문제가 다루고 있는 것이 문제점으로 지적된다.

낙동강 상류인 대구와 경주지역에서는 대체로 기원전 2~1세기경에 지역정치체, 즉 國이 형성되었다고 한다(이희준 2000b, 2002; 이청규 2002b). 낙동강 하류인 김해지역을 중심으로 하는 狗邪國의 성립 시기 를 기원후 1세기로부터 기원후 3세기경까지로 보는 등 다양한 견해가 제시되고 있다[44](이현혜 1984; 김태식 1991; 홍보식 2000; 이성주 2002). 그러나 다호리 유적을 중심으로 하는 연구는 거의 이루어지지 못하였다. 이것은 주변 유적에 대한 발굴조사가 여전히 미비한 까닭도 있지만 변·진한에 속하는 國이 알려지지 않았기 때문일 것이다. 다호리 유적은 변·진한(전기 가야)에 속하는 狗邪國과 安邪國의 중간에 위치 하고 있으나 狗邪國과 서로 연결되는 곳이다. 狗邪國의 형성을 기원후

---

44) 國의 형성에 대한 견해를 정리해보면 고고학 자료를 중심하는 고고학자와 문헌 자료를 함께 고려하는 고대사학자들 사이에 다소 차이가 보인다. 고고학자들은 國의 형성이나 古代國家의 개념을 엄격히 적용하여 형성시기를 낮추어 보려는 경 향이 있다.

1세기 이후로 본다면 다호리 유적은 바로 狗邪國이 성립되기 이전에 중심지 역할을 하였던 곳으로 추정된다〈그림 17〉.

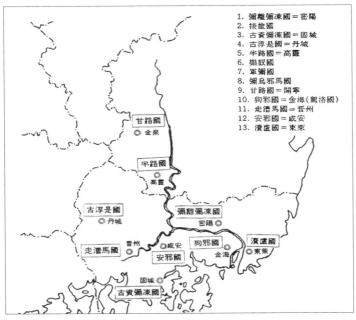

1. 彌離彌凍國＝密陽
2. 接塗國
3. 古資彌凍國＝固城
4. 古淳是國＝丹城
5. 半路國＝高靈
6. 樂彌國
7. 軍彌國
8. 彌烏邪馬國
9. 甘路國＝開寧
10. 狗邪國＝金海(駕洛國)
11. 走漕馬國＝晋州
12. 安邪國＝咸安
13. 瀆盧國＝東萊

〈그림 17〉 전기 가야 13국의 위치도(김태식 1991)

따라서 한국 남부지역에서는 靑銅儀器類가 출토되는 시기에 사회의 계층화가 이루어졌으며 邑落이 형성되고, 지배자(首長)도 출현하였을 것이다. 그 다음 단계에 속하는 다호리 제1호 목관묘의 피장자는 이미 祭司長에서 벗어나 國邑의 최고의 우두머리, 즉 首長(主帥, 臣智, 王)으로 볼 수 있다. 다만 기원후 1세기경에는 그 주도권이 점차 김해지역(양동리 유적 및 대성동 유적)으로 넘어갔을 것으로 본다〈그림 18〉.

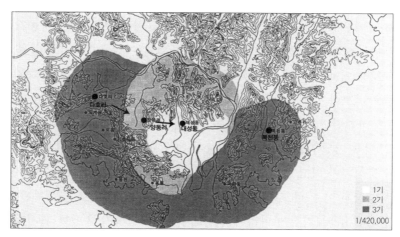

<그림 18> 구야국 세력의 변천(홍보식 1999의 도면을 이용함)

4. 동아시아에서의 다호리 유적

1) 남부지역 철기문화의 형성과 대외적인 교류

중국에서의 철기문화는 春秋時代에서 戰國時代로 넘어가면서 본격화되었다. 戰國時代에는 그 여파가 동아시아 전체에 미쳤다. 중국 동부지역에서의 철기문화는 燕에 의해 발전되었고, 이것이 한반도 북부지역으로 전달된다. 이 연대를 대체적으로 기원전 4~3세기로 보고 있으며 남부지역으로 전달된 것은 기원전 2세기경이다(이남규 2002).

남부지역의 철기문화에는 두 가지 루트, 즉 육로와 해로에 의해 파급된 철기문화의 영향을 받았다고 생각한다. 하나의 루트는 대동강유역에서 한강유역으로, 여기에서 낙동강유역으로 파급되는 내륙의 길이고, 다른 루트는 서해안과 남해안을 거쳐 일본에 이르는 해안선을 따라오는 길이다(최성락 1993).

그런데 다호리 유적은 어떠한 루트의 영향을 받았을까? 즉 육로를 거쳐 들어온 루트일까? 아니면 해로를 통해 들어온 루트일까? 낙동강유역에서 출토된 세형동검(정인성 1998), 철기(이남규 1999), 前漢鏡과 倣製鏡(이재현 2000, 2004), 鑄造鐵斧와 板狀鐵斧(김도헌 2002, 2004) 등으로 보아 기원전 2세기 대의 고고학 자료는 대구-경주지역에 주로 분포하지만 기원전 1세기경에는 낙동강유역 전체적으로 나타나고 있고, 이후 기원후 2세기부터는 낙동강 하류지역인 김해지역이 대외교류의 중심지가 되고 있다. 또 낙동강유역의 목관묘는 호남지역에서 보이는 양상과 아주 다르다. 호남지역에서는 주구를 가진 토광묘(목관묘)가 기원전 1세기경에 나타나서 기원후 3세기경까지 유행한다(최성락 2002). 따라서 다호리 유적은 서해안과 남해안을 거쳐 해로를 통해 유입되는 문화의 영향보다는 육로를 거쳐 들어온 문화의 영향을 받았을 것이다.

철기문화의 형성 이후에는 호남지방과 영남지방 사이에 많은 차이점이 나타난다. 하나의 예로는 유적의 형성이다. 영남지역에서는 철기문화가 시작되는 기원전 2세기경 이래로 대구 八達洞, 경산 林堂洞, 경주 朝陽洞, 창원 茶戶里, 김해 良洞里 등 한 유적에서 거의 연속적으로 유구가 형성되고 있다. 이에 비해 호남지역에서는 남해안지역의 패총을 제외하면 기원전 2세기에서 기원후 2세기까지의 유적이 극히 드물게 발견된다. 그리고 이 시기의 문화양상, 즉 무덤이나 주거지 등에서도 영남지역과 서로 차이가 나고 있다. 다만 남해안을 따라 형성된 패총의 경우에는 서로 공통적인 문화를 공유하였다.

다음은 대외적인 교류문제이다. 낙동강유역에서 중국 前漢계 유물이 집중적으로 나온 이유는 바로 육로를 통한 교류를 생각해 볼 수 있다. 중국이나 낙랑과 관련되는 유물로는 星雲文鏡, 五銖錢, 말 및 수레 부속구, 허리띠 장식(帶鉤), 印章, 銅鼎, 弩器, 銅鏃, 樂浪土器 등이 있다(이재현 2007). 기원전 1세기 후반에 나타나는 漢鏡은 漢郡縣지역으로부터 들어온 것으로 朝貢이나 다양한 交易에 의해 조달될 수 있으며, 중국 본토와는 樂浪을 경유한 3단계 원거리 중계 혹은 간접무역이 될 수도 있다고 보았다(이재현 2000; 이청규 2002).

한편, 다호리 유적에서 일본과 관련된 유물로는 中廣形 銅鉾가 있지만 기원전 1세기에서 기원후 2세기경 남해안지역에서는 일본과의 교류를 나타내는 유물들이 많이 발견되고 있다. 대표적인 것으로는 中廣形과 廣形 銅鉾와 中廣形 銅戈 등이 있고, 야요이 토기류가 있다(이재현 2007; 井上主稅 2006). 다만 中廣形 銅戈와 銅鉾는 이 지역에서 만들어져 일본으로 넘어갔을 가능성이 있다. 또 이것은 狗邪耶 중심으로 철을 樂浪과 倭에 공급하였다는 『三國志』의 기록을 보아도 알 수 있다.

2) 동아시아에서의 다호리 유적

동아시아에서 청동기문화는 중국에서 한국을 거쳐 일본에 이르게 된다. 반면에 철기문화는 중국에서 한국으로 유입되는 거의 동시에 일본으로 전달된다. 이는 육로가 중심이었던 과거와 다르게 새로이 해로를 통해 문화파급이 이루어지기 때문이다. 해로를 통한 문화 전달은 그 이전 보다는 그 속도가 빨라지고, 그렇기 때문에 중국에서 출발한 철기문화가 日本 九州지역에 도달하는 시간은 비파형동검 문화나 세형동검 문화가 도달하는 시간에 비하면 훨씬 빨라질 수밖에 없다〈표 8〉.

그런데 이성주(2007:161~229)는 거시적인 정치·경제적 상호작용의 체계로서 동아시아 세계체계의 형성과 변형과정에 대해 기술하고, 이러한 거시적인 체계 내에서 중심지역인 중원 문명 및 그 거점과 주변지역인 한반도 사회의 상호작용을 통해서 한반도 청동기시대 전기 사회와 청동기시대 후기(초기철기시대) 사회의 변동을 설명하려고 하였다.

그러나 청동기시대에 하나의 동아시아에 세계체계가 형성되었다고 보기에는 불완전한 면이 많다. 오히려 철기문화가 본격적으로 보급되

<표 8> 동아시아 고고학 편년표(방사성탄소연대에 근거를 둠)

年代	中國 東北地域		韓國 南部地域		日本 九州 北部地域	
B.C.E.	商		青銅器時代	早期	突帶文土器	繩文時代	
1000	西周	美松里型土器 琵琶形銅劍 雷文鏡		前期	孔列土器		
				中期(後期)	松菊里型土器 琵琶形銅劍		早期 突帶文土器
	春秋	粘土帶土器 (凉泉文化)				彌生時代	前期 松菊里文化 流入
500							
	戰國	鑄造鐵器	初期鐵器時代	鐵器時代·三韓時代	粘土帶土器 細形銅劍 粗文(星文)鏡 細文鏡		中期 細形銅劍
	秦						
	前漢	前漢鏡			戰國系鐵器		
1	(新)	(新)王莽錢 後漢鏡	原三國時代		茶戶里 木棺墓		前漢系鐵器
	後漢						後期
200 C.E.							

204 한국고고학의 새로운 방향

는 시기, 즉 기원전 1세기경에 이와 같은 세계체계가 형성되었다고 보
는 것이 보다 설득력이 있을 것이다. 철기문화의 파급은 그 전 단계의
문화파급보다도 상대적으로 빨랐고, 상호교류가 되었음이 고고학 자료
와 문헌 자료에 나타나기 때문이다.

따라서 다호리 유적이 출현하는 시기, 즉 기원전 2~1세기경은 중국-
한국-일본이 연결되는 하나의 동아시아문화권이 형성되었고 본격적으
로 상호교류가 시작되는 시기로 볼 수 있다. 그 과정에서 국가 이전 단
계의 國이 성장하게 되었고, 그 대표적인 國이 바로 다호리 유적이다.
이를 직접적으로 보여주는 자료들은 다호리 유적에서 나타나는 다양한
유물, 즉 星雲文鏡, 五銖錢, 小銅鐸, 허리띠장식(帶鉤), 漆器화살통, 漆
器국자, 붓, 부채 등이 있다. 이를 간접적으로 보여주는 증거는 해로상
에 분포하는 패총에서 중국의 철기문화와 더불어 그 이전의 문화가 동
시에 유입되는 현상이다. 즉 卜骨, 製陶技術(回轉軸 이용, 打捺技法 등),
合口式 甕棺墓 등은 중국의 철기문화 이전 문화요소들이 뒤늦게 한국
과 일본에서 나타나고 있다.

5. 맺음말

창원 다호리 유적은 한국 남부지역에 중국으로부터 철기문화가 파급
된 이후 세형동검문화를 가진 집단이 새로운 철기문화를 수용하면서
형성된 유적이다. 이 중에서 제1호 목관묘의 주인공은 변·진한 사회의
최고 우두머리, 首長(主帥, 臣智, 王)으로 추정된다. 또 이 유적이 형성
되는 시기는 중국-한국-일본 등 동아시아가 처음으로 하나의 커다란
문화체계를 형성하였던 시기이며, 그 속에서 활발한 교류가 이루어
졌다.

이와 같이 다호리 유적은 학술적으로 중요함에도 불구하고, 아직은 아쉬운 점이 많다. 앞으로 주변에서 취락지를 포함하여 목관묘 단계 이전과 이후의 유구에 대한 발굴조사가 이루어져야만 이 지역 문화의 변화양상을 파악할 수 있을 것이다. 따라서 유적의 주변지역에 대한 꾸준한 학술발굴을 통해 다호리 유적의 성격을 심층적으로 연구하여야 한다.

또 하나 중요한 점은 이처럼 중요한 유적을 어떻게 보존하고 활용할 것인가 하는 문제이다. 본 학술대회에서는 이 문제가 언급되지 못하고 있으나 이 문제에 대한 논의도 반드시 있어야 한다. 이러한 논의와 더불어 다호리 유적이 잘 정비되어서 이 지역 주민들이나 학생들에게 좋은 학습장으로 활용되기를 기대해 본다. (「동아시아에서의 다호리유적」, 『다호리유적 발굴성과와 과제』, 국립중앙박물관, 2008)

참고문헌

공복석, 2008, 「경남 서부지역 삼국시대 수혈건물지의 구들 연구」, 『한국고고학보』66.

金羅英, 2007, 「嶺南地域 三韓時代 住居址의 變遷과 地域性」, 『嶺南考古學』43.

金度憲, 2002, 「三韓時期 鑄造鐵斧의 流通樣相에 대한 檢討」, 『嶺南考古學』31.

_____, 2004, 「고대 판상철부에 대한 검토–영남지역 분묘 출토품을 중심으로」, 『韓國考古學報』53.

金榮珉, 2007, 「三韓時代論 再考」, 『石軒 鄭澄元教授 停年退任論叢』, 부산고고학연구회논총간행위원회.

金泰植, 1991, 「가야사 연구의 시간적·공간적 범위」, 『韓國古代史論叢』2.

朴辰一, 2007, 「粘土帶土器, 그리고 靑銅器時代와 初期鐵器時代」, 『韓國靑銅器學報』1, 한국청동기학회.

宋桂鉉, 2002, 「嶺南地域 初期鐵器文化의 受容과 展開」, 『영남지역의 초기철기문화』, (제11회 영남고고학회 학술대회).

송미진·장성일, 2011, 『광주 덕남동 유적』, 전남문화재연구원.

申敬澈, 1982, 「釜山·慶南出土 瓦質系土器」, 『韓國考古學報』12.

_____, 1995, 「三韓·三國時代의 東萊」, 『東萊郡誌』, 東萊郡誌編纂委員會.

安在晧, 1994, 「三韓時代 後期瓦質土器의 編年」, 『嶺南考古學』14.

_____, 2000, 「昌原 茶戶里遺蹟의 編年」, 『韓國 古代史와 考古學』(鶴山 金廷鶴博士 頌壽紀念論叢), 學研文化社.

李健茂, 1992, 「茶戶里遺蹟 出土 붓(筆)에 대하여」, 『考古學誌』4, 韓國考古美術研究所.

_____, 1995, 「韓國式銅劍의 組立式 構造에 대하여」, 『考古學誌』7, 韓國考古美術研究所.

_____, 1999, 「茶戶里遺蹟 出土 부채자루(扇柄)에 대하여」, 『考古學誌』10, 韓國考古美術研究所.

李健茂·李榮勳·尹光鎭·申大坤, 1989, 「昌原 茶戶里遺蹟 發掘進展報告Ⅰ」, 『考古學誌』1, 韓國考古美術研究所.

李健茂·尹光鎭·申大坤·金斗喆, 1991, 「昌原 茶戶里遺蹟 發掘進展報告Ⅱ」, 『考古學誌』3, 韓國考古美術研究所.

李健茂·尹光鎭·申大坤·鄭聖喜, 1993, 「昌原 茶戶里遺蹟 發掘進展報告Ⅲ」, 『考古學誌』5, 韓國考古美術研究所.

李健茂·宋義政·鄭聖喜·韓鳳奎, 1995,「昌原 茶戶里遺蹟 發掘進展報告IV」,『考古學誌』7, 韓國考古美術研究所.

李南珪, 1999,「韓半島 古代國家 形成期 鐵製武器의 流入과 普及-中國과의 比較的 視角에서-」,『韓國古代史硏究』16, 59-88.

_____, 2002,「韓半島 細形銅劍期 鐵器文化의 諸問題」,『細形銅劍文化의 諸問題』, 九州考古學會·嶺南考古學會 第5回合同考古學大會.

李盛周, 1997,「辰·弁韓 鐵製武器의 樣相에 대한 몇 가지 檢討-起源期의 樣相과 變形過程을 中心으로-」,『嶺南考古學』21, 79-121.

_____, 2002,「考古學 上으로 본 金官加耶의 國家的 性格」,『盟主로서의 금관가야와 대가야』, 제8회 가야사학술대회.

_____, 2007,『靑銅器·鐵器時代 社會變動論』, 學硏文化社.

李秀鴻, 2007,「東南部地域 靑銅器時代 後期의 編年 및 地域性」,『嶺南考古學』40. 27-49.

李陽洙, 2004,「多紐細文鏡으로 본 韓國과 日本」,『嶺南考古學』35, 37-57.

_____, 2006,「星雲文鏡 製作技術의 두 가지 系譜」,『嶺南考古學』38,

李在賢, 1992,「三韓時代 木棺墓에 관한 考察-특히 中國 流移民의 등장과 관련하여-」, 부산고고학연구회 발표요지.

_____, 2000,「加耶地域出土 銅鏡과 交易體系」,『韓國古代史論叢』9(韓國古代社會硏究所編), 37-83.

_____, 2002,「弁·辰韓 土器의 形成과 展開」,『영남지역의 초기철기문화』, 제11회 영남고고학회 학술대회.

_____, 2004,「영남지역 출토 삼한시기 倣製鏡의 文樣과 의미」,『韓國考古學報』53.

_____, 2007,「원삼국시대-동남부지역」,『한국고고학강의』(한국고고학회편), 사회평론.

李柱憲, 2004,「三韓의 木棺墓에 대하여」,『古文化』44, 한국대학박물관협회.

李淸圭, 1997,「嶺南지방 靑銅器文化의 전개」,『嶺南考古學』21.

_____, 2002a,「嶺南지역의 靑銅器에 대한 論議와 解釋」,『嶺南考古學』30.

_____, 2002b,「기원 전후 慶州와 周邊과의 교류-토기와 청동기를 중심으로-」,『國家形成期 慶州와 周邊地域』(한국상고사학회 연구총서 4), 학술문화사.

李賢惠, 1984,『三韓社會形成過程硏究』, 一潮閣.

李熙濬, 2000a,「삼한 소국 형성과정에 대한 고고학적 접근의 틀-취락 분포 정형을 중심으로-」,『韓國考古學報』43.

──────, 2000b, 「대구 지역 고대 정치체의 형성과 변천」, 『嶺南考古學』26.

──────, 2002, 「초기 진·변한에 대한 고고학적 논의」, 『진·변한사연구』, 계명대
학교 한국학연구원.

──────, 2004, 「초기철기시대·원삼국시대 再論」, 『韓國考古學報』52.

任鶴鐘·洪鎮根·蔣尙勳, 2001, 『昌原茶戶里遺蹟』, 國立中央博物館.

林孝澤, 1992, 「洛東江下流域 伽倻墓制의 系統」, 『加耶史의 諸問題』, 한국고대학
회.

──────, 1993, 「洛東江下流域 加耶의 土壙木棺墓 硏究」, 漢陽大學校大學院 博士
學位論文.

鄭仁盛, 1998, 「낙동강유역권의 細形銅劍 文化」, 『嶺南考古學』22.

──────, 2008, 「瓦質土器의 '樂浪土器 影響說' 檢討」, 『韓·日交流의 考古學』, 제8
회 合同考古學大會.

崔盛洛, 1993, 『韓國 原三國文化 硏究』, 學研文化社.

──────, 2002, 「삼국의 성립과 발전기의 영산강유역」, 『韓國上古史學報』37, 87-
107.

韓炳三, 1992, 「동북아 고대문화에 있어서의 원삼국 초기문화−창원 다호리유적
을 중심으로−」, 『동북아 고대문화의 원류와 전개』(제11회 마한·백제문화
국제학술대회).

洪潽植, 2000, 「고고학에서 본 金官加耶」, 『고고학을 통해 본 가야』, 한국고고학
회.

武末純一, 2002, 「日本 北部九州에서의 國의 形成과 展開」, 『嶺南考古學』30.

井上主稅, 2006, 「嶺南地方 출토 倭系遺物로 본 한일교섭」, 慶北大學校 博士學位
論文.

탐진강유역의 고고학적 연구성과

1. 머리말

　전남지방 3대강의 하나인 탐진강은 장흥군 유치면 세류리 기동마을 북서쪽 궁성산(484m) 범바웃골 성터샘에서 발원하여 남동류하면서 부산면과 장흥읍 등 장흥군의 중심부를 거치고, 강진 군동면과 강진읍을 거쳐 도암만으로 흐른다. 탐진강유역에 자리잡은 장흥군은 한반도 남단 중앙부인 正南津에 위치한다. 동쪽으로는 보성군, 서쪽으로는 강진군·영암군, 남쪽으로는 고흥반도·보성만·완도군, 북쪽으로는 화순군과 접경하고 있다. 장흥군의 전체적 지형은 北高南低형으로 해발 500~800m의 비교적 높은 산들을 중심으로 주변에 낮은 구릉과 소규모의 평지로 이루어져 있다〈그림 19〉.
　또 탐진강은 도암만을 통해 남해와 연결되어 있으면서 전남 동부지역과 서부지역을 연결하는 중간지대에 위치한다. 이러한 지형적 환경은 수상교통의 발달을 가져와 도서를 포함한 남해안과 영산강, 섬진강 등 인접 지역과의 활발한 문화교류를 촉진시켜 다양한 문물을 수용할

<그림 19> 탐진강 상류역의 지형도

수 있게 하였다.

　탐진강유역에 대한 고고학적 조사는 1990년대 후반까지 극히 부분적
으로 이루어졌으나 장흥댐 수몰지구 발굴조사를 통해 신석기시대로부
터 조선시대에 이르기까지 다양한 성격의 유적이 확인되었다. 본고에
서는 탐진강유역에서 발굴된 유적과 유물을 통해 고고학적 연구성과를
살펴보고자 한다.

2. 탐진강유역의 고고학 조사현황

　탐진강유역의 고고학 유적은 1975년 처음 정리되었으며, 1977년 문
화재관리국(현 문화재청)에 의해 재차 그 현황이 정리되었다. 이후에
도 유적에 대한 지표조사가 계속되었다. 장흥지역과 강진지역의 문화
유적에 대한 종합적인 지표조사는 1989년 목포대학교 박물관에 의해
실시되었다. 이 조사에 의하면 장흥지역에는 219개군 2,253여기의 지

석묘가 확인되었다. 이 중 탐진강유역으로 장동면 일부와 유치면, 부산면, 장흥읍 등이 해당하는데 79개군 615기가 분포하고 있다. 또 탐진강하류인 강진군 군동면과 강진읍에서는 18개군 110여기가 분포하는 것으로 알려져 있다. 그밖에 다수의 고분, 유물산포지 등이 확인되었다.

1989년 탐진강유역에서 처음으로 발굴된 장흥 충열리 유적에서는 지석묘 12기, 횡혈식 석실분 5기, 석불 등이 조사되었으나 지석묘의 경우 하부구조가 발견되지 않았다. 그리고 1997년 탐진댐(추후 장흥댐으로 변경됨)에 대한 지표조사를 시작으로 1998~2003년에는 수몰지역의 많은 유적들이 발굴되었다. 또 2003~2004년에는 탐진강유역과 인접한 장동면 신북리에서 구석기시대 유적이 발굴되었다.

그밖에 2002년에는 장흥지역의 도요지가 전남문화재연구원에 의해 조사되었고, 2004년에는 장흥군의 성곽과 문화유적 분포지도, 강진군의 문화유적 분포지도 등이 남도문화재연구원에 의해 조사되었다. 또 2006년에는 마한문화재연구소에 의해 장흥 용산면 월송리 조선시대 가마유적이 발굴되었다.

3. 장흥댐 수몰지구 유적의 조사경과 및 성과

1) 조사경과 및 조사현황

목포대학교 박물관은 장흥다목적댐 건설공사 계획이 수립됨에 따라 전라남도와 한국수자원공사의 의뢰를 받아 1997년 11월부터 1998년 11월까지 1년 동안 장흥댐 수몰예정지역에 대한 정밀지표조사를 실시하였다. 그 결과 댐건설로 인해 파괴가 불가피한 유적 39개소에 대한 시·발굴조사를 연차적으로 시행하여 신석기시대부터 조선시대에 이르는 유구들과 유물들을 확인할 수 있었다〈그림 20〉.

<그림 20> 장흥댐 수몰지구 발굴조사 유적의 분포

　장흥댐 수몰지구에 대한 발굴조사는 3단계로 이루어졌다. 먼저 댐 공
사용 부지에 포함된 3개소(부산면 지천리 지동유적·지동고분, 유치면
대리 송락유물산포지)는 공사의 시급성을 감안하여 목포대학교 박물
관에서 1998년부터 1999년까지 시·발굴조사를 하였다. 그 결과 지천
리 지동유적에서 삼국시대 취락이 조사되었다.

　다음으로 가물막이댐 지역은 목포대학교박물관과 호남문화재연구원
이 공동으로 2차례에 걸쳐 시·발굴조사를 실시하였다. 1차 조사는 2000
년 11월 1일~2001년 4월 20일까지 총 16개소의 유적에 대한 조사를 진
행하였고, 2차 조사는 2001년 9월 1일~2002년 4월 26일까지 이루어졌
으며, 총 10개소의 유적 중 목포대학교 박물관은 3개소를 발굴조사 하
였다.

　마지막으로 본댐 지역에 대한 시·발굴조사는 2002년 6월 1일부터
2003년 2월 25일까지 총 17개소의 유적을 대상으로 목포대학교박물관
8개소, 호남문화재연구원 9개소로 나누어 조사를 실시하였다. 그 결과
를 정리하면 다음 〈표 9〉와 같다.

<표 9> 장흥댐 수몰지구 발굴유적 현황

일련번호	유적명		시대	성격	보고서명
1	마정(신풍)유물산포지		청동기	주거지(51), 수혈(5), 지석묘(34)	장흥 신풍유적 I
2	마정(신풍)지석묘군		삼국	주거지(3), 토광묘(73), 옹관묘(27), 주구(12)	장흥 신풍유적 II
3	송정지석묘 가군		청동기	지석묘(30)	장흥 송정지석묘-가군
4	송정지석묘 나군		청동기	지석묘(25)	장흥 송정지석묘-나군
5	갈두지석묘 가군		청동기	지석묘(61)	장흥 갈두유적 I
6	갈두유물산포지		청동기	주거지(35), 수혈(10), 지석묘(33)	장흥 갈두유적(지석묘 나,다/유물산포지가,나)
7	갈두지석묘 나군				
8	갈두지석묘 다군		삼국	옹관묘(7), 태호(1)	
9	공수평지석묘군		청동기	지석묘(1)	장흥 송정지석묘-가군
10	용문리도요지		조선	가마(1), 숯가마(3)	장흥 용문리 조선백자요지
11	당산지석묘군		청동기	지석묘(4)	장흥 송정지석묘-가군
12	단산리 외검지석묘군		청동기	지석묘(1)	장흥 외검·하방촌 지석묘
13	지천리 지동고분		삼국	석실분(1)	장흥 지천리유적
14	지천리 지동유적		삼국	주거지(43), 수혈(56), 구들, 환호, 도랑(2), 지상건물지	장흥 지천리유적
15	오복동지석묘군		신석기	바위그늘	장흥 오복리유적
			통일신라~고려	건물지(4), 출입시설, 배수로	
			청동기	지석묘(23)	장흥 상방촌·오복동 지석묘
16	대리 상방촌지석묘군		청동기	지석묘(5)	
17	대리 상방촌 유물산포지	A	삼국	주거지(107), 수혈(11), 분묘(3)	장흥 상방촌 A유적-주거지
			고려	건물지, 우물, 수로	미간행
		B	청동기	주거지(2)	장흥 상방촌 B유적
			삼국	주거지(1), 고분(19), 토광(목관)묘(36), 옹관묘(6)	
			고려	와적(3), 적석(17), 수혈(6), 우물(8), 수로(3)	
18	대리 하방촌고분군		통일신라~고려	석곽묘(33), 석개토광묘(1)	장흥 하방촌 고분군·와요지
19	대리 하방촌지석묘 가-다군				장흥 외검·하방촌 지석묘
	대리 하방촌지석묘 라군 대리 하방촌유물산포지		청동기	지석묘(39)	장흥 하방촌 고분군·와요지
20	대리 하방촌와요지		고려	와요지	
21	신월리고분군		삼국	주거지(20), 토광묘(2), 옹관묘(2), 석실분(41)	장흥 신월리 유적
			고려	토광묘(14)	
			조선	와요(8), 목탄요(3)	
22	신월리유물산포지		고려~조선	건물지	미간행

▶장흥댐 관련 조사유적 중 유적이 확인된 곳만 표기하였음　　☐목포대박물관　　☐호남문화재연구원

2) 지석묘의 이전 작업

발굴조사가 완료된 시점에 지석묘를 비롯한 중요한 유구들(주거지, 석곽묘, 석실묘)을 이전·복원하려고 하였으나 부지가 선정되지 않아 바로 이전하지 못하고 일단 유치면 용문리의 가이전지로 옮겨 놓았다. 이전·복원작업이 다시 재개된 것은 2007년 2월 20일 한국수자원공사와 이전·복원 계약을 체결하면서부터이다. 그러나 장흥군에서 조성한 유치면 신풍리 299번지 일원이 이전·복원지로서 협소함이 지적되고, 또 기반조성의 미비로 계약이 중지되었고, 기반조성이 어느 정도 이루어진 연후에 2007년 9월 13일부터 2007년 12월 17일까지 지석묘를 비롯한 중요 유구들을 이전·복원하였다. 목포대학교 박물관은 상방촌·오복동·송정지석묘 가군 외 2개소를, 호남문화재연구원은 갈두지석묘 나군

<표 10> 장흥댐 수몰지구내 지석묘 이전 현황

유적명	전체기수	지석묘	주거지	석곽묘	석실묘	비 고
오복리 오복동 지석묘군	23	23				목포대박물관
대리 상방촌 지석묘군	5	5				
송정리 송정 지석묘 가군	30	30(배바위복제)				
용문리 당산지석묘군	4	4				
용문리 공수평 지석묘	1	1				
송정리 갈두지석묘 가군	27	23	2	2		호남문화재연구원
송정리 갈두유적 나군	5	5				
송정리 갈두유적 다군	11	11				
송정리 송정 지석묘 나군	14	14				
단산리 외검 지석묘	1	1				
대리 하방촌 지석묘 나군	6	6				
대리 하방촌 지석묘 다군	6	6				
대리 하방촌 지석묘 라군	9	9				
신풍 지석묘군	7	7				
송정리 송정 고분군	1				1	
소 계	150	145	2	2	1	

<그림 21> 장흥댐 수몰지구 지석묘군

1. 신풍리 마정고인돌군(7기)
2. 송정리 송정고인돌 가군(30기)
3. 송정리 송정고인돌 나군(14기)
4. 송정리 갈두고인돌 가군(23기)
5. 송정리 갈두고인돌 나군(5기)
6. 송정리 갈두고인돌 다군(11기)
7. 용문리 공수평고인돌(1기)
8. 용문리 당산평고인돌(4기)
9. 단산리 외검고인돌(1기)
10. 오복리 오복동고인돌군(23기)
11. 대리 상방촌고인돌군(5기)
12. 대리 하방촌 고인돌 가~다군(12기)
13. 대리 하방촌 고인돌 라군(9기)

외에 11개소의 유구들을 이전·복원하였다. 발굴된 15개군 250여 기의 지석묘 중에서 약 140여기와 주거지, 석곽묘, 석실묘 등을 유치면 소재 지 주변 공원부지로 최근에 이전·복원하였다〈표 10, 그림 21〉.

3) 전시관 및 전시의 문제

장흥댐 수몰지역에 전시관의 필요성이 많이 제기되었다. 우선 장흥 지역 주민들과 장흥군에서 선사유적의 이전과 함께 전시관의 신축을 수자원공사에 요청한 바도 있으나 지석묘의 이전 이외에는 아무런 성 과가 없었다.

한편 필자도 수자원공사에 전시관의 필요성을 제기한 바가 있다(최성락 2001). 또 발굴조사가 진행 중에 공문으로 수몰지구의 역사와 문화를 전시할 수 있는 공간의 확보를 수자원공사측에 요청하였다. 그 방법으로는 수자원공사에서 준비 중인 물전시관, 즉 장흥댐 물홍보관의 일부 공간을 수몰지구의 역사와 문화를 보여줄 수 있도록 활용하자는 제안이었다. 이에 수자원공사는 물전시관 1층을 수몰지구의 역사와 문화를 전시하기로 결정하였고, 전시에 필요한 자료를 목포대학교 박물관에서 제공하기로 하였다. 실제로 필자를 포함하여 발굴참여자들은 전시설계와 전시작업과정에 참여하여 자문하고, 자료를 제공하였다. 그 결과 수몰지역의 역사와 문화를 보여주는 전시가 이루어지게 된 것이다.

또 장흥댐 수몰지역에 대한 발굴보고서가 간행됨에 따라 목포대학교 박물관에서는 2007년 11월부터 2008년 10월까지 수몰지구 출토유물에 대한 특별전을 개최하고 있다.

4) 기타 문제

목포대학교 박물관이 장흥댐 수몰지구 발굴을 담당하면서 가장 먼저 한 일은 수몰지구의 유적분포를 조사하는 지표조사와 종합학술조사를 실시하는 것이었다. 그 다음은 가장 중요한 부분인 유적에 대한 발굴조사이다. 발굴조사과정에서는 현지주민과의 약간의 마찰이 있긴 하였으나 비교적 순조롭게 진행되었다고 볼 수 있다.

한편으로 수몰지구라는 특수한 조건을 생각한다면 고고학적 조사 이외에도 다른 분야의 조사도 필수적이다. 일차적으로 종합학술조사를 통해 역사적, 민속학적, 건축학적 등 다양한 분야의 조사를 실시하였다. 더불어 발굴조사가 진행되는 과정에서 수몰지구에 대한 사진과 동영상 촬영을 실시하였고, 일부 고문서와 민속품의 수집도 이루어졌다. 이것은 수몰지역의 역사와 문화를 보여주는 자료를 가능한 최대한으로 수집하고자 하는데 목적이 있었다.

이러한 조사와 수집 사례는 비단 수몰지구뿐 아니라 대규모의 공단 조성이나 택지조성에서도 반드시 고려할 사항이라고 생각한다.

4. 탐진강유역의 고고학적 성격

장흥 탐진강유역의 고고학적 문화 성격은 다음과 같다. 먼저 탐진강 유역에서는 구석기시대 유적이 조사된 바가 없으나 바로 인접한 보성 강 유역인 장흥 장평면에서는 다수의 구석기 유적이 확인되었다(이기 길 1997). 특히 장동면 신북리 유적은 현재 확인된 우리나라 후기구석 기 유적 중 가장 큰 규모로, 그 면적이 4만여 평에 이르며, 이중 조사된 면적은 6천여 평이다. 출토 유물은 3만여 점으로 밀집도가 매우 높은데, 그 중 서로 붙는 응회암제 몸돌과 격지가 무리지어 있고, 좀돌날몸돌 (細石刃石核)과 좀돌날(細石刃)이 모여 있으며, 망치도 여러 곳에서 출 토되어 전 지역이 석기 제작지로 추정된다. 또한 6개의 화덕자리가 조 사되어 좀돌날석기(細石刃石器) 단계(중심연대가 22,000여 년 전경으 로 추정)의 대규모 유적으로 이 지역의 석기들이 일부 큐슈지역의 석기 들과 유사성이 많다고 지적되었다(조선대학교 박물관 외 2004; 이기길 2007).

신석기시대 유적으로는 오복리 바위그늘 유적이 유일하다. 이 유적 은 주변 산 전체가 암벽으로 이루어졌으며, 최하단부에 바위들이 떨어 져나가면서 자연스럽게 형성되었다. 이 유적에서는 직립구연과 이중구 연에 단사선문이 시문된 토기편이 출토되었다.

청동기시대의 대표적 유적은 지석묘, 주거지, 유물산포지, 패총 등이 있다. 장흥댐 수몰지역에서는 15개군 250여 기의 지석묘가 조사되었는데 대부분의 지석묘는 평지에 분포하며. 분포양상은 주변의 하천을 따라 열을 이루고 있다. 상석은 대체로 길이 3m~5m 사이의 크기 이고, 무게는 10톤 미만(소형), 10~20톤(중형), 20톤 이상(대형)으로 분류되지만 때로는 송정리 가군의 배바위와 같이 100톤에 이르는 것도 있다. 지석묘의 지석은 경우에 따라 1~6개가 배치되어 있다. 개석은 판석형 석실의 경우에서 일부 나타난다.

묘역시설은 묘실 주변에 판상석을 깔거나 자연석이나 할석을 쌓아 구획하고 있다. 묘실의 장축방향은 산맥이나 강의 흐름 등과 관련되어 일정한 방향성을 가지고 있으며, 이는 자연숭배사상과 함께 지석묘 집단의 중요한 의식적 요인으로 알려져 있다. 또 묘실은 石槨形, 圍石形, 石棺形 등 다양한 형태가 확인되었으나 석곽형이 주류를 이루고 있다. 주류를 이루는 석곽형 지석묘는 묘실이 지하식과 지상식으로 구분되며, 위석형은 모두 지상식이다.

출토유물은 민무늬토기(無文土器), 홍도 등이 대부분이나 흑도와 점토대토기도 일부 발견되었다. 석기류에는 有孔石斧, 有溝石斧, 유병식 및 유경식석검, 돌화살촉(石鏃), 돌창(石槍), 三角形石刀, 돌낫(石鎌), 숫돌, 연석, 석봉 등이 있고, 그밖에 靑銅戈片, 어망추, 방추자, 장신구인 玉 등이 출토되었다.

장흥댐 수몰지구에서 발굴된 지석묘의 연대는 청동기시대 중기 이후로 생각된다. 이것은 전기에 해당하는 유물이 거의 발견되지 않고, 주거지도 송국리형 주거지가 함께 조사되었기 때문이다. 또 청동기시대 후기를 대표하는 흑도, 점토대토기, 청동과편 등이 있어 지석묘의 축조시기가 청동기시대 후기까지 지속되었음을 알 수 있다. 지석묘 주변 주거지에서 출토된 목탄의 방사성탄소연대를 참고하면 지석묘의 축조연대는 기원전 8세기에서 3세기경까지 추정되고 있다(최성락 2007).

청동기시대의 주거지인 송국리형 주거지가 신풍리 신풍유적에서 51

기, 송정리 갈두유적에서 45기, 대리 상방촌 유적에서 2기 등 모두 98기가 조사되었다. 이 중 신풍리 신풍유적의 경우, 원형과 방형의 수혈주거지가 함께 조사되었는데 주거지 내부에는 벽구가 거의 설치되지 않았고, 대형 주거지가 있는 점, 방형과 원형주거지가 기능적인 차이가 있는 점, 51기 주거지가 한정된 공간내에 중복없이 배치된 점 등이 특징이다. 출토유물로는 대부분 무문토기이나 홍도가 몇 점 출토되었고, 석검, 석부, 석도, 석착, 석검, 방추차 등의 석기류가 있다. 주거지에서 출토된 목탄의 방사성탄소연대를 기준으로 이 유적의 연대를 기원전 8세기에서 6세기경으로 비정하고 있다(박수현 2004).

장흥댐 수몰지역 이외에도 취락이 있었을 것으로 추정되는 유물산포지로는 장흥읍 건산리 유적이 있다. 건산리 유적은 많은 토기편이 발견되었는데, 기형은 심발형과 발형, 두형, 호형 등으로 경도가 비교적 높다. 이외에 우각형파수, 흑색마연토기, 점토대토기 등이 출토되고 있어 후기 무문토기의 특징적 요소를 보여주고 있다.

철기시대에서 삼국시대에 걸친 주거지 유적으로는 상방촌 A지구, 지천리, 신월리 유적 등이 있다. 상방촌 A지구 유적에서는 경질무문토기 등이 출토된 기원후 2세기경의 주거지로부터 5세기경에 이르는 주거지들이 조사되었다(김영훈 2006a). 이 유적에서 출토된 가야토기는 가야와의 교류를 나타내는 유물로 주목받고 있다(이동희 2007).

지천리 주거지는 북서쪽에 흐르는 탐진강과 인접되는 지역에 위치하며, 외부 침입을 방어하기 위해 강과 연결하여 환호를 축조하여 半月形의 대지를 형성하고 있다. 주거지의 평면형태는 방형 또는 장방형이며, 내부 시설로는 화덕(爐址)이 있고, 바닥은 불다짐 처리로 단단하다. 출토 유물은 발형과 호형, 완형, 장란형 등 대부분 연질계 토기와 어망추가 다량 출토되었다. 이후 지천리 유적의 연대와 성격에 대하여 발굴보고서와 다른 시각도 제시되었고(이영철 2002; 김영훈 2006b).

삼국시대 분묘유적으로는 상방촌 B지구, 신풍리 신풍, 갈두리 갈두 유적 등지에서 옹관묘와 주구토광묘가 조사되었다. 이 분묘들의 연대가 4세기대 이후로 추정되고 있어 영산강유역과 같이 고분(옹관고분, 목관고분 등)으로 발전되지 않는 점이 특징이다.

이 지역에서 최초의 고분은 석실분으로 장흥읍 충열리, 유치면 신월리, 부산면 지천리 지동, 갈두리 유적 등에서 조사되었다. 그 중 충열리 유적에서는 석실분 5기가 조사되었는데 횡혈식 석실분이 주류를 이루고 있다. 천장형태는 평천청과 맞조림식이고, 석실의 크기는 길이 220~290cm, 너비 130~185cm, 잔존 높이는 65~110cm이다. 바닥에 할석과 천석을 이용하여 깔고, 屍床臺를 갖춘 경우도 있다. 출토 유물은 은제 과대금구편, 구슬, 철정편 등이 있으며, 축조 시기는 6세기 초반~7세기 전반에 해당한다. 또 신월리 유적에서 조사된 40여기의 석실분은 횡구식, 횡혈식으로 나누어지며 병형토기, 관고리, 관못 등이 출토되었다.

다음은 고려시대와 조선시대 유적도 다양하게 남아 있는데, 장흥댐 수몰지역 발굴에서 건물지, 기와요지, 도자기요지, 탄요지 등 생활 유적과 석곽묘, 토광묘 등 분묘 유적이 조사되었다. 여기에서 조사된 분묘(김병수 2004)와 건물지에서 출토된 명문기와(고용규 2007)에 대한 연구가 일부 이루어졌다. 특히 명문기와에서 "庚午任內有恥鄕---"이 확인되어 고려시대에 鄕이 위치한 중요한 지역임을 알게 되었다.

5. 맺음말

탐진강유역에서는 다양한 유적이 분포하고 있다. 그 동안 이 유적들은 매우 한정적으로 조사되었으나 장흥댐 수몰지구에 대한 대규모의 발굴조사를 통해 많은 자료를 얻을 수 있었다. 즉 신석기시대부터 역사시대에 이르기까지 많은 유적의 분포가 확인되었고, 이 유적들로부터 발굴된 유구와 유물을 통해 고대문화의 성격이 점차 밝혀지고 있다.

여기에서는 앞으로 풀어갈 몇 가지 과제를 제시하고자 한다. 먼저 탐진강유역에 대한 고고학 조사가 지속적으로 이루어져야 한다. 탐진강유역에 대한 고고학 조사는 이제 시작 단계로 볼 수 있다. 앞으로도 고고학 조사가 꾸준히 이루어진다면 이를 바탕으로 이 지역의 고대문화의 성격을 좀 더 분명하게 밝힐 수 있을 것이다.

다음은 이 지역에 대한 학술적인 연구도 계속되어야 할 것이다. 영산강유역이나 섬진강유역에 대한 연구는 상당하게 이루어진 반면에 그 중간지대에 위치하는 탐진강유역에 대한 연구는 극히 부족하다고 볼 수 있다. 이번 학술대회를 계기로 좀 더 활발한 연구가 이루어지기를 기대한다.

끝으로 탐진강 상류지역은 대부분의 유적이 수몰될 수밖에 없었다. 이제 나머지 지역의 유적에 대한 보존대책이 시급하다. 이 유적들에 대한 보존은 문화재 관련기관과 연구자만으로는 불가능하고, 지역에 거주하는 주민들의 적극적인 호응에 의해서만이 가능할 것이다. 또 유적의 보존대책과 더불어 적극적인 활용방법도 연구되어야 할 것이다. (「탐진강유역의 고고학적 연구성과」, 『탐진강유역의 고고학』, 제16회 호남고고학회 학술대회, 2008)

참고문헌

고용규, 2007, 「장흥 대리 상방촌유적 출토 명문기와의 성격」, 『한국중세사연구』 23, 한국중세사연구회.

김병수, 2004, 「장흥 하방촌 분묘유적에 대한 분석」, 『박물관연보』 13, 목포대학교 박물관.

김정애, 2007, 「장흥 월송리 백자요지」, 『장흥문화』 29, 장흥문화원.

김영훈, 2006a, 「탐진강유역 고대 취락지 분석」, 목포대학교 대학원 석사학위논문.

김영훈, 2006b, 「장흥 지천리 취락지의 검토」, 『전남문화재』 13, 전라남도.

남도문화재연구원, 2004, 『문화유적 분포지도 −전남 장흥군−』.

남도문화재연구원, 2004, 『전남 강진군 문화유적 분포지도』.

남도문화재연구원, 2004, 『장흥군의 성곽』.

목포대학교 박물관, 1989, 『장흥군의 문화유적』.

목포대학교 박물관, 1989, 『강진군의 문화유적』.

목포대학교 박물관, 1998, 『탐진댐 수몰지역내 문화유적』.

목포대학교 박물관, 2001, 『탐진댐 수몰지역의 역사와 문화』.

목포대학교 박물관, 2000, 『장흥 지천리 유적』.

목포대학교 박물관, 2002, 『(탐진댐) 가물막이댐 수몰지역 시굴조사 보고』.

목포대학교 박물관, 2003, 『장흥 상방촌·오복동 지석묘』.

목포대학교 박물관, 2004, 『장흥 오복리 유적』.

목포대학교 박물관, 2005, 『장흥 상방촌 A유적 I (주거지)』.

목포대학교 박물관, 2005, 『장흥 용문리 가마』.

목포대학교 박물관, 2007, 『장흥 신월리 유적』.

목포대학교 박물관, 2007, 『장흥 송정지석묘−가군−』.

목포대학교 박물관, 2007, 『장흥댐 발굴유적과 유물』

목포대학교 박물관·호남문화재연구원, 2007, 『장흥댐 수몰지구 지석묘·복원 보고』.

박수현, 2004, 「장흥 신풍리 청동기시대 취락연구」, 조선대학교 석사학위논문.

순천대학교 박물관, 1995, 『가지산 보림사 −정밀지표조사−』.

순천대학교 박물관, 1998, 『대적광전과 철불』.

순천대학교 박물관, 1999, 『장흥 천관산 천관사 −지표조사 보고서−』.

이기길, 1997, 「보성강 유역에서 새로 찾은 구석기유적 예보」, 『한국고고학보』 37.

이기길, 2007,「한국 서남부와 일본 큐슈의 후기구석기기문화 비교연구」,『호남고 고학회』25, 호남고고학회.

이동희, 2007,「남해안일대의 가야와 백제문화-전남 동부지역을 중심으로-」,『교 류와 갈등-호남지역의 백제, 가야. 그리고 왜-』, 제15회 호남고고학회 정 기 학술대회.

이영철, 2002,「기원후 3-5세기 호남지방 취락별 편년 검토(Ⅱ)-전남 장흥 지천 리유적을 대상으로-」,『연구논문집』2, 호남문화재연구원.

전남문화재연구원, 2002,『장흥의 도요지』.

조선대학교 박물관 외, 2004,『동북아시아의 후기구석기문화와 장흥 신북유적』, 장흥 신북 구석기유적 발굴기념 국제학술회의.

최몽룡, 1975,『전남고고학 지명표』, 전남일보 출판부.

최성락, 2001.「문화유적과 유물의 보존 및 활용방안」,『탐진댐 수몰지역의 역사 와 문화』, 목포대학교 박물관.

최성락, 2007,「장흥지역의 최근 고고학적 연구성과-장흥댐 수몰지구 지석묘를 중심으로-」,『장흥문화』29, 장흥문화원.

최성락·이정호·윤효남, 2002,「장흥 신월리 고분군 시굴조사보고」,『무안 고절 리 고분』, 목포대학교 박물관.

최성락·한성욱, 1989,「장흥지방의 선사유적·고분」,『장흥군의 문화유적』, 목포 대학교 박물관.

최성락·한성욱, 1990,『장흥 충열리 유적』, 목포대학교 박물관.

호남문화재연구원, 2002,『장흥 외검·하방촌 지석묘』.

호남문화재연구원, 2004,『장흥 하방촌 고분군·와요지』.

호남문화재연구원, 2005,『장흥 송정지석묘-나군-』.

호남문화재연구원, 2005,『장흥 신풍유적』Ⅰ.

호남문화재연구원, 2006,『장흥 신풍유적』Ⅱ.

호남문화재연구원, 2006,『장흥 갈두유적』Ⅰ·Ⅱ.

호남문화재연구원, 2006,『장흥 상방촌 B유적』.

제 5 장
한국고고학의 새로운 방향

1. 머리말

　한국고고학의 역사는 60년을 훨씬 지났다. 외형적으로만 본다면 비약적으로 발전하였다. 특히 지난 10년간 큰 변화는 대략 80여 곳에 이르는 발굴전문기관이 설립된 것과 고고학 연구자들도 1,500여 명에 이르고 있다는 점이다. 또 매년 많은 학술대회가 열리고 있고, 학술잡지를 통해 발표되는 논문이나 발굴기관에서 발간되는 보고서의 수도 적지 않다.

　그렇다면 한국고고학은 학문적인 정체성을 확보하였다고 볼 수 있을까? 과연 한국고고학은 일본고고학이나 중국고고학과 어떻게 경쟁할 것인지? 일반 대중들이 고고학을 바라보는 시각은 어떨까? 등 필자의 머리에 스치는 여러 가지 의문을 지울 수가 없다. 필자는 한국고고학이 아직 견고하게 자리 잡았다고 보지 않는다. 이와 같이 한국고고학이 그 위상을 확립하지 못한 것은 다른 분야 사람들이나 일반 대중들이 인정하지 않기 때문이 아니라 오히려 고고학 연구자들 마음속에서 고고학이라는 학문이 제대로 자리잡지 못하고 있기 때문일 것이다.

　이 장에서는 한국고고학의 현실을 살펴본 연후에 한국고고학의 연구 방향을 제시해 보고자 한다. 그리고 21세기 감성의 시대를 맞이하여 가장 필요한 부분인 발굴조사와 유적 보존에 대한 인식 전환과 더불어 고고학연구의 즐거움과 대중고고학에 대하여 살펴보고자 한다.

2. 한국고고학의 현실

　최근 한국고고학이 당면하고 있는 현실은 어떠한가? 1961년 이래로 고고학 발굴조사가 절대적으로 의존하였던 '문화재보호법'은 1999년

에 개발에 앞서 사전 조사가 필수적인 과정이 되면서 발굴조사가 급증
하는 효과와 더불어 많은 발굴전문기관이 출현하게 되었다. 하지만
2010년 2월에 제정되었고, 2011년 2월부터 시행되고 있는 '매장문화재
보호 및 조사에 관한 법률'과 동 법률의 시행령과 시행규칙(2011. 2. 16)
은 그 반대의 현상을 보여주었다[45]. 이 법률은 기본적으로 발굴조사에
대한 인식이 나빠진 상태에서 제정됨으로써 발굴조사의 위상을 저하시
키고 있다. 즉 고고학 발굴조사가 학술적인 작업으로 인식되기 보다는
개발공사를 위한 하나의 통과의례로 전락하였다고도 볼 수 있다. 더구
나 발굴조사와 직접 관련이 있는 '발굴조사의 방법 및 절차 등에 대한
규정'(2011. 2. 16)에 따르면 지도위원회가 전문가 자문회의와 학술자

〈표 11〉 지표조사 및 발굴조사 건수 및 비용

연도별	지표조사		발굴조사		계	
	건수	비용(억원)	건수	비용(억원)	건수	비용(억원)
2005	1,510	108	972(180)	1,647	2,662	1,755
2006	1,382	120	947(353)	2,148	2,682	2,268
2007	1,530	114	876(383)	2,182	2,789	2,296
2008	1,534	181	941(441)	3,309	2,916	3,490
2009	1,449	203	1,093(612)	5,092	3,154	5,295
2010	1,464	136	1,092(535)	3,218	3,091	3,354
2011	1,221	85	903(355)	1,745	2,479	1,830
2012. 6	688	40	555(163)	924	1,406	964
계	10,778	987	7,379(3,022)	20,265	21,179	21,252

* ( )안은 발굴변경허가 건수
* 출처 : 문화재청, 『주요업무 통계자료집』, 2012, 46쪽

45) 더구나 2012년도에 매장문화재 보호 및 조사에 관한 법률의 일부 개정안을 공고
하고 있으나 그 주요 내용은 매장문화재의 보호구역의 지정·해제 및 관리, 문화재
발굴사 자격인증제 도입, 한국문화재조사연구기관협회의 법인화 그리고 매장문
화재 조사 용역의 발주 및 계약 등에 관한 사항이 포함되어 있으나 본질적인 변화
는 없다.

문회의로 분리되었고, 비슷한 시기에 현실화되고 있는 입찰제, 지역제한의 철폐 등으로 발굴조사의 학술적 성격이 크게 후퇴되었다. 이와 함께 사회적인 환경의 변화로 발굴의 수가 급격히 줄어들고, 발굴조사기관들 간의 경쟁이 심화되면서 발굴조사의 환경이 극도로 나빠졌다고 볼 수 있다〈표 11〉.

먼저 현실적으로 부딪치는 가장 큰 문제는 현행 매장문화재 관련법(법률, 시행령, 시행규칙 포함) 및 규정이다. 매장문화재 관련법과 규정에 대한 문제점은 이미 한국고고학회(2011, 2012) 차원에서 지적된 바가 있다. 가장 염려되는 것은 이러한 제도 아래에서는 발굴조사의 부실화가 우려되고, 이로 인하여 고고학 연구의 부실로 연결된다는 점이다. 현재 매장문화재 관련법과 규정에 따른 발굴조사의 문제점들은 다음과 같다.

첫째, 발굴조사에 대한 인식 문제이다. 새로운 매장문화재 관련법에는 발굴조사가 개발사업을 위한 하나의 과정으로 인식되고 있다는 점이다. 과거 문화재보호법에서는 원칙적으로 매장문화재를 보호하지만 부득이 한 경우에 개발한다는 의미였다. 그러나 지금의 매장문화재 관련법에서는 개발사업자가 절차에 따라 발굴조사를 실시하면 되는 하나의 과정으로 인식되고 있다. 더구나 '발굴조사의 방법 및 절차 등에 관한 규정'에서 정한 발굴조사 실시기준을 보면 조선 후기의 경작유구, 일반가옥, 회곽묘, 삼가마, 자연도랑 및 자연수혈, 구석기시대 고토양층, 일제강점기 이후의 모든 매장문화재는 발굴에서 제외시켰다. 이러한 유구도 고고학의 연구대상임을 말할 필요도 없지만 이러한 유구들을 제외시킨다는 것은 개발자의 개발행위를 신속하게 진행시켜주는 조치로 볼 수 있다.

둘째, 매장문화재 관련법(시행규칙)에서 정한 발굴 조사원의 자격기준 문제이다. 조사원의 자격기준을 살펴보면 학력차별을 없앤다는 구실로 자격기준 완화를 강조하고 있지만 실질적으로 전문성을 전혀 인정하지 않고 있다, 즉 발굴조사원의 경력 기준을 발굴현장의 작업일로 산정하고 있어 발굴조사를 수행하는 사람을 고고학 연구자가 아닌 현장 기술자로 취급하고 있다. 이와 같이 현장 작업일을 기준으로 자격기준을 산정한다는 것은 연구원들이 기본적으로 갖추어야 할 발굴조사에 필요한 고고학의 기초적인 지식이나 고고학 자료의 분석과 해석 방법 등을 아주 무시한다는 뜻이다. 실제로 이러한 자격기준은 현장에 영향을 주어 젊은 연구자의 경우, 더 이상 고고학 공부를 위해 대학원과정에 진학하지 않거나 논문작성을 미루는 풍조를 낳고 있다. 고고학을 제대로 알지 못하는 연구자가 발굴조사를 잘 할 리가 없는 것은 당연하며, 이러한 풍조가 지속되면 발굴조사의 부실이 깊어질 것이다. 더욱 문제가 되는 것은 조사단장의 경우이다. 고고학 전공자가 아닌 발굴기관의 장이면 모두 가능하게 하고 있다. 발굴조사의 단장은 발굴조사를 지휘하는 사람이다. 발굴조사의 경험이 많은 고고학 연구자만이 할 수 있다. 이러한 성격의 단장을 비전공자도 가능하게 하는 것은 발굴조사에 대한 인식을 단적으로 보여주는 것이다. 만약 외과수술의 책임자를 비전공자로 두거나 범죄수사 책임자를 무경험자로 둔다면 그 결과는 어떻게 될 것인가? 상상할 수 없는 일이다. 이로 인하여 다수의 발굴전문기관은 비전공자들에 의해 장악되었고, 영리만을 목적으로 하는 영리기관화되는 결과를 낳고 있다.

셋째, 발굴조사의 경쟁입찰제 실시와 지역제한의 철폐이다. 이것은 마치 건설공사에서 이루어지는 계약절차가 그대로 고고학 발굴조사에도 적용되고 있다. 이러한 제도는 국가의 계약법에 근거해 계약의 객관성과 공공성을 지킨다는 의미는 있지만 발굴조사에 적용할 경우, 학술성과 전문성을 저하시키는 결과를 낳게 된다. 더욱이 시굴조사와 발굴조사를 서로 다른 기관이 실시하거나 지역제한을 철폐함으로써 발굴해 본 경험이 없는 지역에서 발굴조사를 실시하게 되고, 결국 이것이 부실한 발굴조사로 전락할 위험성이 많아진다.

넷째, 지난 50년간 유지되었던 지도위원회의의 철폐이다. 현재와 같은 상황에서는 발굴조사가 진행되어도 대부분 그것이 공개되는 절차 없이 마무리되고 있다는 점이 문제이다. 과거 행해졌던 지도위원회는 발굴조사의 중간과정을 점검하고 부족한 부분을 지적함으로써 발굴조사의 질을 향상시켰으며 연구원들의 발굴조사 능력을 높였다. 또 이것이 발굴현장의 공개와 연결되어 연구자들뿐 아니라 일반인들에게도 발굴현장을 볼 수 있는 기회를 제공해 주었다. 하지만 지금은 발굴조사기관의 조사원을 제외하면 유적의 발굴조사 내용을 알 수 없게 된다. 일부 유적의 발굴조사 내용이 고고학 관련학회의 학술대회에 보고되기는 하지만 유적의 성격을 제대로 알기 위해서는 발굴보고서가 나오게 되는 2년을 기다려야 한다. 그나마 발굴보고서도 한정적으로 배포된다고 보면 고고학 연구 자체가 매우 어려운 상황이 되고 있다. 그리고 지도위원회를 대신하여 설치한 학술자문회의나 전문가 자문회의는 제대로 지도위원회의 기능을 대신하지 못하고 있다. 결국 오랫 동안 유지되었고, 많은 긍정적인 점을 가졌음에도 지도위원회의를 폐지시킨 것은 어떻게 보면 개발사업자의 입장에서 하나의 걸림돌을 제거해주는 일이 되었다는 필자의 해석은 결코 지나친 주장이 아닐 것이다.

다섯째, 매장문화재 관련법에는 학술발굴에 대한 개념이 보이지 않는다. 모든 발굴관련 규정이 발굴전문기관의 구제발굴을 염두에 두고 있다. 외국에서 볼 수 있는 학술발굴의 개념이 없기 때문에 대학의 고고학 교수들이 학술발굴을 할 수 있는 방안이 전혀 없다. 대학에서 발굴하지 못함으로써 가장 큰 문제는 학생들의 고고학 교육에 심각한 문제를 야기시키고 있다는 점이다. 최근 고고학 전공 학생들이 현장실습으로 발굴전문기관의 발굴조사에 참여하고 있으나 처음 기대와는 달리 학생들은 고고학 교육을 받는 것이 아니라 단순 노동자로서 역할밖에 하지 못하기에 학비를 버는 아르바이트로 만족할 수밖에 없다. 이러한 현상으로 인하여 학교에서의 교육과 현장 교육이 제대로 연결되지 못하는 결과를 초래하고 있고, 결국 졸업 후에 발굴기관에 취업하더라도 발굴조사를 제대로 담당할 수 없게 되어 발굴조사의 부실을 초래할 수 있다.

여섯째, 고고학 자료에 대한 과학적 분석의 중요성이 배제되고 있다. 발굴조사에서 고고학 자료에 대한 과학적 분석은 매우 중요하다. 단순히 유구를 조사하고, 보이는 유물의 수습은 과거의 발굴조사 방식에 지나지 않는다. 눈에 보이지 않는 자료를 얼마나 얻을 수 있느냐에 발굴조사의 성패가 달려있다. 최근 발굴조사에서 연대측정이나 토양분석 등 일부 과학적 분석이 이루어지고 있지만 발굴여건의 악화로 인하여 오히려 퇴보하는 것이 현실이다. 설사 과학적 분석이 이루어지더라도 이것이 하나의 분석 행위에 그치고, 유적의 성격을 해석하는데 도움을 주지 못하는 경우도 많다.

일곱째, 발굴조사의 부실과 과학적 분석의 부족으로 발굴보고서의 부실이 야기된다. 고고학 발굴조사는 학술적인 행위로 지하에 묻혀있는 과거의 역사를 찾아내는 것이다. 발굴조사는 정밀하게 이루어져야 하고, 그 과정에서 많은 과거 문화의 정보를 얻을 수 있게 된다. 이것이 하나의 형식적인 행위로 인식된다면 고고학 연구에 필요한 정보를 얻을 수 없게 되고, 단지 유물을 찾는 행위로 전락하게 된다. 더구나 발굴보고서의 양식을 매장문화재 관련법(시행령)속에서 항목을 지정해둠으로써 발굴조사가 학술적인 연구결과가 아니라 하나의 절차 규정으로 인식되고 있다. 그 결과 발굴보고서는 유구와 유물의 조사과정만 소개되고 있어 진정한 의미의 학술 발굴보고서가 되지 못하는 것이다.

이와 같이 여러 가지 요인으로 인하여 발굴조사가 부실화되고, 유적 현장에서 고고학 자료에 대한 과학적 분석이 제대로 이루어지지 못한다면 당연히 발굴보고서의 부실이라는 결과를 낳는 것이다. 또 그러한 결과는 전반적으로 고고학 연구의 부실로 연결된다. 더욱 더 염려스러운 것은 발굴조사의 담당자들이 스스로 연구자가 아니라 직업인으로 인식되지 않을까 하는 걱정이다[46]. 발굴조사의 담당자들이 직업인으로 전락하는 순간 우리는 그들에게 더 이상 고고학 연구를 기대할 수 없게 된다.

이밖에도 한국고고학이 당면하고 있는 문제들이 적지 않다. 지금까지 대부분의 고고학 연구자들이 발굴조사에 매달리다 보니까 이를 분석하고 해석하는 인력의 절대적으로 부족하였다. 지난 10년간 시행된 발굴조사의 수가 급증한 결과 많은 연구자들이 발굴보고서의 작성에 매달려 있어 고고학 자료를 분석하고 해석하는 작업은 제대로 이루어지지 못하였다. 또 발굴조사가 이루어진 유적도 발굴보고서의 발간 이후에 그 유적에 대한 분석적이고 종합적인 연구가 이루어지지 못하면서 유적의 성격이 파악되지 못한 채 사라진 경우가 많다.

그리고 고고학의 연구대상인 유적의 보존 문제이다. 현실적으로 개발을 전제로 하는 발굴에서 유적의 보존문제는 극히 어려운 문제가 될 수밖에 없다. 사전에 그 성격을 정확히 알지 못하는 매장문화재는 발굴조사 결과 중요성이 밝혀진다고 하더라도 이미 개발계획이 진행된 상태에서 불가피하게 파괴되는 것이 현실이다. 특히 개발주체가 개인사업자일 경우, 발굴조사된 매장문화재가 보존된다면 토지매입이나 사업

---

46) 필자가 구분하는 연구자와 직업인의 기준은 다음과 같다. 직업인은 발굴조사 현장에서 기존에 가지고 있는 지식만으로 발굴조사에 참여하는 고고학 종사자로서 발굴조사 전체를 알지 못한 채 어느 한 부분, 즉 발굴조사, 유물실측, 보존처리만을 담당하면서 고고학 연구에 무관심한 사람을 말한다. 반면에 연구자는 고대문화에 대한 호기심을 가지고 발굴조사에 참여하여 새로운 정보를 얻고자 노력함과 동시에 이를 해석하기 위하여 고고학 방법과 이론을 공부하면서 고고학 자료를 분석하는 한편 발굴보고서뿐 아니라 고고학 논문을 작성하고자 노력하는 사람을 말한다.

자의 피해보상 등 어려운 문제에 봉착하기 때문에 거의 보존할 수가 없게 된다. 하지만 매장문화재(유구와 유물)는 고고학의 기본적인 연구 대상이다. 모든 매장문화재가 파괴되고 사라진다면 발굴조사는 더 이상 할 수가 없고, 고고학 연구도 힘을 잃을 것이다. 따라서 중요한 유구가 확인될 경우에는 보존할 수 있는 방안을 문화재담당 행정기관과 함께 고고학 연구자들도 진지하게 검토해야 한다.

이상과 같이 몇 가지 측면에서 고고학이 당면한 현안 문제들을 논의해 보았다. 이러한 문제들은 과거부터 누적된 문제들로 볼 수 있다. 매장문화재 관련 법률이 개정된 시점(2010.2)을 전후하여 다수의 문제들이 심각하게 대두되고 있기 때문에 그와 관련성이 크다고 본다. 현 정부의 개발 우선주의 정책에 기인하는 바가 크다는 지적(권오영 2012)도 있었다. 특히 4대강 사업을 급하게 밀어붙이면서 그 동안 지켜졌던 개발에 앞선 발굴조사의 절차와 원칙이 많이 무너진 것은 부정할 수 없다. 이를 되돌리기 위해서는 고고학 연구자들 모두가 힘을 합쳐 매장문화재 관련 법률의 재개정에 힘을 기울여야 한다.

한편 한국고고학이 현재 직면한 어려움을 모두 외부적인 요인으로만 돌릴 수는 없다. 우리 연구자들은 스스로 '고고학'을 지키지 못한 면이 없는지 반성하여야 한다. 지난 1999년부터 10년간 우리 한국고고학계는 사회의 개발분위기에 편승하여 발굴조사가 활성화되는 시기를 맞이하였으나 한국고고학의 위상을 높이는데 적극적으로 활용하지 못한 면도 없지 않다. 이제 다시 어려워진 현실에서 한국고고학이 살아남기 위해서는 냉정히 지나온 과거를 되돌아보고 앞으로 나갈 방향을 설정하여야 한다.

3. 한국고고학의 새로운 방향

현시점에서 한국고고학이 나아갈 방향은 한국고고학의 위상을 정립하고, 고고학 연구를 담당하는 연구자나 연구기관의 역할을 새롭게 정립하는 것이다.

1) 한국고고학의 위상 정립

한국고고학의 역사가 60년을 넘기고 있지만 우리들이 왜 고고학을 연구하는지, 무엇을 연구할 것인지를 논의한 바가 거의 없다. 이러한 논의가 이루어지지 않는다면 고고학 정체성의 확보는 힘들 것이다. 고고학이 학문적으로 성숙하기 위해서는 가장 기본적인 문제부터 다시 정리하여야 한다. 세계고고학계의 연구경향은 과거 문화의 과학적 분석을 바탕으로 그들의 문화를 설명하고, 이해하는 단계로 접어들고 있다. 따라서 한국고고학도 연구목적을 정립하고, 연구방법론의 모색과 우리의 독자적인 해석의 틀(시각)을 가져야 한다.

최근 서양고고학의 중요한 저서들이 국내에 번역되어 소개되고 있으며, 발굴조사 방법에 대한 연구도 국립문화재연구소와 한국문화재조사연구기관협회를 중심으로 이루어지고 있다. 하지만 한국고고학에 나타나는 전반적인 현상은 고고학 방법과 이론에 대한 무관심이다. 고고학 연구자들은 고고학연구에 앞서 방법에 대한 관심을 높여야 한다. 또 고고학 자료를 해석하기 위한 이론의 틀은 결코 외국고고학에서 차용될 수 없는 것이다. 마치 역사학회에서 식민주의사관을 극복하고 새로운 한국사관을 제시하듯이 우리 연구자들도 고고학 자료를 해석할 수 있는 관점을 가질 수 있을 때 한국고고학의 정체성은 확립되는 것이다.

21세기 자연과학은 비약적인 발전을 보여주고 있다. 특히 생물학은 단순히 체계적인 분류에 매달렸던 19세기와는 달리 인간의 유전자를 해독하여 인간의 수수께끼를 풀어가고 있다. 이와 다르게 고고학에서의 변화는 크게 이루어지지 못하였다(Zangger 2002). 더구나 한국고고학에서의 과학화는 낮은 수준이다. 자연과학의 비약적인 발전을 일부분이라도 흡수하기 위해서는 고고학에 필요한 여러 가지 자연과학의 개념과 방법들이 응용되어야 한다. 고고학연구에 있어서 과학화의 한 방법으로는 자연과학 분야의 도움을 적극적으로 받아들이거나 두 분야의 학제적 연구가 필요하다. 예를 들면 한국구석기학회에서는 고고학자와 지질학자가 함께 발굴현장에서 여러 가지 문제들을 토의하고 풀어나감으로써 모범적인 사례를 보여주고 있다. 이러한 학제적인 연구 작업이 발굴조사 현장과 연구실에서 활발하게 이루어져야 한다.

또한 한국고고학의 연구 영역은 넓어져야 한다. 우선 고고학 연구의 수준을 높이기 위해서는 고고학 자료의 과학적 분석이 강조되어야 하고, 더불어 다른 분야와의 학제적인 연구도 절실하다. 최근 고고학 자료를 전문적으로 분석하는 과학자들이 늘어나고 있으며, 이는 바람직한 현상이다. 과거 문화의 복원은 결코 고고학자들만의 전유물이 아니며, 다른 분야의 도움 없이는 불가능하다. 한국고고학의 연구대상은 구석기시대에서 삼국시대에 걸친 한정된 시기를 연구하는 것이 전부가 아니라 조선시대 이후의 유구도 조사하고 연구하여야 한다. 또 고고학과 관련된 다양한 주제를 연구하여야 하고, 유물의 보존처리, 유적의 정비 및 관리, 전시관의 건립 등에서도 고고학 연구자는 적극적인 역할을 다하여야 한다.

결국 한국고고학의 현실이 어렵다 하더라도 고고학이라는 학문의 본질은 변화되지 않는다. 특히 외부적인 요인, 매장문화재 관련법이 잘못되었다 하더라도 고고학 연구자는 고고학 자료를 통해 과거 문화를 해석한다는 기본적인 연구자세를 유지하여야 한다. 이러한 기본적인 연구자세를 유지할 수 있다면 외부적인 조건도 변화시킬 수 있다. 다시 말하면 한국고고학의 위상을 높이기 위해서는 고고학 연구자 스스로가 고고학에 대한 자부심과 애착심이 있어야 한다. 고고학 연구자가 고고학을 아끼고 자랑스럽게 생각하지 않는다면 아무도 고고학의 위상을 높여주지 않는다.

2) 고고학 연구의 역할분담

고고학연구는 당연히 고고학 자료의 수집, 분석, 해석이라는 3단계를 거쳐 이루어지는 것이나 한국고고학에서는 이러한 과정이 원활하지 못한 것이 현실이다. 과거에는 대학에서 주로 발굴을 주도하였기 때문에 발굴과 연구가 함께 이루어졌다고 볼 수 있다. 그러나 최근에는 발굴전문기관이 발굴을 주로 담당하게 되고, 대학이 발굴에서 벗어나 교육과 연구를 담당하게 되면서 발굴조사와 연구가 분리되는 경향을 보여주고 있다.

필자도 원칙적으로 발굴조사와 연구가 분리되는 방향으로 나가야 한다는 점을 인정하지만 발굴조사 정보의 공유화[47)]와 상호 협력을 바탕으로 하여야 한다고 주장한 바가 있다(최성락 2000, 2008). 필자는 고고학 연구가 대학과 행정기관, 발굴기관, 관련학회 등이 유기적인 관계를 가지고 역할을 분담하여야 한다. 각 기관의 바람직한 역할을 생각해 제시해 보고자 한다〈그림 22〉.

---

47) 발굴조사 정보의 공유화 방안으로는 발굴현장의 공개와 더불어 발굴조사의 약보고서 공개가 필요하다. 즉 발굴조사가 끝나고 제출되는 약보고서를 문화재청이 단독으로 혹은 고고학 관련 학회가 협의하여 인터넷에 공개한다면 고고학 연구자들이 발굴조사 정보를 공유할 수 있는 최선의 방법일 것이다. 그 다음 단계는 이미 몇몇 기관에서 실행하고 있지만 발간된 발굴보고서를 인터넷 홈페이지에 공개하는 방안이다. 문화재청에서는 문화재 GIS를 구축하고 이를 제공하고 있지만(강동석 2012) 여기에서는 유적의 위치나 사진, 그리고 간략한 내용만 제공하고 있다. 보다 근본적인 방안은 여기에 발굴보고서까지 포함하여 제공되어야 한다.

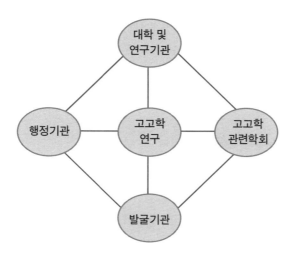

〈그림 22〉 고고학 관련 기관의 상호관계

(1) 대학 및 연구기관의 역할

먼저 대학은 고고학 교육을 충실히 하여야 한다. 이를 위해서는 고고학 교육을 위한 시스템이 개선되어야 한다. 즉 학생들의 충실한 고고학 교육을 위하여 다양한 교재들이 만들어져야 한다. 또 고고학전공 교육이 인문대학 내에서 이루어지는 현실속에서 어려운 일이지만 실험실을 갖추어 고고학 자료를 과학적으로 분석하여야 한다.

그리고 학생들에게 발굴조사에 대한 현장교육은 매우 필요한 것이다. 발굴조사란 고고학에서 연구할 자료를 수집하는 과정이다. 고고학 연구는 발굴조사에서 시작된다. 고고학에서 발굴조사는 자연과학에서 실시하는 실험과 같은 것이다. 과거 대학의 고고학전공 교수면 가능하였던 발굴조사가 현재는 불가능하다. 따라서 고고학전공 교수가 발굴에 참여할 수 있는 기회가 주어져야 한다. 적어도 전공분야를 살려 전문가로서 발굴조사에서 참여할 수 있는 기회가 늘어나야 한다. 현실적으로 가능하다면 고고학 관련 학과와 대학 박물관이 연계하여 소규모 발굴이나 학술발굴을 진행함으로써 고고학 교육의 정상화가 이루어지기를 기대할 수밖에 없다.

그리고 대학이나 연구기관은 본격적으로 고고학 자료를 분석하고 해석하는 기관으로 탈바꿈하여야 한다. 이렇게 함으로써 발굴담당기관과 상호 협력적인 관계를 유지할 수 있고, 고고학연구를 한층 진작시킬 수 있을 것이다. 모든 연구기관은 각각 그 역할이 있지만 고고학 연구에 필요한 기본적인 작업을 해야 한다. 특히 국립문화재연구소는 日本 國立奈良文化財硏究所에서와 같이 발굴조사의 수준을 높이기 위한 발굴요원의 교육을 담당해야 하고, 발굴조사에 필요한 정보제공과 분석 작업에 앞장서는 연구센터가 되어야 할 것이다.

(2) 행정기관의 역할

발굴조사에 크게 영향을 미치는 곳은 매장문화재 관련법에 근거하여 행정업무를 집행하고 있는 문화재청이다. 문화재청은 발굴조사에 대한 기본 인식을 새롭게 해야 한다. 즉 발굴조사에 대한 규제만을 강화하려는 조치는 발굴조사를 단순히 매장문화재를 수습하는 행위로만 보는 것이다. 마치 건설담당 행정기관이 건설회사의 건축행위를 통제하는 것과 같아 보인다. 그러나 건축행위와 발굴조사는 그 성격이 완전히 다른 것이고, 고고학에서 이루어진 발굴조사와 보고서의 작성 등은 고고학 연구자들의 기본 良識的인 문제이지 규제에 의해 기계적인 결과만을 강조할 문제는 아니다. 설사 구제발굴일지라도 이는 학술적인 행위임을 재인식해야 한다. 그래서 문화재청은 발굴기관들이 발굴조사를 원활하게 할 수 있도록 매장문화재 관련 법률을 개정해야 할 것이다.

(3) 발굴기관의 역할

여기에서 발굴기관은 발굴을 수행하는 모든 기관을 포함한다. 즉 국립박물관, 문화재연구소, 대학박물관, 발굴전문기관 등을 포함한다.

　현재 발굴조사의 80%이상을 수행하는 발굴전문기관은 매장문화재를 조사하는 비영리기관이지만 발굴용역비에 대하여 부가세를 납부하는 영리사업자로 인식되고 있다. 이것은 발굴전문기관이 안고 있는 가장 큰 모순으로 하루 빨리 극복되어야 한다. 필자는 일찍부터 발굴전문기관의 성격을 학술기관으로 규정하여야 한다고 주장해 왔다. 그러나 현실에서의 양상은 그 반대 방향으로 진행되어 왔으며 더구나 발굴조사가 줄어들면서 발굴전문기관들은 이중적인 파고에 시달리고 있다. 이러한 문제를 돌파하기 위해서는 우선 두 가지 방안이 있다. 하나는 발굴에 대한 정밀조사의 강화이다. 즉 과거 대규모 발굴도 한정된 연구원에 의해 발굴조사가 이루어졌으나 앞으로 좀 더 많은 연구원들을 투입하도록 하여 발굴의 질을 높여나가야 한다. 다른 하나는 과거 발굴조사가 현장조사, 유물 정리, 보고서 작성 등으로 분업화되는 경향도 있었으나 이를 통합하는 방향으로 가야한다. 즉 발굴조사기관의 연구원들은 발굴조사에서 보고서 작성까지 일괄적으로 담당하는 고고학 연구의 본연의 자세로 돌아가야 한다. 그밖에 발굴조사 중에도 학술적인 자문회의를 자주 열어 발굴의 질을 높여야 하고, 발굴보고서도 단순한 조사보고가 아니라 세밀한 분석과 연구를 통핸 과거 문화를 밝히는 학술연구보고서로 거듭나야 한다.

　그리고 모든 발굴기관은 발굴조사 과정과 발굴조사된 자료를 신속히 공개함으로써 연구자들에게 고고학 자료를 제공하여야 하고, 발굴된 자료의 과학적 분석이나 특정과제에 대한 연구를 대학이나 연구기관에 의뢰함으로써 고고학연구의 활성화에 도움을 주어야 한다.

(4) 학회의 역할

　고고학 관련 학회뿐만 아니라 연구기관이나 발굴전문기관에서도 학술대회를 개최하고 있어 적지 않은 학술대회가 열리고 있다. 각 학술대회가 열리는 목적이 있겠지만 고고학 관련 학회에서는 고고학 연구의 기초가 되는 문제, 즉 한국고고학의 시대구분 문제나 한국고고학 용어의 통일 문제, 그리고 연구방법과 이론에 대한 논의가 활성화되어야 할 것이다. 현재 그러한 주제의 논의는 거의 이루어지지 못한 채 특정 주제에 대한 논의만이 이루어지고 있다.

또 학술대회에서 발굴조사의 사례발표는 발굴현장에 접근하기 어려운 실정에서 매우 중요하지만 단순히 발굴조사과정의 설명이 아니라 고고학 자료의 분석과 유적의 성격을 설명할 수 있는 연구보고로 전환되어야 한다. 단순한 발굴조사보고는 고고학 연구자들로 하여금 고고학 연구의 본질을 오도하는 결과를 초래할 위험성이 있다.

그리고 한국고고학과 외국고고학 간의 교류가 중요하다. 하지만 특정 국가와의 교류만이 강조되기 보다는 다양한 국가와의 교류가 요구된다. 특히 극히 한정적으로 이루어지고 있는 서양고고학과의 교류가 활성화되어 다양한 시각과 고고학 방법론의 유입이 필요하다고 본다.

이와 같이 각 연구기관의 역할을 제시해 보았다. 각 연구기관들이 맡은 바 임무를 수행하는 것은 지나치게 이상적인 것일까? 실제로 미국고고학계나 일본고고학계에서는 이러한 역할분담이 이루어지고 있는 것이 사실이다. 미국고고학은 발굴에 치중하는 고고학이 아니라 이미 분석과 해석에 치중하는 고고학으로 변화되었기 때문에 고고학 연구가 결코 발굴에만 매달리지 않는다. 한편 일본고고학에서도 대학은 발굴보다는 이들 자료의 연구에 초점을 맞추고 있다. 다만 일본고고학은 자료의 해석에 치중하기보다는 유물과 유구의 분석에 초점을 맞추고 있는 편이다. 이와 같이 발굴과 연구가 분리되기 위하여 대학이나 연구기관에서 고고학 자료를 분석할 수 있는 기술적 방법이 갖추어져야 하고,

해석할 수 있는 이론적 토대를 만들어야 한다.

　그러나 아직까지 발굴조사가 고고학연구에서 큰 비중을 차지하는 한국고고학의 실정에서는 단순한 역할분담, 즉 발굴과 연구의 분리가 고고학연구에 도움이 되지 못한다. 더구나 고고학 유적에 대한 세밀하고 과학적인 조사를 기초로 하지 않고서는 새로운 해석이 불가능하다. 현재 한국에서는 발굴조사 방법이 충분히 개선되지 못하였기 때문에 현행의 발굴보고서만으로는 고고학연구가 원활하지 못한 것이 현실이다. 더구나 급증하는 고고학 자료를 분류하고, 정리하는 기본적인 작업도 이루어지지 못하고 있다. 또 이들 자료를 분석하기 위한 연구비 지원도 불충분한 상태에서 대학에게 연구와 교육만을 전담하게 한다는 것은 적절하지 않다고 볼 수 있다.

　따라서 대학에서 발굴기능을 완전히 없애서는 안되며, 앞에서 지적된 모순을 극복하기 위해서도 학술발굴이나 특정한 성격의 발굴은 대학이 계속적으로 담당하도록 하여야 한다. 시간과 예산에 구애받는 제약이 있는 구제발굴만으로는 과거문화의 복원에 한계가 있기 때문에 고고학 자료의 철저한 수집과 과학적 분석 등을 행할 수 있는 학술발굴이 꾸준히 이루어져야 한다(King et al 1977). 그리고 구석기, 패총, 저습지 등 특수한 유적일 경우에는 그것을 전공하는 연구자가 있는 대학이나 연구기관에 일임하는 것이 최상의 방법이 될 것이다.

4. 감성시대의 고고학

　21세기는 감성의 시대이다. 실제로 학문분야에 한정된 일이 아니지만 사회의 모든 분야는 무한경쟁 속에서 일반 대중으로부터 주목을 받기 위해 노력하고 있다. 고고학이라는 학문도 마찬가지다. 한국고고학이 학문으로 자리잡고 성장하기 위해서 고고학 연구자들은 연구대상인 유적과 발굴조사에 대한 근본적 인식을 바꾸어야 하고, 고고학 연구로 부터 나온 연구성과를 일반 대중들에게도 알려야 한다. 그 과정에서 고고학 연구자는 긍지(보람)와 함께 즐거움을 가지고 연구하여야 하고, 일반 대중들에게도 감동(즐거움)을 줄 수 있어야 한다.

1) 발굴조사와 유적 보존에 대한 인식전환

발굴조사된 유물들은 발견자의 것이 아니라 국가의 자산이므로 보고서가 정리되면 국가의 매장문화재로 등록되게 된다. 즉 발굴조사는 국가가 직접 수행해야 하는 작업을 고고학 관련 전문기관에서 대행하는 작업인 것이다. 따라서 고고학 연구자들은 우리의 고대문화를 연구하며, 우리의 문화유산을 찾아내고 연구한다는 긍지를 가져야 한다.

발굴조사는 고고학 연구를 위한 첫 번째 단계이기도 하다. 즉 과거 선조들이 남긴 물질적인 자료를 찾아 과거 역사와 문화를 복원하기 위한 것이 발굴조사의 목적이다. 이를 위하여 고고학에서는 정밀한 발굴조사와 자세한 보고서 간행을 원칙으로 하고 있다. 이를 따르지 않는 것은 고고학의 기본을 위반하는 것이며, 연구자의 학문적인 양심을 저버리는 행위이다. 고고학 연구자의 노력, 즉 진지한 발굴조사와 연구가 없다면 우리는 역사와 문화를 밝힐 수 없을 뿐더러 일본교과서 왜곡이나 중국의 동북공정에 대항할 수 있는 아무런 도구도 가질 수가 없을 것이다. 따라서 발굴조사 그 자체가 학문의 연구과정이며, 결코 건축행위나 문화재 보수작업과는 성격이 다르다. 더구나 발굴조사는 누구나 할 수 있는 것이 아니며, 전문적인 훈련을 받아야 할 수 있는 학술적인 작업이다. 고고학자들에게 발굴조사란 자연과학자들이 행하고 있는 실험이나 외과의사들이 담당하고 있는 수술과 비교되는 연구과정이다.

다음은 유적의 보존에 대한 문제이다. 현행 매장문화재보호 관련법에는 유적의 보존을 위해 거의 모든 개발계획에 앞서 지표조사를 의무화하고 있다. 그러나 현실적으로는 이것이 개발을 위한 절차일 뿐이지 유적의 보존은 거의 불가능한 실정이다. 사전 지표조사의 의미는 유적을 발굴하기 위한 것이기보다는 중요한 유적의 경우 이를 지키기 위한 것이다. 발굴조사가 끝난 뒤에 유적을 보존하자고 하기보다는 그 이전에 유적을 지키는 것이 더 합리적인 것이다. 유적의 보존을 위해서는 사전에 중요한 곳을 지정문화재로 지정해 두거나 개발에 앞서 설계 단계에서 지표조사를 통해 유적이 보존되는 것이 이상적이다. 이렇지 못한 경우에도 사전 지표조사를 통해 이를 지키는 노력이 없어서는 안 될 것이다. 개발이 전국적으로 이루어지는 상황에서는 매장문화재를 포함한 많은 유적이 훼손될 수밖에 없고, 언젠가는 더 이상 발굴조사를 할 유적이 없어질 수도 있다. 유적에 대한 조사가 더 과학적이고, 정밀하게 이루어지기 위해서도 보존이 가능한 유적의 발굴은 차후로 미루는 것이 최선책이 될 수 있다. 유적의 보존과 정비가 필요한 것은 이것이 활용될 수 있는 문화자원으로서 크게 가치가 있기 때문이다. 예를 들면 세계문화유산으로 지정된 화순 고인돌군의 경우, 이는 우리나라만의 유적이 아니라 인류전체의 문화유산으로 인식되면서 그 중요성이 배가되고 있다. 따라서 중요한 유적은 단순히 보존되는 차원을 넘어 역사교육장이나 관광자원으로 활용되어야 한다.

그리고 유적의 정비복원 문제이다. 고고학 연구자가 유적의 발굴뿐 아니라 유적의 정비에도 관여하지 못하는 경우가 대부분이다. 현재 유적의 정비는 문화재 건축사무실에서 설계를 하고 관련 보수 기관에서 유적을 정비한다. 이 과정에 발굴담당자가 참여하여야 하지만 실제로 고고학 전공자들은 관여할 여지가 없이 이루어져 잘못된 복원이 많아진다. 따라서 고고학 유적의 복원문제는 결코 건축적인 문제만이 아니기 때문에 학술적인 연구를 바탕으로 이루어져야 한다.

마지막으로 유적 주변에 설립되는 박물관이나 전시관의 문제이다. 유적에서 발굴된 귀중한 유물은 이를 연구하는 전문가들만의 것이 아니다. 이를 일반인들에게 공개하여 그 유물의 중요성과 역사적인 의미를 알려주어야 한다. 선진국일수록 많은 박물관이 설립되고 있고, 한국에서도 박물관이나 전시관의 설립에 대한 욕구가 많아지고 있다. 다만 이들 박물관의 설립은 건물의 건축만이 전부가 아니라 전시할 자료의 수집과 이를 운영할 학예사의 확보가 함께 이루어져야 한다.

2) 고고학연구의 즐거움과 대중고고학

고고학 연구자는 고고학 연구에서 즐거움을 찾아야 한다. 고고학에서의 발굴조사는 단순히 야외에서 이루어지는 작업이 아니라 과거 선조들의 삶의 흔적을 찾아 그들의 문화와 역사를 복원하는 매우 중요한 작업이다. 즉 유적으로부터 물질적인 자료를 획득하고, 이를 분석하는 과정으로써 고고학 연구자들에게는 고대문화의 수수께끼를 차근히 풀어가는 매우 흥미로운 작업인 것이다. 더구나 고고학 연구를 통해 우리 민족의 근원을 찾고, 다른 문화와의 비교를 통해 우리나라의 정체성을 찾는 일이라면 더욱 의미있는 작업이다. 지난 60년간 한국고고학은 많은 연구성과를 얻었다. 그러한 연구성과를 바탕으로 한국의 선사 및 고대문화를 밝힐 수 있었던 것이다.

고고학 연구자가 가장 보람을 얻는 것은 스스로 고대문화에 대한 의문을 가지고 풀어나갈 때일 것이다. 이러한 작업을 신나게 할 수 있는 사람이 고고학 연구자이다. 왜냐하면 매년 수많은 발굴조사를 통해 새로운 고고학 자료들이 드러나고 있어 새로운 시각에서 해석이 가능하기 때문이다. 어쩌면 고고학이라는 학문은 참신하고, 개척할 여지가 가장 많은 젊은 학문이다.

고고학의 연구성과는 결코 연구자들만의 것이 아니라 일반 국민들에게도 알려져야 한다. 고고학의 연구성과는 바로 고대문화를 밝히는 것으로 우리 역사의 한 부분을 정립하게 된다. 그러나 이러한 연구성과가 일반인들에게는 제대로 전달되지 못하고 있다. 고고학의 역할과 연구성과를 일반 대중들에게 널리 알리고, 이해시킬 때 고고학의 기반은 다져진다.

고고학이 학문적으로 정착하고 성장하기 위해서는 고고학 자료의 발굴, 분석, 해석이라는 각 연구단계 모두가 중요하지만, 고고학의 연구성과를 일반인들에게 널리 알리는 노력도 중시되어야 한다. 고고학은 결코 일반 대중과 별도로 존재하는 학문이 아니므로 일반 대중들이 이해하는 고고학이 되어야 한다. 고고학의 대중화를 위해서는 우선 일반인과 학생들에게 고고학의 이해를 높여야 한다. 이와 같이 활동하는 분야를 대중고고학(public archaeology)이라고 한다. 오늘날 한국의 바둑이 세계에서 최고가 된 것은 바둑을 이끌어 나간 몇 사람들이 대중의 주목을 받았고, 이를 뒷받침한 사회적인 분위기가 있었기 때문이다. 또 케이팝(K-pop)이나 싸이(Psy)가 세계무대에서 활동하는 것도 일반 대중들이 환호하기 때문이다. 고고학도 그 학문의 중요성을 일반인과 학생들에게 강조하고 알린다면 고고학에 관심이 많은 학생들이 지망할 것이고, 학문의 발전에도 도움을 줄 것이다.

이를 위해서는 먼저 발굴조사의 성과를 보여주는 박물관의 전시가 활성화되어야 한다. 특히 고고학의 연구대상인 선사 및 고대문화를 유물 중심이 아닌 문화상을 보여줄 수 있는 방향으로 전시되어야 한다. 즉 유물과 더불어 유구 및 주변 환경이 함께 전시되어 일반 대중들이나 자라나는 학생들로 하여금 호기심을 가지도록 하여야 한다.

다음으로 고고학을 널리 알리기 위해서는 일반인을 상대로 한 고고학 관련 강연 및 교양강좌가 많아야 하고, 일반인을 위한 고고학 서적들도 많이 만들어져야 한다. 고고학 관련 강연은 우리의 역사와 문화유산에 대한 이해를 높일 뿐 아니라 고고학의 성격을 대중에게 알리는 첩경이라고 볼 수 있다. 또 고고학 서적을 일반인이나 학생들이 볼 수 있도록 쉽고 흥미롭게 서술된 책이 필요하다.

그리고 일반 성인 및 학습 연령별 교육프로그램의 개발이 필요하다. 가령 선사체험, 발굴체험, 유적답사 등이 가능할 것이다. 선사체험은 고고학을 일반 대중에게 알리는데 중요한 방법이다. 이를 통해 고고학을 자연스럽게 학생들이나 일반인들에게 알릴 수 있다. 예를 들면 연천 전곡리 유적의 선사체험을 비롯하여 화순 고인돌축제의 선사체험 프로그램, 제주도 삼양동 유적에서 운용하는 선사체험 프로그램 등이 있다. 특히 실험고고학과 결합한 선사체험 등을 통해 쉽게 접근할 수 있도록 하여야 하고, 대중들이 흥미를 가질 수 있게 하는 쉽고 재미있게 고고학을 알리는 교양도서의 개발도 필요하다. 다른 방법으로는 발굴을 체험하게 하는 것이다. 발굴에 대한 사전 교육을 받지 못한 일반인들을 직접 발굴현장에 투입하는 것은 여러 가지로 위험성이 뒤따를 수 있지만 공원의 한쪽에 모의 발굴장을 만들어 이를 체험하게 하는 것은 특히 어린 학생들에게 교육적으로 많은 효과를 낼 수 있을 것이다. 이러한 체험장은 선진국에서 이미 그 사례를 찾아볼 수 있다.

또 가장 일반적인 방법으로 유적답사가 있다. 학생들로 하여금 유적지나 박물관을 견학하게 하여 그 지역의 고대문화를 익히게 함으로써 고고학을 이해시킬 수 있다. 이 경우에는 주변에서 이루어지는 발굴현장에 방문하여 설명을 듣게 하는 것이 효과를 극대화시킬 수 있을 것이다. 물론 발굴담당자는 일반인들이나 학생들에게 발굴의 진행과정과 의미를 잘 설명해 주어야 할 것이다. 이와 같이 학생들이 어릴 때부터 고고학에 대한 이해를 높여나간다면 유적에 대한 보존이 한층 손쉬워질 것이고, 또 고고학을 꼭 필요한 학문으로 인식시킬 수 있다.

5. 맺음말

  개발사업에 따른 사전조사가 의무적으로 시행되었던 1999년부터 10
년간 발굴수요의 폭증으로 발굴조사가 활발하였으나 2010년부터는 사
회적 여건의 변화로 오히려 줄어들고 있다. 또 2011년부터 시행되고 있
는 매장문화재 관련법에 의하여 발굴조사가 부실화될 우려도 적지 않
다. 발굴조사의 부실은 바로 고고학 연구의 부진으로 직결되기 때문에
한국고고학의 현실이 결코 낙관적이지 못하다. 이러한 현실에서 한국
고고학의 방향을 모색해 보았다.

  우선 한국고고학의 위상제고와 연구기관의 역할 분담을 제시하였다.
고고학의 위상을 높이기 위해서는 고고학이 학문으로서 바탕을 철저하
게 다져야 하고, 고고학 연구자 스스로 고고학에 대한 애정과 자부심을
가져야 한다. 고고학 연구의 역할분담으로는 대학이나 연구기관에서는
고고학의 교육과 연구에 충실하여야 하고, 고고학 발굴기관에서는 발
굴조사를 성실하게 수행할 뿐만 아니라 발굴보고서도 충실하게 발간하
여야 한다.

  그리고 발굴조사와 유적 보존에 대한 인식의 전환이 필요하다. 발굴
조사는 고고학 연구과정에서 가장 기초적인 작업으로 결코 유물의 수
습과정이 아니다. 고고학의 연구대상인 유적이 보존되지 못한다면 고
고학의 존재는 위험해질 수밖에 없다. 아무리 개발에 앞선 사전조사로
실시하는 발굴조사이지만 역사적으로나 문화적으로 중요한 가치가 있
다면 유적의 보존에 고고학 연구자들은 힘써야 할 것이다. 또한 고고학
연구자는 고고학에서 어떤 즐거움을 얻는다면 이를 적극적으로 대중에
게도 알려야 한다. 고고학연구가 대중의 관심밖으로 밀려난다면 몇몇
고고학 연구자들만이 하는 특수한 분야로 전락할 수 밖에 없다. 대중과
가까워질 수 있는 다양한 방법이 연구되어야 하고, 다양한 매체를 활용

하여 대중들에게 알려야 한다.

끝으로 고고학 연구자가 가져야할 두 가지 덕목은 고고학에 대한 애정과 고고학을 하는 즐거움이다. 고고학에 대한 애정은 어떠한 여건 속에서도 고고학 연구의 활성화를 낳을 것이다. 또한 고고학 연구자가 고고학 연구를 통해 즐거움을 얻을 수 있을 때 고고학을 잘 모르는 대중들에게도 감동을 줄 수 있다. 그래야만 고고학은 대중들로부터 사랑을 받고, 발전할 수 있으며 오랫동안 생명력을 가질 수 있다.

참고문헌

강동석, 2012, 「GIS를 이용한 동북아문화유산 정보의 활용과 조사연구」, 『2012 Asia Archaeology 국제학술심포지엄』, 국립문화재연구소, 27-47.

권오영, 2012, 「이명박 정권 매장문화재 정책의 문제점」, 『역사비평』 100, 역사문제연구소.

최성락, 2000, 「21세기 한국고고학의 방향-연구방법론의 문제-」, 『21세기 한국고고학의 방향』, 제24회 한국고고학 전국대회, 29-47.

_____, 2008, 「한국고고학의 연구방향」, 『21세기 한국고고학Ⅰ』(최몽룡 편저), 주류성, 163-202.

한국고고학회, 2011, 『제1회 한국고고학회 연합대회 발표자료집』.

_____, 2012, 『매장문화재 보호 및 조사에 관한 법률 입법예고에 대한 워크숍 자료』(2012.5.10. 대전).

King, T. et al, 1977, *Anthropology in Historical Preservation : Caring for Culture's Clutter*, Academic Press.

Zangger, Eberhard, 2002, *The Future of the Past-archaeology in the 21st century-*, Phoenix.

나의 考古學 旅程

1. 고고학을 알게 된 과정

나의 고향은 경북 의성군 봉양면 도리원이다. 이 동네는 면사무소가 위치한 곳으로 태어나면서부터 초등학교 6학년 때 부산으로 전학가기 전까지 여기에서 지냈다. 부산에서는 초·중·고등학교를 졸업하였고, 대학을 서울로 진학하였다. 당시 대학을 서울로 진학할 경제적 여건이나 별다른 이유가 있었던 것은 아니다. 그냥 친구들이 모두 서울로 간다니까 나도 무조건 따라가게 된 것이다.

고고학을 처음 알게 된 것은 고등학교 3학년 때의 일이다. 대학 입학을 위해 열심히 진학할 곳을 찾던 중 "고고인류학과"라는 생소한 학과를 발견할 수 있었고, 마침 선배 졸업생들의 여름방학 오리엔테이션 때 어느 선배가 고고인류학과를 소개해 주었다.

당시 문리대 고고인류학과에 입학한 후 2학년 1학기 김원용 교수님의 "고고학개론"을 수강할 때까지 고고학을 잘 알지 못하였다. 한 가지 추억은 대학 1학년 봄 여주 흔암리 유적 답사 때 주거지 내부에서 발견된 토기편을 보고 너무나 신기하여 이것이 토기인지 어떻게 알 수 있는지 물어보기도 하였다.

학부과정에서 인류학, 미술사 등을 함께 공부하였으나 본격적으로 고고학을 공부하겠다고 생각한 것은 한참 뒤의 일이다. 즉 1977년 가을 군복무를 마치고, 4학년으로의 복학을 앞두고 참여했던 부여 송국리 유적 발굴조사에서 내가 할 일이 바로 고고학을 공부하는 것이라고 깨달았다.

2. 목포대학에서의 활동

대학원과정에서는 학과 조교와 한국고고학회 간사 등을 겸하였으나 정말 행복했던 시기였다. 내 생활의 거의 모든 시간을 고고학과 관련된 일에 몰두할 수 있었기 때문이다. 석사학위를 받은 후 김원용 교수님의 추천을 받아 유원적 교수(목포대 사학과)에 이끌려 목포행 고속버스를 타게 된 것은 지금부터 30년 전인 1982년 3월의 일이다.

목포대학의 첫 학기에는 강사생활을 하였고, 같은 해 9월에 전임강사로 발령을 받았다. 강사생활을 시작하면서 처음 한 일은 학생들과의 야외답사이다. 주변 지역을 답사하면서 수많은 유적과 유물들이 나를 기다리고 있는 것처럼 느껴졌다. 뒤이어 영암 장천리 유적을 비롯하여 해남 군곡리 패총 등 한국 고고학에서도 중요한 유적을 하나하나 발굴해 나갔다.

그 과정에서 영산강유역 고대문화의 독특함 혹은 신비스러움을 알게 되었고, 그 실체를 풀기 위한 노력이 시작되었다. 당시 영산강유역의 고대문화는 거의 알려진 것이 없었다. 수많은 지석묘가 분포하고 있는 것과 독특한 옹관묘가 있다는 정도이다.

이러한 와중에 전방후원형고분이 발견되었고, 그 성격에 대한 논의, 특히 주인공의 실체에 대한 논란이 지금까지도 계속되고 있다. 즉 주인공이 왜계인지 아니면 재지계(토착세력)인지에 대한 논란이다. 이러한 논란과 상관없이 5세기 후반에서 6세기 전반에는 이 지역에서의 대외교류가 가장 활발하였던 시기이다.

또 해남 군곡리 패총의 발굴을 통해 중국으로부터 일본에 이르는 해로의 존재를 확인할 수 있었고, 청동기시대 지석묘와 삼국시대 옹관고분을 연대적으로 연결할 수 있는 패총의 존재를 확인할 수 있었다. 이후 이 시기 유적들이 많이 조사되어 지금은 어느 정도 당시의 상황이 알려졌지만 20년 전만해도 획기적인 고대문화의 확인으로 흥분을 감추지 못하였다.

지금은 발굴전문기관이 발굴을 주도하지만 2000년대 이전까지는 대학박물관이 주도하였다. 목포대학교 박물관이 주관한 대규모 발굴로는 서해안 고속도로 발굴(1998-1999), 벌교-고흥간 도로확장구간 발굴(1999), 장흥댐 수몰지구 발굴(1998-2003) 등이 있다. 특히 장흥댐수몰지구발굴은 전국적으로 가장 모범적으로 발굴이 이루어졌고, 그 결과 장흥댐 물 전시관에 발굴성과의 일부를 전시하는 성과도 얻었으며, 지석묘 이전 작업은 2007년 현 유치면 소재지 부근으로 이전 복원하였다.

목포대학교 박물관은 개관 20년 만에 학술총서 100책을 달성하는 쾌거를 달성하였고, 지금은 170책을 돌파하였으며, 전남 서남권에서 고대문화를 연구하는 산실로 거듭나고 있다.

3. 고고학연구와 나의 학문

대학 4학년 복학시 학부과정이 이미 인류학과(사회대)와 고고학과(인문대)로 분리되어 있었으며 나의 선택은 고고학과였다. 고고학을 선택한 것은 나의 성격 때문일 것이다. 인류학은 다소 외향적으로 많은 사람들과 대화를 중시하여야 한다면, 고고학은 유적과 유물을 상대로 사색을 할 수 있는 점이 장점이다.

고고학을 공부하면서 야외작업과 함께 중시하였던 것은 고고학의 방법과 이론에 대한 관심이다. 즉 학문적인 성격을 정의하고, 방법론을 세우는 작업이다. 당시 한국고고학은 학문적으로 성숙하지 못하였다고 볼 수 있다.

고고학의 방법과 이론에 대한 관심은 아주 기초적인 문제로부터 시작되었다. 고고학에서 형식과 형식학적 방법이 무엇인지, 그리고 연대와 편년은 무엇인지 등이다. 이러한 연구는 10년 이상 계속되었다. 특히 1994년 2월-1996년 1월에 미국 오리건대학에 방문교수로 가 있으면서 방법과 이론에 대한 공부를 계속하였고, 그 결과가『한국고고학 방법과 이론』(1998, 학연문화사)으로 출간되었다. 이밖에 방법론과 관련된 책으로는 다른 사람들과 함께『인물로 본 고고학사』(1997·2007, 한울),『고고학연구방법론』(1998, 서울대 출판부),『고대국가형성론』(1999, 서울대 출판부) 등을 출간하였다.

또한 전남지역 고대문화를 연구하면서 두 가지 편저를 발간하였다.『영산강유역 고대사회』(1998, 학연문화사)와『전남의 고대문화』(2003, 학연문화사) 등이 있다. 전자는 나주시에서 열린 학술대회에서 발표된 논고를 중심으로 필자가 편찬한 것이고, 후자는 2002년 목포대학교 부임 20주년을 기념하기 위해 제자들의 글을 모아서 책으로 편찬한 것이다.

이러한 연구과정에서 고고학의 본질을 이해하게 되었고, 앞으로의 연구방향을 생각하게 되었다. 이러한 주제로 쓴 책이 바로『고고학 여정』(2001, 주류성)이다. 당시 학회 발표와 간략하게 쓴 글을 모아 책으로 묶어 본 것이다. 한국고고학이 유적과 유물의 연구에서 과거의 문화 연구로 전환하여야 하고, 치밀한 분석을 통해 접근하여야 한다는 주장을 제시해 보았다.

아직도 고고학을 연구하면서 많은 한계를 느낀다. 고고학이 결코 유적과 유물을 연구하는 것이 아니라 그들을 통해 과거 인류의 삶을 연구하기에 많은 지식과 노력이 전재되어야 하지만 현재도 우리 연구자들은 유물의 연구에 집착하고 있고, 고고학의 본질을 찾아가지 못하고 있다. 필자도 역시 그 한계를 뼈저리게 느끼고 있지만 별다른 방안을 제시하지 못하고 있다.

또 고고학의 현실이 그러한 사색을 허용하지 못하고 있다고도 본다. 대부분의 연구자들이 현장에 매달려 유구와 유물을 찾는데 급급하고 있어 고고학의 학문적인 발전을 더디게 하는 요소가 되고 있다.

4. 고고학입문을 쓰게 된 배경

『고고학입문』(2005, 학연문화사)을 쓰게 된 배경은 이미 책 서문에 밝힌 바 있다. 한국에는 많은 고고학입문서가 있으나 대부분 외국의 입문서를 번역한 것으로 우리 실정에는 맞지 않다. 또 국내의 입문서의 경우 내용이 부실하거나 체계가 없기 때문에 입문서로서 부족하다고 할 수 있다. 필자도 역시 입문서를 쓰면서 고고학연구체계와 고고학이란 학문의 기본성격에 대하여 많이 생각해 보았다. 또 고고학이라는 학문이 형성되는 과정에서의 기본전제도 알아보았다. 한편으로 우리의 실정에 맞는 고고학입문서를 만들어보려고 하였다. 그러나 필자의 역부족으로 아직은 완성된 입문서로 보기에는 어려운 점이 많다. 이러한 부족한 점은 앞으로 보완해 나가고자 한다.

사실 고고학입문서는 고고학연구의 필수적인 것이다. 유럽에서는 19세기 말부터 고고학입문서가 출간되었고, 20세기 초에는 그 체계를 갖춘 입문서가 만들어졌다. 미국은 특히 고고학입문서가 발달된 나라이다. 수십 종의 입문서가 만들어져 고고학 강좌에 사용되고 있다.

하물며 일본이나 중국에서도 입문서와 발굴법을 다루는 기본서가 많이 만들어져 있다. 특히 일본에서는 1922년 하마다(濱田耕作)에 의해『考古學通論』이 간행되어 일본고고학의 근간을 이루었다.

외국에 비하면 한국고고학에서의 현실은 매우 암담하다. 최근에야 고고학 입문서가 만들어지고 있기 때문이다. 이는 우리의 선학들이 고고학 방법과 이론에 관심을 가지고 있기 보다는 유적과 유물에 대한 관심이 앞섰기 때문이고, 현재의 고고학계도 학문적이고, 이론적인 면 보다는 현실적인 발굴문제에 더 관심을 가지고 있다고 볼 수 있다.

앞으로 현실적인 문제뿐 아니라 고고학이 학문적으로 자리잡을 수 있는 쪽으로 더 관심을 가져야 할 것이다. 이 과정에서 필자의『고고학입문』이 그 기초가 되었으면 한다.

5. 여담

   고고학을 연구하겠다고 결심한 곳은 군 복무를 마치고 참여한 부여 송국리 유적이다(立志). 이후 목포대학에 온 이후로 나를 지탱하였던 것은 고고학에 대한 열정 이외에도 노력하면 언젠가는 다른 곳으로 갈 수 있다는 생각일 수도 있다. 사실 몇 차례 기회도 있었다. 그러나 그 때마다 어떠한 연유로 떠날 수가 없었다(不惑). 앞으로 내가 해야 할 일은 고고학이라는 학문을 연구하고, 학생들을 키우면서, 내 직분에 맞게 사회에 봉사하는 것이며 (이를 교수의 三樂이라 생각함), 그리고 건강하게 정년을 맞이하는 것이다 (知天命). (「고고학과 나의 학문인생」,『박물관연보』16, 목포대학교박물관, 2008)

고고학과의 설립과정

　필자가 목포대학에서 강의를 시작한 것은 1982년 3월 중순경이다. 당시 나는 조교로 근무하고 있었던 서울대 고고미술사학과에 출근하였다가 유원적 교수와 함께 목포행 고속버스에 올라타고 2차선 호남고속도로를 거쳐 무려 6시간만에 목포에 당도하였다. 곧이어 사학과에서 전공 및 교양 강의를 맡았다. 당시 강의 경험이 전혀 없었던 나는 어떻게 수업을 진행할 것인지 하는 걱정에 밤잠을 못 이루는 일이 종종 있었다.

　처음 약속과 다르게 행정착오로 조교 발령이 불가능하자 배종무 학과장의 노력으로 6개월 후에 바로 전임강사로 발령받게 되었다. 사학과에서 강의하면서 가장 먼저 착수한 일은 이미 이해준 교수가 조직해 놓았던 향토조사반을 이끌고 현장 답사를 진행하는 일이었다. 영암과 해남지역에서 지표조사하면서 많은 유적과 유물들을 찾을 수 있었다. 특히 이 과정에서 알게 된 해남 군곡리유적의 발견사실이 당시 서울신문 1면에 보도됨으로써 오창환 학장으로부터 치사의 말과 함께 특별 지원금을 받았다.

　한편으로 대학박물관의 설립에 참여하였다. 1982년 봄 별다른 시설이나 조직도 없었지만 대학박물관협회에 가입하는 것이 우선이라고 판단하여 필요한 서류를 준비하여 보낸 후에 대학박물관협회의 가을대회가 열리는 대구 영남대학교로 배종무 박물관장과 함께 참석하였다. 대학박물관협회의 이사회에 가입신청서를 제출하였더니 당시 임시 회장을 맡고 있는 안휘준

협회장(홍익대)은 나를 보고 바로 통과시켜주었다. 이를 근거로 박물관 활동이 시작되었는데 첫 사업은 국립문화재연구소의 용역을 받아 실시한 중서부고도문화권 문화유적 지표조사였다. 그리고 드디어 1984년 봄 내가 그토록 원하던 첫 발굴을 착수할 수 있었다. 그것이 바로 영암군 서호면 청룡리와 장천리 지석묘의 발굴조사이고, 뒤이어 장천리 주거지, 해남 군곡리 패총 발굴 등이 이어졌다. 이러한 와중에 학교에서 새로운 학과의 신설에 대한 논의가 있었다.

사학과에서 어떠한 학과를 새로 만들 수 있을 것인지 나에게 생각해 보라는 언질이 있었던 반면에 고고학이 분리되면 학과 졸업생의 취업이나 학과의 활동이 위축되지 아니할까 하는 우려가 적지 않았다. 하지만 나는 목포대학이 본격적인 야외조사활동을 하기 위해서는 고고학과의 신설이 필요하다고 주변을 설득하였고, 학과의 명칭을 고고학과, 고고미술사학과, 고고인류학과 등 다양하게 구상해 보았다. 드디어 1985년 가을, 사학과의 협의를 통과하여 "고고인류학과"의 신설을 학교에 요청하였다. 하지만 얼마 후 학과의 신설이 불허되었다는 소식을 들었다. 어찌 보면 당연한 일이다. 당시 분위기는 새로운 학과의 신설을 위해서는 직접 교육부에 가서 그 타당성을 설명하여야 한다는 말이 있었으나 당시 나는 학교에 신청하는 것 이외에는 별다른 노력을 기울이지 않았다.

그 다음 해인 1986년에는 신청하여도 소용없을 것이라는 분위기 때문에 학과의 신설 신청을 포기했던 것으로 기억한다. 그런데 1987년이 되면서 그 분위기가 반전되는 조짐이 있었다. 당시 전라남도 전석홍 지사는 1985년 부임하자마자 전남지역의 고대문화에 대한 관심을 크게 가졌다. 그 덕분에 자신의 고향이기도 한 영암 서호면 장천리 유적의 발굴작업이 도지원사업으로 목포대학교 박물관에 의해 1985년과 1986년에 실시될 수 있었고, 또 전라남도에서 직접 "고문화심포지엄"을 열어서 전남의 고대문화에 대한 연구를 하게 하였다. 주말에 열렸던 학술대회에 도지사가 직접 참여하니까 당시 각 시장과 군수들은 도지사 눈치보느라 마지못해 주말을 학술대회장에서 보내야 하는 일도 있었다.

그런데 전석홍 지사는 전남지역의 대학에 문화유적의 조사와 연구를 담당하는 고고학과 설치의 필요성을 느끼고, 공개석상에서 이를 전남대 총장에게 요청하였다. 더구나 전 지사는 1985년 가을 전라남도를 방문한 당시 전두환 대통령에게도 이를 요청하였다고 한다. 얼마 후 전남대학교는 학과 설립 전에 교수요원의 확보를 위해 공채를 하였으나 적절한 인원이 없자 1학기가 끝날 무렵 나에게 스카웃을 제안하기도 하였다. 당시 그 제안을 받아들였다면 지금 이 글을 쓸 필요가 없었을 것이다. 나는 당시 인사책임자인 전남대 인문대학장에게 목포대에서 정리해야할 것이 있다면서 다음 학기를 마친 후에 이동할 것을 약속하였고, 대신 한 학기동안 시간강사로 고고학 강의를 맡기로 하였다.

그런데 운명은 나를 다른 방향으로 인도하였다. 1987년 가을 학기가 시작되자 다시 학과의 신설이 논의되었고, 고고인류학과의 신청이 재차 이루어졌다. 내심으로 설마 쉽게 되지 않을 것이라고 믿었고, 해남 군곡리 패총 발굴현장에서 열심히 학생들과 발굴작업을 진행하던 중에 전화를 받았다. 당시 배종무 박물관장은 "최선생 축하하네 학과설치 허가가 났네"라는 한 마디에 내 머리를 한 대 얻어맞은 양 띵하였다. 결국 나는 전남대로의 이동을 포기하고 신설학과 운영에 뜻을 두기로 결정하였다.

고고인류학과의 설치와 관련이 되는 일화는 전북대 고고인류학과(현 고고문화인류학과)의 설치이다. 사전에 학과 신청을 하지 않았던 전북대는 교육부가 전남지역에만 신설하기에는 균형이 맞지 않으니까 전북지역에도 설치해주기 위해 학과설립 신청서의 제출을 요청받았다고 한다.

1988년 첫 입학생을 받았으나 당시 전국에서 처음으로 실시한 직선 학장을 쟁취하기 위해 모든 교수가 총궐기를 하던 때라 피선된 강태석 학장의 발령이 한 학기 지연되었고, 할 수 없이 나는 사학과에서 고고인류학과로 전과 발령이 나지 못한 채 학생을 지도할 수 밖에 없었다. 결국 학장 발령이 난 뒤인 9월에 학과를 이동할 수 있었다. 처음 얼마간 혼자서 학과를 운영하였고 당시 인류학 강의를 하고 있던 조경만 교수는 몇 차례 어려운 고비를 넘어 1991년에 전임발령이 났다. 뒤이어 1992년에 윤형숙 교수(인류학), 1993년에 이영문 교수(고고학)가 차례로 발령을 받았고, 1996년에는 이헌종 교수(고고학)까지 영입하여 학과 진용을 갖추었다. 그리고 고고인류학과에는 석사과정과 박사과정까지 설치하게 되었다.

그리고 미국에 방문교수(1994-1995)로 다녀온 사이 사학과에서 당시 화두였던 학부제 방안에 대한 약간의 논의가 있었으나 별다른 진적이 없었다고 한다. 내가 귀국한 후 이를 본격적으로 논의하게 되었고, 고고학전공과 문화인류학전공의 분리를 전제로 사학과와 통합하여 학부로 허가받고 이를 1998년부터 시행하게 되었다. 당시 학부의 명칭을 "역사문화학부"로 하는 것은 내가 제안한 것이다. 이후 홍석준 교수(인류학), 김건수 교수(고고학), 박정석 교수(인류학) 등이 새로이 영입되어 현 교수진용이 갖추어졌다.

그런데 2010년 학교의 방침에 따라 학부제가 폐지되고, 다시 학과제가 되면서 고고학과와 문화인류학과는 완전히 분리되어 현재에 이른다. (「고고인류학과의 분리 및 발전」, 『목포대학교 사학과 30년사』, 목포대학교 사학과, 2011)

敎授의 三樂

　가르치고 연구하는 것은 교수의 기본적인 의무이자 권리일 것이다. 지난 3월에는 대학에 온 지도 25년이 되었다는 사실에 새삼 감회가 새로웠다. 새 학기를 맞이하면서 생각해 본 몇 가지 소회를 적어 본다.

　먼저 신입생들에게 하고 싶은 말이다. 대학에서 4년간 무엇을 할 것인지 목표를 세우기 바란다. 대학 4년은 인생에서 가장 귀중한 시간이므로 그 시간을 최대한 활용하여야 한다. 또 자기가 선택하였거나 선택할 전공을 깊이 생각하지 않으면 안 된다. 고등학교까지의 공부와 대학에서의 전공공부는 전혀 차원이 다른 것이다. 고등학교까지의 공부는 점수를 올리기 위한 강제적인 것이라면, 대학에서의 공부는 호기심을 가지고 하는 자발적인 것이다.

　대학에서의 전공공부를 학문(學問)이라고 하는 것은 바로 '의문을 공부한다'는 뜻을 가지고 있기 때문이다. 학문에는 적어도 다섯 가지 단계가 있다. 즉 의문을 가지고, 책을 읽고, 생각을 하고, 토론을 하고, 마지막으로 글을 쓰는 단계이다. 이를 계속적으로 반복하는 것이 학문인 것이다. 학문은 의문(호기심)에서 출발하는 것이기에 강제적인 공부와 달리 즐겁게 할 수 있다.

　다음은 연구자(學者)의 자세를 생각해 보았다. 연구자란 끊임없이 새로운 의문을 제기하고, 그에 대한 진실을 추구하기 위하여 부단히 노력을 기울여야 한다. 이를 위해 연구자는 학문의 다섯 단계의 과정을 철저히 따르고 있다. 연구자의 관심이 학문 이외의 곳으로 옮기게 되면 연구와의 거리는 멀어질 수밖에 없다. 유명한 과학자인 뉴턴이나 아인슈타인과 같이 하나의 과제에 집중하는 과정에서 획기적인 발견이 이루어질 수 있었다. 또한 연구자는 자신의 지적 성장판을 닫지 말아야 한다. 이를 위해서는 새로운 지식에 대한 욕구가 계속되어야 하고, 그 결과를 쉽고도 명쾌한 글로써 서술하여야 한다. 연구자가 글을 쓰지 않거나 남의 비판을 두려워한다면 자신의 지적 성장판을 닫는 결과를 초래할 것이다.

모름지기 교수는 학문 속에서 진리를 추구하는 것이 첫 번째 즐거움이요. 학생들을 바르게 가르치고, 그들이 인생을 살아가는 데 방향을 잡아주는 것이 두 번째 즐거움이다. 그리고 사회적인 직분을 다하는 것, 즉 사회에 봉사하는 것이 세 번째 즐거움이다. 이것이 바로 교수의 삼락(三樂)이 아닐까? 최근 학교 교수아파트의 명칭을 한 교수의 제안에 의해 삼락재(三樂齋)라 칭한 것을 이러한 의미로 해석해 보았다.

*《맹자(孟子)》〈진심편(盡心篇)〉에 나오는 군자삼락(君子三樂) : 군자의 세 가지 즐거움이란 곧, 부모가 다 살아 계시고, 형제가 다 무고한 일, 위로 하늘과 아래로 사람에게 부끄러울 것이 없는 일, 천하의 영재(英才)를 얻어서 가르치는 일 등이다. (「교수의 삼락」, 목대신문 401호(2007. 4. 25))

"고고학과의 밥줄"론에 대한 반론

모신문사 모기자는 한국고고학대회에서 보고 들은 바를 정리하면서 "고고학과 밥줄"(2009년 11월 20일자)이라는 제목으로 4대강 사업과 고고학계의 문제점을 지적하였다. 모기자는 몇 년 전에도 고고학대회를 취재하고 고고학계의 문제점을 지적한 적이 있어 누구보다도 고고학계를 잘 알고, 애정어린 비판을 해 왔다. 기자의 지적은 어느 부분 매우 적절하다고 본다. 그럼에도 불구하고 기자의 고고학에 대한 인식에 몇 가지 문제가 있어 고고학 연구자의 입장에서 반론하고자 한다.

우선 4대강 사업과 관련된 학술조사가 기존의 절차를 무시하고 빠르게 진행되고 있음을 잘 알고 있다. 또 고고학 연구자들이 현실적인 문제에 대하여 침묵을 지키고 있는 점은 반성하여야할 일이다. 고고학 유적조사의 절차나 유적의 보존에 문제가 있다면 이를 간과하여서는 아니될 것이다. 발굴전문기관이 말하지 못하더라도 적어도 고고학회는 잘못되는 점을 지적하여야 한다. 그러나 사업이 시작되기 전에 신속히 학술조사를 하는 것은 결코 잘못된 것이 아니다. 국가의 정책(개발계획)이 결정되면 이에 부합하기 위해서 사전에 유적을 조사하는 것이 고고학 연구자의 당연한 의무이다.

다음으로 '고고학과 밥줄'을 바로 연결시킨 점은 어색하다. 인간의 모든 행위는 밥줄과 연결된다. 유독 고고학만 밥줄과 관련이 없다고 볼 수 없다. 몇 년 전 다른 신문에서도 고고학 발굴과 관련하여 언급하면서 고고학자는 순수하여야 하고, 부정이 있을 수 없다는 기사를 본 적이 있다. 고고학 발굴에 종사하는 사람들은 결코 성직자나 수도자들이 아니다. 현실적으로 노력에 대한 정당한 대가를 받아야 한다.

그리고 발굴작업을 고고학으로 인식하는 점은 잘못이다. 건설회사가 건축학을 연구하는 곳이 아니고, 법률사무소가 법학을 연구하는 기관이 아니다. 발굴행위만을 가지고 고고학이라고 볼 수 없다. 고고학은 발굴 결과를 분석하여 과거 문화를 복원하는 학문이다. 고고학은 모든 다른 학문과 마찬가지로 순수하고 귀중하다. 토머스 제퍼슨의 발굴작업은 고고학이 학문으로 자리잡기 이전의 발굴행위일 뿐이다.

또 '고고학의 주인' 운운하는 것은 아주 잘못된 표현이다. 발굴전문기관의 주인을 정부로 보는 것은 몰라도 고고학의 주인을 정부로 보는 것은 언어도단이다. 설사 4대강이 잘못되었다고 하더라도 고고학연구에 약간의 차질이 있겠지만 근본적인 문제가 있는 것은 아니다. 일부 사이비 성직자의 비리가 있다고 하여 종교가 잘못된 것이 아니듯이 일부 잘못된 점을 들어 고고학의 잘못으로 치부하는 것은 바람직한 인식이 아니다. 실상 더 큰 문제는 고고학을 배운 바도 없는 사람들이 발굴에 참여하거나 발굴기관을 운영할 수 있다고 생각하는 것이다.

끝으로 발굴전문기관을 '발굴회사'로 지칭한 것은 부적절하다. 비영리기관인 발굴전문기관의 발굴작업이 부가세를 내는 영리사업으로 변화된 것은 결코 고고학 연구자들의 선택이 아니다. 이것은 고고학계의 거센 반발이 있었지만 국세청의 판단에 따르는 것이다. 결코 발굴작업은 영리적인 사업이 아니다. 발굴기관의 발굴작업은 발굴된 유물이 모두 국가소유라는 문화재 보호법의 취지에 따라 정부가 해야 할 일을 대행하고 있는 것이다. 이러한 인식을 정부가 제대로 하고 미리 대책을 세웠다면 오늘날 일어나는 문제는 훨씬 적었을 것이다.

결국 모기자의 '고고학과 밥줄'론은 고고학계의 문제점을 지적하면서 고고학 연구자들 스스로 현실문제를 극복하도록 격려하였다는 면에서는 의미가 있지만 한편으로 고고학 연구자들을 움츠러들게 하고, 고고학의 이미지를 실추하게 한 면도 있다. 고고학대회의 뒷담화를 소재로 고고학을 평가하지 않기를 바란다. 기자가 고고학에 대한 애정을 가지고 고고학대회를 취재하였다면 당연히 올해의 고고학 성과를 보도하는 편이 더 고고학 연구자들을 돕는 일이다. (2009년 12월 초 작성)

발굴보고서와 영상기록

고고학에서 발굴조사는 고고학 자료를 수집하는 가장 기본적이고 중요한 과정이다. 현재 고고학 연구자들은 발굴조사와 관련되어 당면한 여러 가지 문제들이 있으나 이 중에서 현실적인 면을 제외한다면 가장 중요한 부분은 발굴과정과 그 결과를 어떻게 기록할 것인가 하는 문제일 것이다. 유적조사의 결과는 기본적으로 발굴보고서로 작성되어야 한다. 또 발굴과정은 여러 가지 형태로 기록된다. 즉 발굴자의 노트, 측량 및 실측 도면, 사진 등이 있는데 최근 새롭게 추가되는 것이 삼차원 정밀실측조사인 3D 스캔과 동영상 기록일 것이다.

먼저 발굴보고서에 대하여 논의해 보기로 하자. 현재 우리나라에서는 매년 2,000건이 넘는 발굴이 이루어지고 있다. 그리고 그 결과를 발굴보고서로 발간하는 일은 문화재청의 발굴허가서에 따르는 준칙사항이 아니더라도 고고학 연구자들이 지켜야 하는 기본적인 의무사항일 것이다. 발굴이 많아지고 있는 현 시점에서 한국고고학의 연구에 필요한 충분한 자료를 얻지 못한다면 차후에 한국고고학이 발전될 것을 기대하기란 거의 불가능할 것이다. 따라서 발굴조사가 철저하게 이루어져야 하는 것은 물론이고, 발굴보고서도 충실히 작성되어야만 할 것이다.

발굴보고서의 체제는 지금까지 특별히 규정된 바가 없어 발굴조사자의 취향이나 각 연구기관의 관례에 따라 자유롭게 발간되었다. 다만 한국문화재조사연구기관협회(이하 한문협으로 약칭)에서는 2006년부터 의욕적으로 각 발굴전문기관에서 출간된 발굴보고서를 평가하고 있고, 보고서의 형태도 어느 정도 제시하고 있다. 이러한 평가작업은 일차적으로 발굴조사자들로 하여금 발굴보고서에 관심을 갖고, 노력하게 하는 효과가 있는 것으로 그 의미가 매우 크다고 할 수 있다.

그러나 한문협의 발굴보고서 평가는 몇 가지 문제점이 나타난다고 볼 수 있다. 우선 평가의 대상이 발굴전문기관, 특히 한문협에 가입된 기관만의 발굴보고서만 대상으로 하고 있어 다른 기관의 발굴보고서가 제외되고 있다는 점이다. 물론 이러한 평가작업은 다른 기관의 발굴보고서에도 영향을 줄 수 있다는 점이 충분히 인정된다.

다음은 평가의 대상이 발굴전문기관에서 시행한 구제발굴의 보고서라는 것을 의식적으로 혹은 무의식적으로 인식하고 있다는 것이다. 예를 들면 평가항목에 고찰부분이 별도로 없고, 이를 맺음말 부분으로 통합시킴으로써 고찰부분의 중요성을 강조하고 있지 않다.

그리고 가장 중요하게 생각할 부분은 발굴보고서가 어떠한 성격을 가져야 하는가 하는 문제이다. 발굴보고서가 단순히 유구과 유물을 조사한 기록인지 아니면 과거 문화를 복원하기 위한 하나의 수단인지 그 입장은 분명히 제시되어야 한다. 만약 전자와 같은 목적이라면 발굴의 90% 이상을 차지하는 구제발굴만으로는 진정한 의미에서 과거 문화를 복원한다는 것은 거의 불가능한 일이 것이다. 구제발굴도 엄연히 발굴이기에 학술발굴과 동일한 성격을 가져야 한다. 즉 구제발굴도 공사에 앞선 긴급발굴이기는 하지만 한편으로는 과거 문화를 복원하기 위한 고고학 자료를 수집하는 학술적인 행위임을 인식하여야 한다. 따라서 학술발굴이거나 구제발굴이나 발굴의 기본적인 목적이 동일함을 인식하고, 이를 통해 과거 문화의 복원이라는 노력이 강조되어야 한다.

일부에서는 발굴보고서와 연구논문을 분리해 보려는 경향이 있다. 발굴보고서에서는 발굴기록만을 남기고, 그와 관련된 연구는 별도의 논문으로 발표하자는 것이다. 이것은 하나의 현실적인 방안으로도 볼 수 있다, 그러나 이러한 분리적인 사고는 자칫 발굴보고서가 발굴기록만으로 충분하다는 변명으로 변화되기가 쉽고, 과거 문화의 복원에 염두를 두지 못하는 발굴이 되어 유구와 유물의 조사에만 초점을 맞추어질 수밖에 없게 된다는 점에 유념하여야 한다.

　한 가지 더 지적하고 가야 할 문제는 고고학 관련학회에서 시행하고 있는 단순한 발굴사례 발표회가 고고학의 연구 수준을 높이는 역할을 할 수 없다는 것이다. 적어도 여러 가지 분석 결과를 종합하고, 어느 정도 유적의 성격을 해석한 이후에 발표되어야 한다. 즉 유적의 발굴사례 발표회가 아닌 유적에 대한 연구발표회가 되어야 할 것이다. 이와 같은 최소한의 노력을 경주하지 못한다면 고고학 자료의 분석을 통한 고고학적 문화의 복원은 요원해질 수밖에 없다.

　다음으로 발굴과정에 대한 영상기록의 문제이다. 유적의 발굴과정에 대한 기록은 발굴보고서만으로 불충분하다. 발굴을 통해 사라질 유적은 여러 가지 방법으로 기록을 남겨야 한다. 역사를 바꿀 수 있는 중요한 유적의 발굴과정을 몇 장의 사진과 도면으로 남겨두는 것만으로는 고고학 연구자들의 책임을 다하였다고 볼 수 없다. 발굴과정은 그 자체가 중요한 하나의 문화콘텐츠이다. 오늘날 발굴현장에서는 이러한 문화콘텐츠가 그냥 사라져 버리고 있다.

　한국은 세계적인 IT강국에 속한다는 말을 차치하고도 21세기에는 수많은 기록도구가 발달하고 있다. 유적의 발굴과정이 3D 스캔이나 동영상으로 기록된다면 이를 이용하여 다양하게 활용할 수 있을 것이다. 즉 영상기록은 그 자체적으로 발굴보고서의 작성이나 고고학 연구에 도움을 줄 수 있을 뿐만 아니라 교육 자료, 전시 자료, 역사다큐의 제작 등에 이용될 수 있을 것이다. 현재 일부 기관에서 간단히 영상기록을 하는 경우는 있지만 이것이 보편화되지 못하고 있다. 따라서 고고학의 관점에서 유적의 발굴과정을 체계적으로 기록하고, 이를 활용하는 "영상고고학"이라는 분야가 하루 속히 자리

잡았으면 좋겠다. 영상고고학은 발굴과정에 대한 객관성을 바탕으로 넓은 범위의 지식 정보를 제공하는 새로운 서술도구로서 대중 친화적인 커뮤니케이션의 수단이 될 것이다.

앞에서 논의한 문제들을 보완하기 위해서 다음과 같은 몇 가지 제안을 하고자 한다.

첫째, 발굴조사는 고고학의 연구과정에서 가장 중요한 자료의 수집과정이다. 세밀한 발굴조사와 충실한 발굴보고서가 간행되어야 한다. 현실적으로 어려움이 많다고 하더라도 최대한 노력하여 유적의 성격에 대한 논의, 특히 고찰이 이루어져야 한다. 최근 발굴은 과거에 비하면 그 수와 규모가 크게 달라졌다. 그와 비례하여 고고학적 연구성과도 축적되어야 할 것이다.

둘째, 유적의 발굴조사자들은 보고서의 간행만으로 책임을 다했다고 생각하지 않기를 바란다. 중요한 유적의 경우, 발굴과정이 반드시 다양한 매체, 즉 3D 스캔이나 동영상으로 기록해 두어야 한다.

셋째, 발굴조사에서 영상 기록을 위한 비용이 인정되어야 한다. 즉 발굴품셈에 이러한 비용이 반영될 수 있어야 할 것이다. 특히 발굴조사와 관련된 국가연구기관에서 먼저 이를 인식하여야 하고, 시범적으로 3D 스캔이나 동영상으로 기록하였으면 한다.

이상과 같이 발굴보고서와 영상기록에 대한 필자의 견해를 제시해 보았다. 여러분들의 많은 관심과 동참을 부탁드린다. (「발굴보고서와 영상기록」, 『호남고고학보』32, 호남고고학회, 2009)

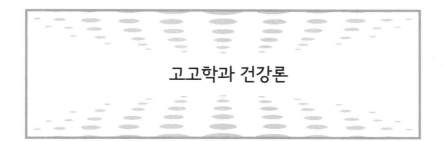

고고학과 건강론

회원 여러분! 저는 전주대학교에서 개최된 제8회 호남고고학회 유적발표회를 성황리에 끝냄으로써 제10대 호남고고학회장의 임무를 무사히 마치고 물러나게 되었습니다. 그동안 호남고고학회의 일을 함께 한 운영위원, 평위원 그리고 회원 여러분들께 감사드립니다. 또한 학술대회를 유치해준 여러 박물관과 재정적으로 지원해준 발굴전문기관들에게도 깊이 감사드립니다.

우리 호남고고학회는 지방고고학회로서 꾸준히 발전해 왔습니다. 이것은 지건길 초대회장님을 비롯하여 역대 회장님들과 운영위원, 평위원, 그리고 모든 회원들이 합심하여 노력한 결과라고 생각됩니다. 지난 2년간 호남고고학회의 활동도 활발하였습니다. 특히 호남고고학보가 좋은 평가를 받아 한국연구재단 등재지로 자리잡았고, 학술대회도 무난히 진행되었습니다.

반면 아쉬운 점도 없지 아니합니다. 회원들의 회비납부, 학회참여 등 적극적인 활동이 다소 부족하였고, 호남고고학보에 젊은 연구자들의 연구논문 투고가 많지 않았습니다. 현재 호남고고학은 내외적으로 어려움에 당면해 있습니다. 외부적으로는 고고학의 현실이 점차 어려운 여건으로 변화되고 있고, 내부적으로는 처음 출발할 당시 화기애애했던 분위기와 달리 회원 상호간에 서먹해진 분위기가 없지 아니합니다. 하지만 회원 상호간에 서로 이해하고 돕는다면 어떠한 어려움도 극복할 수 있을 것으로 믿습니다.

요즘 저는 개인적으로 건강문제를 많이 생각하고 있습니다. 이것은 제 자신부터 건강의 적신호가 켜졌기 때문입니다. 또 주변에서 많은 사람들이 건강문제로 어려움을 겪고 있고, 아까운 나이에 우리 곁을 떠난 연구자들도 있습니다. 저는 건강문제를 공부하면서 어떻게 하면 건강을 되찾을 수 있는 지 알게 되었습니다. 우선 사람이 건강하기 위해서는 건강을 지키거나 되찾 겠다는 마음의 의지(뜻)가 필요합니다. 그러한 마음의 의지가 있다면 3가지 면에서 노력하여야 합니다.

첫째, 몸에 필요한 에너지, 즉 음식물을 적절하게 섭취하는 것입니다. 몸에 필요한 것을 필요한 만큼 먹어야 하며, 불필요한 것이나 과도한 섭취는 몸을 해칩니다. 더구나 과음이나 흡연, 심지어 기호식품인 커피도 건강에는 좋지 못합니다. 자동차에도 좋은 기름을 주유하여야 엔진이 오래가듯이 인간도 좋은 음식물을 섭취하여야 건강할 수 있습니다. 다만 좋은 음식이란 결코 비싸고 구하기 힘든 것이 아니며 우리 주변에서 쉽게 구할 수 있는 것 들입니다.

둘째, 적절한 운동이 필요합니다. 신체는 나이가 들수록 쇠퇴해 갑니다. 이를 늦출 수 있는 방법은 적절한 운동입니다. 적어도 하루에 1만보를 걷거 나 30분 이상의 운동이 필요합니다. 적절한 운동은 우리의 피(血液)와 기(氣)의 순환을 돕고, 신체의 각 부분을 형성하는 세포들에게 깨끗한 산소 를 많이 공급할 수 있습니다. 하지만 급작스럽거나 과도한 운동은 삼가하여 야 합니다

셋째, 즐거운 마음을 가져야 합니다. 마음이 즐겁지 아니하면 백약이 무효 입니다. 마음속에 불만, 불신, 짜증, 과로 등 스트레스를 없애야 합니다. 그러 기 위해서는 마음의 욕심을 비우고, 올바른 생활을 해야 합니다. 인생은 두 번 살 수 없습니다. 과거는 이미 지나버렸고 미래는 알 수 없으며 현재만 있을 뿐입니다. 현재(present)를 선물(present)로 생각하고 최선을 다하면 서 즐겁게 보내야 합니다. 현재가 각자의 인생에서 가장 젊은 때임을 잊지 말아야 합니다.

인간은 각자가 모두 고귀한 존재입니다. 내가 존재하지 않는다면 세상뿐 아니라 우주는 존재하지 않습니다. 하지만 인간은 우물 속의 개구리와 다를 바가 없습니다. 자신의 시각에서 세상을 바라봅니다. 자신과 다른 시각을 쉽게 이해하지 못합니다. 따라서 다른 사람의 생각이나 행동이 자신과 다르다고 너무 화낼 필요가 없습니다. 상대방의 입장을 조금이라도 이해할 수 있다면 스트레스를 적게 받을 것입니다.

설사 우리가 심각한 질병에 걸렸다고 가정하였을 때 절망한다면 건강의 회복은 불가능합니다. 인간의 거의 모든 질병은 남 때문이 아니라 내 자신의 잘못된 생활습관 때문에 시작되었습니다. 모든 일에 신뢰, 믿음, 사랑, 용서, 희망, 진, 선, 미 등 긍정적인 마음을 가지고, 생활습관을 바꾸면, 즉 올바른 식이요법과 적절한 운동을 한다면 건강을 회복할 수 있다고 생각합니다. 고고학 연구자가 건강하여야 고고학이라는 학문도 잘 할 수 있습니다.

재작년에 어느 신문기자가 '고고학과 밥줄'이라는 제목으로 기사를 쓴 적이 있습니다. 그 기사에서는 기자가 고고학을 공부하는 연구자를 비판하는 것이 아니라 고고학을 비판하는 듯한 내용이 담겨있기에 이에 대한 반론을 써 보내기도 하였습니다. 고고학을 공부하는 우리들에게 잘못이 있을지언정 고고학이 잘못된 것은 아닙니다. 고고학을 바르게 연구하기 위해서 우리들은 고고학의 연구목적이 무엇인지 생각하고 그 목적에 맞게 연구하는 것입니다. 특히 유적의 발굴조사에서는 최선을 다하여 유구와 유물을 찾아서 고대 사람들의 문화가 무엇인지 밝혀야 하며, 이를 충실한 발굴보고서로 작성하여 많은 연구자들이 공유할 수 있도록 하는 것이 우리들의 기본적인 의무임을 잊어서는 안 될 것입니다. 고고학 연구자들은 최소한 자신뿐 아니라 고고학의 자존심을 지켜야 합니다.

호남지역 고고학 연구자들이 중심이 되는 호남고고학회가 좀 더 건강하게 발전하기 위해서는 호남고고학회가 설립되었을 당시의 마음을 되새겨야 합니다. 또 회원 모두가 즐거운 마음으로 고고학을 연구하여야 하고, 회원 상호간에 서로 이해하고 화합하여야 합니다. 회원들의 의지(뜻)만 모아진다면 못할 것이 없을 것입니다.

지난 2년간 별다른 어려움 없이 학회운영을 마칠 수 있었던 것은 회원 여러분들의 적극적인 성원 덕분이라고 생각합니다. 새로운 집행부가 출범하는 2011년에는 더욱 더 활기차고, 건강한 호남고고학회가 되기를 바라고, 회원 여러분들의 건강과 행복을 기원합니다. (「고고학과 건강론」, 『호남고고학보』38, 호남고고학회, 2011)